DÉCOUVRIR INTERNET EXPLORER 4

D1586538

S'orienter dans Internet Explorer 4

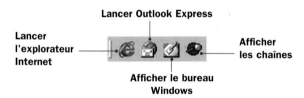

Lancer l'explorateur Internet

Lancer Outlook Express

Afficher le bureau Windows

Afficher les chaînes

Barre d'outils Internet Explorer 4

Afficher les pages Web précédentes et suivantes

Actualiser l'écran

Ouvrir le volet Rechercher

Ouvrir le volet Historique

Créer un lien vers une page favorite

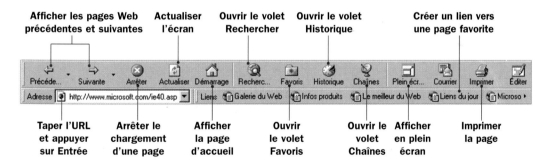

Taper l'URL et appuyer sur Entrée

Arrêter le chargement d'une page

Afficher la page d'accueil

Ouvrir le volet Favoris

Ouvrir le volet Chaînes

Afficher en plein écran

Imprimer la page

Barre d'outils Adresses et Liens

Recherche immédiate

Modifier la taille et l'emplacement de la barre d'outils Liens

Liste des pages déjà visitées

Faire défiler les liens

Composer une page Web et des documents HTML

Changer le style

Augmenter la taille du texte

Gras

Soulignement

Aligner à gauche

Aligner à droite

Diminuer l'indentation

Liste à puces

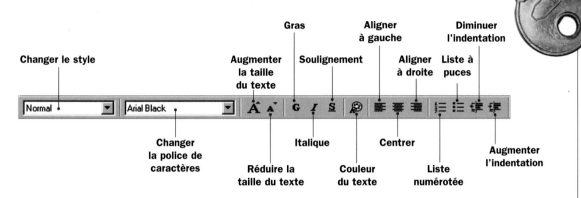

Changer la police de caractères

Réduire la taille du texte

Italique

Couleur du texte

Centrer

Liste numérotée

Liste

Augmenter l'indentation

Ouvrir

Couper

Coller

Imprimer

Répéter

Afficher l'Explorateur FrontPage

Insérer un tableau

Créer ou éditer un lien

Arrêter

Suivant

Aide

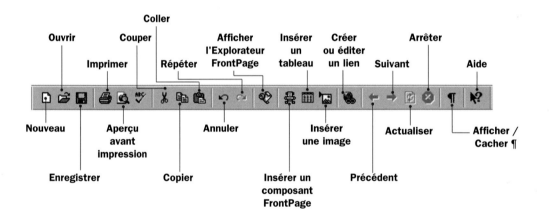

Nouveau

Aperçu avant impression

Annuler

Insérer une image

Actualiser

Afficher / Cacher ¶

Enregistrer

Copier

Insérer un composant FrontPage

Précédent

Zone de texte déroulante

Case d'option

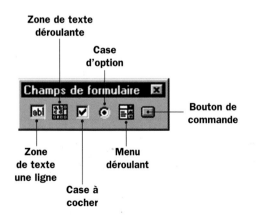

Champs de formulaire

Bouton de commande

Zone de texte une ligne

Menu déroulant

Case à cocher

Raccourcis clavier relatifs aux groupes de discussions

Pour afficher	*Appuyez sur*
Le message suivant	Ctrl+>
Le message précédent	Ctrl+<
Le message non lu suivant	Ctrl+U
Le fil suivant	Ctrl+Maj+U

Barre de raccourcis NetMeeting

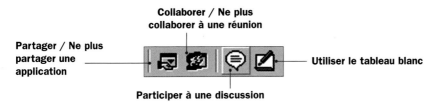

Collaborer / Ne plus collaborer à une réunion

Partager / Ne plus partager une application

Utiliser le tableau blanc

Participer à une discussion

Utiliser le Tableau blanc

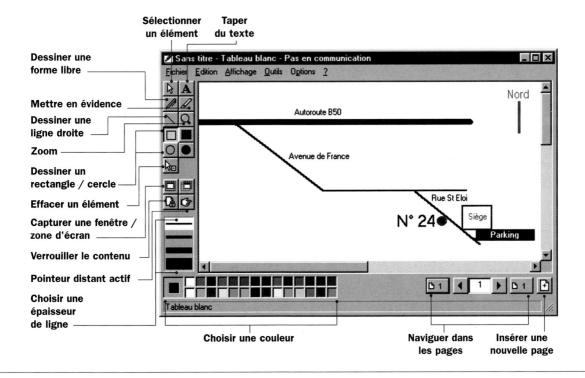

Sélectionner un élément

Taper du texte

Dessiner une forme libre

Mettre en évidence

Dessiner une ligne droite

Zoom

Dessiner un rectangle / cercle

Effacer un élément

Capturer une fenêtre / zone d'écran

Verrouiller le contenu

Pointeur distant actif

Choisir une épaisseur de ligne

Choisir une couleur

Naviguer dans les pages

Insérer une nouvelle page

Barre d'outils Outlook Express

Composer un nouveau message

Répondre à tous les destinataires du message

Envoyer et recevoir du courrier

Ouvrir le carnet d'adresses Windows

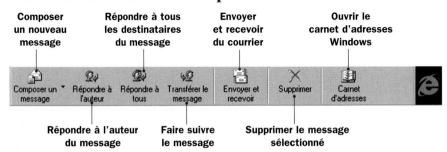

Répondre à l'auteur du message

Faire suivre le message

Supprimer le message sélectionné

Composer un message

Coller du texte

Cocher des noms

Carnet d'adresses

Joindre un fichier

Insérer une signature

Adjoindre une signature numérique

Envoyer le message achevé

Annuler

Couper du texte

Copier du texte

Taper le message

Crypter un message

Cliquer sur une adresse

Indiquer le sujet du message

Icônes de la barre d'outils

Icône	Rôle
!	**L'expéditeur a attribué une priorité élevée au message.**
↓	**L'expéditeur a attribué une priorité peu élevée au message.**
0	**Le message comporte une pièce jointe.**
✉	**Message non lu. La liste des messages non lus s'affiche en gras.**
✉	**Message lu. La liste des messages lus s'affiche en caractères standard.**

DÉCOUVRIR INTERNET EXPLORER 4

Discover Internet Explorer 4

Edition d'origine en langue anglaise copyright © 1997, IDG Books Worldwide, Inc.
Publiée par IDG Books Worldwide, Inc.
Une société de International Data Group
919 E. Hillsdale Blvd., Suite 400
Foster City, CA 94404

Découvrir Internet Explorer 4

Edition française publiée en accord avec IDG Books Worldwide, Inc., Foster City, California, USA par :
Editions First Interactive
13-15 rue Buffon 75005 Paris
Tél. 01 55 43 25 25
Fax 01 55 43 25 20
Minitel : 3615 AC3*FIRST
Internet e-mail : firstinfo@efirst.com

ISBN 2-87691-416-6
Dépôt légal 4er trimestre 1998

DÉCOUVRIR
INTERNET
EXPLORER 4

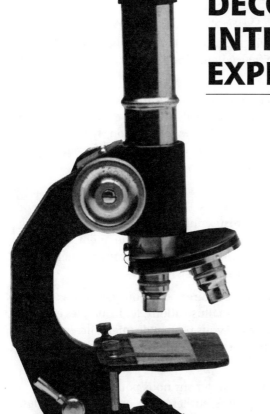

**DAVID C. GARDNER , PH. D.,
GRACE JOELY BEATTY, PH. D.
ET DAVID SAUER**

TRADUCTION :
LAURENT ADAM

IDG BOOKS WORLDWIDE, INC.

AN INTERNATIONAL
DATA GROUP COMPANY

FOSTER CITY, CA • CHICAGO, IL •
INDIANAPOLIS, IN • SOUTHLAKE, TX

Editions
First Interactive

A propos des éditions First Interactive

MERCI D'AVOIR CHOISI CE LIVRE.

Nous avons fait le maximum pour qu'il corresponde à vos attentes.

Notre objectif est que chacun de nos ouvrages, tout en étant sympathique et facile à lire, soit conçu pour vous apporter une réelle valeur ajoutée et un moyen d'améliorer vos compétences.

C'est pourquoi, nos collections rencontrent auprès du public un succès énorme : la très célèbre collection *3D Visuel, c'est simple* accompagne des milliers de débutants dans leurs premiers pas en informatique ; la collection *Découvrir,* avec son style décontracté, charme chacun de ceux qui veulent, en peu de temps, se mettre à un nouveau logiciel. La collection *Doc des Pros* est la bible de référence des afficionados.

Ces succès ne sont pas le fruit du hasard. Nos livres sont écrits par des auteurs qui se sentent concernés par les difficultés de leurs lecteurs. Derrière chacun d'eux, il y a une équipe d'éditeurs, de traducteurs, de maquettistes qui ont acquis des années d'expérience dans l'édition, le journalisme, le conseil ou l'enseignement. Bref, nous sommes très attentifs à nos livres, et par conséquent, nous recrutons les meilleurs collaborateurs pour les concevoir et les réaliser.

Nous portons un soin tout particulier à ces accessoires pour nous essentiels : l'index, la table des matières, la maquette intérieure, les illustrations, les icônes, les encadrés, le déroulement des chapitres. Enfin, tout ce qui vous permet de mieux lire, plus vite et plus facilement, de retourner rapidement à la mise en œuvre du concept et réaliser une tâche que vous venez de découvrir.

Aujourd'hui, comme demain, vous pouvez compter sur nous pour vous apporter des ouvrages de haute qualité à des prix compétitifs, sur les sujets qui vous sont utiles.

N'hésitez pas à nous faire part de vos remarques, de vos critiques et de vos besoins. Nous aurons toujours plaisir à dialoguer avec nous. Car nos lecteurs sont aussi nos amis.

SERGE MARTIANO
Président Directeur Général
e-mail firstinfo@efirst.com

Editions
First Interactive

Pourquoi la collection « Découvrir » en donne plus

La collection « DÉCOUVRIR » permet une initiation aux outils informatiques récents et en particulier aux logiciels les plus utilisés en France. Nos auteurs, eux aussi utilisateurs, connaissent bien vos problèmes et les exposent dans un style direct et facile à lire. Vous constaterez dans chaque ouvrage une approche plaisante et détendue.

Cette collection repose sur des exemples. Tirés de la vie réelle, ils permettent de vous concentrer sur les tâches essentielles à votre travail quotidien.

Pour garantir une lecture efficace, un contenu riche en informations pratiques est développé. Quels éléments concrets avons-nous ajouté ?

* La **carte détachable** : placée **en début d'ouvrage**, c'est une fiche pratique à conserver près de l'ordinateur. Consultez-la pour retrouver d'un coup d'œil les principaux raccourcis des logiciels Internet.

* Le « **Circuit Découverte** », **page 1** : prise en main de Internet Explorer 4 sous forme d'un exercice pratique à réaliser pas à pas, même sans aucune expérience de Internet Explorer.

* « **A découvrir** », exemple **page 44** : au fil des chapitres, des informations complémentaires, des détails pour un maximum d'efficacité.

* « **Bonus** », exemple **page 31** : pour en savoir plus sur Internet Explorer. En fin de chapitre, un aperçu des autres possibilités d'Internet Explorer. A explorer pour devenir un « pro ».

* Le « **Circuit Express** », **page 311** : des points de repères essentiels. Des pages spécialement conçues contre les trous de mémoire.

Pour une lecture efficace, retenez le rôle des icônes placées en marge.

 NOUVEAU Attire votre attention sur une innovation d'un logiciel pour Internet.

 SUR LE WEB Des adresses Internet pour approfondir un sujet et disposer des toutes dernières informations.

 ASTUCE Conseils avisés, raccourcis, pièges à éviter pour gagner du temps.

 VOIR AUSSI Pour compléter votre information, d'utiles renvois à d'autres sections ou chapitres du livre.

Un rappel profitable d'une idée importante.

 Pour déjouer d'éventuels petits problèmes.

 NOTE Un indispensable complément d'informations.

EN ROUTE !

Bien plus qu'un seul produit, Internet Explorer 4.0 (IE 4) est une suite de logiciels permettant d'exploiter les fonctionnalités de l'Internet. Il y a quelques années, lors de son apparition sur le marché, Internet Explorer faisait figure de débutant face à Netscape Navigator. Depuis lors, le browser de Microsoft a considérablement évolué, pour devenir une suite Internet complète et performante, incluant un éditeur HTML, un logiciel de conférence et de partage d'applications, une messagerie et un lecteur de nouvelles. En outre, Internet Explorer 4 exploite la technologie *push*, qui permet de recevoir automatiquement, *via* le Web, des documents et des produits mis à jour, dans des domaines aussi variés que les groupes de discussion, la presse, la finance, l'informatique, etc.

Découvrir Internet Explorer 4 permet de prendre rapidement en main les logiciels de la suite IE 4 et de tirer pleinement parti de leurs fonctionnalités. Par son approche générale et complète, cet ouvrage a un objectif double : étudier en détail les possibilités des différents éléments d'Internet Explorer et vous donner envie d'approfondir vos connaissances.

A qui ce livre s'adresse-t-il ?

A tous ceux qui découvrent l'Internet et maîtrisent les fonctionnalités essentielles de leur ordinateur. Cet ouvrage ne traite pas en détail de tous les aspects d'Internet Explorer. Il a pour vocation non seulement de vous présenter les fonctionnalités les plus importantes et les plus intéressantes mais également de vous donner l'envie d'aller plus loin dans la découverte d'Internet Explorer. Alternant points essentiels et sujets plus techniques, il est destiné à tous les utilisateurs.

Contenu

Le présent ouvrage traite tout d'abord des concepts fondamentaux de l'Internet, puis décrit en détail les modules d'Internet Explorer. Les descriptions sont illustrées d'exemples concrets, d'exercices et d'études détaillées de sujets précis, ce qui permettra à chacun d'exploiter pleinement les possibilités offertes par l'Internet. L'ouvrage se termine par trois annexes traitant respectivement du choix d'un fournisseur d'accès Internet, de l'installation d'Internet Explorer et de la résolution de problèmes courants.

Structure

Cet ouvrage commence par la présentation du browser d'Internet Explorer et par la visite du site de Microsoft, ce qui constitue un excellent moyen de découvrir IE 4 et d'apprendre à naviguer sur le World Wide Web.

Partie 1 : L'environnement IE 4

La première partie traite du browser Web et de la configuration des options du bureau IE 4, c'est-à-dire de la personnalisation de l'interface et du comportement général du logiciel en fonction de vos besoins.

Partie 2 : Explorer l'Internet

Cette partie est consacrée aux fonctionnalités avancées du browser : comment configurer les paramètres d'accès à l'Internet, rechercher, extraire et enregistrer des ressources du Web.

Partie 3 : Communiquer à l'aide d'Outlook Express

Cette partie traite de l'un des aspects les plus passionnants de l'Internet : le courrier électronique, qui permet de communiquer avec le monde extérieur, grâce à l'envoi et à la réception aisée et rapide de messages et de fichiers. Si vous travaillez à domicile (ou envisagez de le faire), vous gérerez vos messages professionnels, à l'aide d'Outlook Express.

Vous découvrirez également le monde des groupes de discussions (ou *newsgroups*). Les groupes de discussions sont nés du souci des chercheurs et universitaires américains de se tenir au courant de l'actualité et d'apporter des réponses aux questions et aux problèmes techniques. Il existe maintenant à travers le monde plusieurs dizaines de milliers de newsgroups, véritables forums de discussion sur des sujets variés. Grâce à Outlook Express, vous aurez la possibilité de les découvrir et de vous inscrire à ceux qui vous intéressent.

Partie 4 : Participer à une téléconférence

Cette partie décrit les fonctionnalités de NetMeeting, logiciel de téléconférence d'IE 4. Vous apprendrez à configurer le logiciel, dialoguer avec d'autres utilisateurs *via* l'Internet, partager avec eux le « tableau blanc » et échanger fichiers et idées en direct.

Partie 5 : Créer des documents HTML

On a coutume de penser que la création d'un document HTML requiert des compétences en programmation. HTML est en effet le langage de marquage indispensable pour l'intégration d'un document au Web. FrontPad balaie cette idée reçue, en donnant la possibilité à quiconque de définir aisément des pages Web de qualité satisfaisante. Cette partie vous explique comment concevoir et implémenter une page Web, en évitant erreurs et pièges.

Annexes

Au nombre de trois, elles vous guideront lors de vos premiers pas sur le Net. L'annexe A traite de l'installation et de la prise en main d'Internet Explorer. L'annexe B donne des conseils précieux sur le choix d'un fournisseur d'accès. Enfin, l'annexe C explique comment résoudre les problèmes courants, à l'aide d'informations appropriées fournies par l'Internet.

TABLE DES MATIÈRES

PARTIE IV — ORGANISER UNE TÉLÉCONFÉRENCE

15 PRÉPARER UNE TÉLÉCONFÉRENCE   249

16 CONVERSER ET UTILISER LE TABLEAU BLANC   259

CIRCUIT DÉCOUVERTE POUR INTERNET EXPLORER 4

DANS CETTE VISITE GUIDÉE, DÉCOUVREZ COMMENT :

ACTIVER ET DÉSACTIVER LE BUREAU ACTIF **1**

EXPLORER LE POSTE DE TRAVAIL **3**

SURFER SUR LE WEB **5**

INTERNET EXPLORER 4.0 (IE 4) VA PLUS LOIN que les autres browsers, en associant étroitement l'ordinateur tout entier à l'Internet. D'un clic de souris, il permet en effet d'aller des ressources locales aux ressources de n'importe quel site Web à travers le monde. Véritable Bureau actif, l'Active Desktop vous donne la possibilité de recevoir automatiquement les mises à jour successives de vos pages Web ainsi que des informations en continu, émanant d'agences de presse ou d'organismes financiers.

Pour la plupart, les nouvelles fonctionnalités proposées par IE 4 vont modifier le comportement de l'utilisateur. Le bureau devient en effet une page Web dont les icônes et les libellés sont des liens vers des ressources locales (applications) ou distantes (chaînes et sites Internet). Bien entendu, il est possible de désactiver le Bureau actif pour une utilisation plus conventionnelle de Windows 95.

Découvrons ensemble quelques-unes des nouveautés les plus marquantes d'IE 4. Dans les autres chapitres, vous apprendrez à exploiter et à personnaliser l'interface utilisateur, en fonction de vos besoins et de vos habitudes.

Activer et désactiver le Bureau actif

L'option Active Desktop est en fonction si vous avez opté pour l'intégration du Bureau actif lors de l'installation d'IE 4 (figure CD-1). Peut-être n'êtes-vous pas préparé à ces changements radicaux... En effet, votre ordinateur travaille au ralenti s'il est doté de la quantité minimale de mémoire vive requise (8 Mo pour Windows 95, 16 Mo pour NT4). Le Bureau actif est très gourmand en ressources (mémoire vive et cache disque).

Liste des chaînes

Icônes présentes sur le bureau avant l'installation d'IE 4

Barre d'outils Lancement rapide (ajoutée à la barre des tâches lors de l'installation)

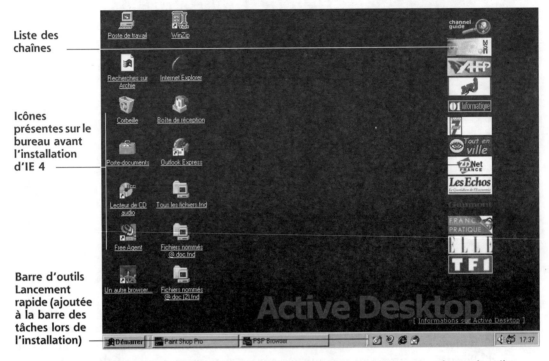

Figure CD-1   Le Bureau actif comporte une liste de chaînes et une barre d'outils Lancement rapide.

Pour le moment, vous pouvez désactiver le Bureau actif. Après la lecture de ce chapitre, il y a fort à parier que vous le réactiverez, puis personnaliserez ses options et/ou mettrez à niveau la mémoire vive de l'ordinateur.

VOIR AUSSI   **Pour installer le Bureau actif, reportez-vous au bonus du chapitre 3.**

Au bout de quelques jours, le message de bienvenue animé sur fond noir du Bureau actif (figure CD-1) fait place au papier peint de la configuration d'origine. Pour personnaliser l'arrière-plan du bureau, reportez-vous aux chapitres 2 et 4.

Outre les icônes et dossiers de votre ancien bureau, le Bureau actif comporte une barre de chaînes. Les chaînes s'intègrent à la toute nouvelle technologie *push* permettant de recevoir automatiquement sur votre ordinateur différents services, comme des bulletins météorologiques, les cours de la Bourse ou les dépêches d'agences de presse.

Pour activer, puis désactiver le Bureau actif :

1. Cliquez avec le bouton droit de la souris sur un emplacement non significatif du bureau. Un menu raccourci apparaît alors (figure CD-2).

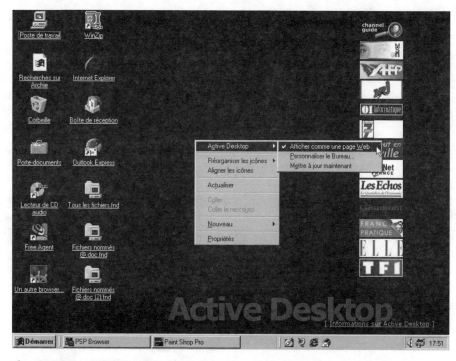

Figure CD-2 Ouvrez le menu raccourci, d'un clic droit sur le Bureau actif IE4.

2. Placez le pointeur sur **Bureau actif**. Le menu associé apparaît.

3. Cliquez sur **Afficher comme une page Web** pour supprimer la marque de sélection figurant en face de l'option. Les menus disparaissent et la configuration d'origine du bureau est restaurée.

4. Pour réactiver le Bureau actif, cliquez à nouveau sur l'option **Afficher comme une page Web**.

NOTE Certaines cartes vidéo relativement anciennes sont incapables d'afficher le Bureau actif tant que l'ordinateur n'a pas redémarré.

Explorer l'ordinateur

IE 4 permet d'explorer l'ordinateur comme le Web. Les icônes du Bureau actif deviennent des liens hypertexte vers des ressources locales, désormais sélectionnables d'un simple clic (au lieu de deux). Pour restaurer le bureau d'origine, reportez-vous au chapitre 2. IE 4 remplace trois utilitaires, fournis en standard avec Windows 95 : il s'agit de Poste de travail, de l'Explorateur Windows et d'Internet Explorer 3.0. Chaque fois que vous ouvrez un dossier, IE 4 explore son contenu de façon continue.

Pour tester le comportement d'IE 4 et du Bureau actif :

1. Placez le pointeur sur l'icône Poste de travail, sans actionner le bouton de la souris. Le pointeur flèche prend la forme d'une main, et le titre souligné de l'icône est mis en évidence, comme s'il s'agissait d'un lien hypertexte. Au bout de quelques secondes, l'arrière-plan de l'icône apparaît en vidéo inverse, ce qui indique que le raccourci est sélectionné. Pour en savoir plus sur la sélection d'icônes et de fichiers, reportez-vous au chapitre 1.

2. Cliquez une seule fois sur l'icône Poste de travail. La fenêtre de l'Explorateur s'ouvre alors. La barre de titre indique Poste de travail (figure CD-3).

Figure CD-3   Fenêtre de l'Explorateur. Lorsqu'il est placé sur une icône, le pointeur flèche prend la forme d'une main, comme s'il s'agissait d'un lien vers une page Web.

3. Cliquez sur le bouton Agrandissement, de sorte que la fenêtre occupe la totalité de l'écran.

La fenêtre Poste de travail est divisée en deux, dans le sens de la hauteur. Sélectionner une icône sur la droite (comme l'unité C:, dans l'encadré Poste de travail) affiche les informations concernant la ressource, sur la partie gauche. Cette disposition, qu'il est possible de désactiver à tout moment, a également été adoptée pour le Panneau de configuration et l'Explorateur Windows (voir chapitre 1).

Cliquez sur l'icône correspondant à l'unité C:. Les ressources résidant sur le disque dur apparaissent dans la fenêtre de l'Explorateur. Vous pouvez constater que la flèche Précédent (dirigée vers la gauche), à droite de la zone de texte Adresse, apparaît en blanc (figure CD-4). Comme dans un browser Web, il est possible d'appuyer sur ce bouton pour revenir à la page précédente (et afficher les informations Poste de travail, dans le cas présent).

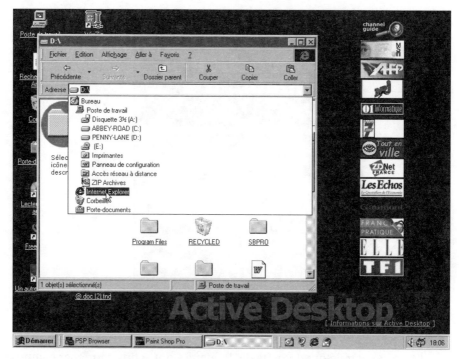

Figure CD-4   Les ressources de l'unité C: apparaissent sous la zone Adresse dans la fenêtre de l'Explorateur.

Explorer le Web

Depuis la fenêtre de l'Explorateur, il est possible d'avoir accès rapidement à des ressources de l'Internet. Nouveauté de l'encadré Poste de travail, la zone Adresse permet de spécifier une adresse Internet ou URL (pour *Uniform Resource Locator*). Il suffit alors d'appuyer sur Entrée pour aller directement à la page Web associée. La zone Adresse permet de rappeler une URL mémorisée lors de la session et de parcourir l'arborescence des répertoires (pour afficher le contenu d'une autre unité ou le Panneau de configuration, par exemple).

Pour vous connecter à l'Internet depuis la zone Adresse :

1. Cliquez sur la flèche dirigée vers le bas (à droite). La zone déroulante comprend toutes les unités de l'ordinateur, le Panneau de configuration et un certain nombre d'autres ressources.

2. Cliquez sur Internet. La boîte de dialogue Connection Manager apparaît si vous disposez d'un accès Internet (figure CD-5).

Figure CD-5 La boîte de dialogue Connection
Manager permet d'ouvrir une session Internet.

3. Par défaut, la boîte de dialogue Connection Manager compose
automatiquement le numéro du fournisseur Internet et établit la connexion.
Si ce paramètre n'est pas défini, par défaut, cliquez sur Connect (et reportez-
vous à l'annexe consacrée aux incidents, à la fin de l'ouvrage). Une fois la
connexion établie, IE 4 affiche directement la page d'accueil du site Web de
Microsoft (sauf si vous avez indiqué une URL par défaut).

NOTE **Si vous cliquez sur Internet alors que votre ordinateur fait partie d'un réseau
local, IE 4 va directement à la page d'accueil Web de l'entreprise ou du
fournisseur d'accès. Vous avez également la possibilité d'afficher une autre
page d'accueil ou une page blanche et de travailler hors connexion
(chapitre 1).**

Une fois connecté au Web, vous découvrirez que passer d'une page à une autre est un
jeu d'enfant. La barre d'outils s'agrémente de boutons que vous pouvez trouver sur
n'importe quel browser, comme Suivant, Précédent, Démarrage et Imprimer. En cliquant sur la flèche Précédent à cette étape de l'exploration, vous revenez à la liste des
ressources de l'unité C:.

Figure CD-6 Page d'accueil d'IE 4.

Ecran publié avec l'autorisation de Microsoft Corporation.

Pour utiliser le browser IE 4 :

1. Déplacez le pointeur à l'écran, à la recherche d'un lien Web. Lorsque celui-ci prend la forme d'une main, vous avez trouvé l'URL d'une page Web.

2. Cliquez sur n'importe quel lien pour afficher une autre page.

3. Testez les boutons de la barre d'outils et les liens vers des pages Web.

4. Pour quitter le browser, cliquez sur **Fichier ➡ Fermer**. N'oubliez pas de vous déconnecter d'Internet.

Le chapitre 1 est consacré à la découverte du Web et à la personnalisation du bureau IE 4.

PARTIE 1

PREMIÈRES ÉTAPES

CETTE PARTIE COMPREND LES CHAPITRES SUIVANTS :

Microsoft banalise Internet Explorer 4 en le présentant comme un élément à part entière du système d'exploitation Windows. Applications et réseaux cohabitent dans la nouvelle interface. L'utilisateur n'a plus à se soucier de l'emplacement des ressources pour pouvoir y accéder. En outre, Internet Explorer 4 prend en charge la technologie *push* qui permet de recevoir en continu des informations émanant de fournisseurs de services du Web.

Tout logiciel comportant des fonctionnalités aussi complètes est d'un abord difficile. IE 4 est en fait un produit convivial et très souple, aux multiples configurations. Vous pouvez à votre gré exploiter les fonctionnalités interactives du bureau ou travailler de manière plus conventionnelle. Il est en effet aisé d'adapter l'interface à ses besoins ou encore de désactiver l'ensemble des options *webtop* (acronyme de *Web* et de *desktop*, signifiant bureau intégré au Web) de l'anglais et de restaurer les paramètres Windows 95.

Le chapitre 1 traite du fonctionnement du nouvel Explorateur et de la personnalisation de l'interface de travail.

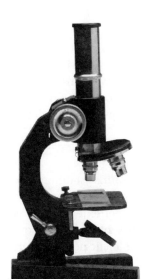

PASSEPORT POUR INTERNET EXPLORER

CE QUE VOUS ALLEZ DÉCOUVRIR :

INTERNET EXPLORER 4.0 (EN ABRÉGÉ IE 4) révolutionne l'apparence du bureau et ses interactions avec le système d'exploitation. Mieux, il modifie directement le comportement de l'utilisateur : le bureau fonctionne comme une page Web et les icônes représentent des liens vers des sites de l'Internet. Il est d'ailleurs possible d'utiliser une page Web comme papier peint du bureau Windows (voir chapitre 2).

Le présent chapitre traite d'opérations simples d'exploration des répertoires de l'ordinateur et de gestion des fichiers locaux. Nous avons délibérément désactivé le Bureau actif (le fameux « Active Desktop » cher à Microsoft). Pour désactiver le Bureau actif, cliquez avec le bouton droit de la souris sur un emplacement vierge du bureau, puis sélectionnez l'option **Bureau actif ➡ Afficher comme une page Web**.

Le Bureau actif

Après l'installation d'IE 4, vous avez sans doute remarqué que l'interface Windows a subi un certain nombre de modifications : le papier peint a été remplacé par un message de bienvenue sur fond noir, et la barre des tâches comporte désormais une barre Lancement rapide. (Dans quelques jours, le papier peint IE 4 disparaîtra, remplacé par le papier peint d'origine.) Les icônes et dossiers de votre ancien bureau ont été conservés mais sont désormais soulignés, comme les liens d'une page Web. IE 4 est axé sur le Bureau actif (dont nous décrirons les fonctionnalités, dans le chapitre 4). Il est peut-être plus aisé pour vous de découvrir ce chapitre avec un bureau plus conventionnel. Pour désactiver le Bureau actif, reportez-vous au Circuit découverte.

NOUVEAU   La nouveauté majeure de Internet Explorer 4 est le Bureau actif (*Active Desktop*). Il s'agit d'un bureau dynamique dans lequel il est possible de créer des arrière-plans personnalisés, d'installer des composants animés et de s'abonner à des chaînes d'informations mises à jour en continu. Enfin, l'option de sélection active simplifie l'ouverture des programmes et des fichiers.

Vous avez sans doute remarqué que le mode de sélection de la souris est différent. Ceci est dû à l'option de *sélection active*. Lorsque vous placez le pointeur de la souris sur une icône, le libellé associé est mis en évidence, comme un lien hypertexte de page Web. Au bout de quelques secondes, l'icône et le libellé s'assombrissent, indiquant que la sélection est prise en compte. Le clic simple a remplacé le double-clic pour l'ouverture des programmes et des fichiers représentés par des icônes. Comme avec le bureau Windows 95, il suffit d'appuyer sur le bouton droit de la souris pour afficher un menu raccourci permettant de renommer, supprimer, modifier icônes et libellés. De même, il est toujours possible de faire glisser les icônes d'un emplacement à un autre, à l'aide de la souris. Enfin, vous avez la possibilité d'annuler toutes les modifications apportées au bureau par IE 4.

NOTE   Dans ce chapitre, nous avons délibérément masqué la barre des tâches et désactivé le Bureau actif. Les exemples concernent ainsi indifféremment Windows NT et Windows 95. Il peut arriver que certaines icônes portent des noms différents d'un système à l'autre (l'icône Explorateur Windows devient Explorateur NT, par exemple).

Pour tester les fonctionnalités de la sélection active :

1. Placez le pointeur sur une icône du bureau, sans actionner le bouton de la souris. Le pointeur prend la forme d'une main et le nom de l'icône est mis en évidence (figure 1-1).

2. Au bout de quelques secondes, l'icône et son libellé s'obscurcissent : la sélection a été prise en compte.

3. Appuyez alors sur le bouton droit de la souris. Le menu raccourci apparaît (figure 1-2).

4. Cliquez sur un emplacement non significatif du bureau : le menu raccourci se referme.

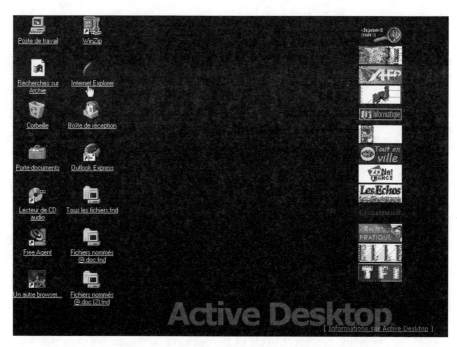

Figure 1-1   Lorsqu'il reste quelques secondes sur une icône, le pointeur prend la forme d'une main, et le libellé de l'icône est mis en évidence, ce qui est comparable à l'action de la souris dans une page Web.

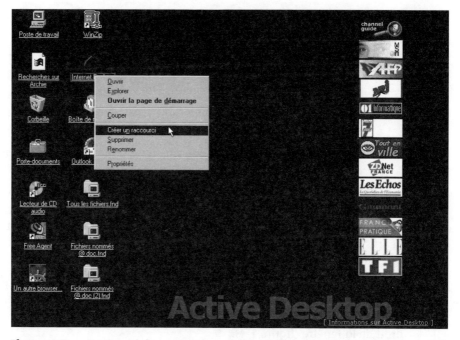

Figure 1-2   Pour ouvrir le menu raccourci d'une icône, appuyez sur le bouton droit de la souris.

Découvrir IE 4

L'installation d'IE 4 n'a apparemment pas modifié les encadrés associés à l'icône Poste de travail, à l'icône Explorateur ou à tout autre dossier de travail. Il est possible d'enregistrer séparément les modifications apportées à chaque fenêtre (barres d'outils, ordre de tri, etc.), ce qui améliore la personnalisation de l'interface. En vérité, l'ensemble des contrôles (encadrés, boutons, barres de menu, etc.) est régi par IE 4, pour une plus meilleure intégration de l'ordinateur au Web. Certes, il est toujours possible de gérer les fichiers à l'aide des utilitaires Windows, comme le Poste de travail et l'Explorateur, mais le comportement et l'apparence de l'interface sont conditionnés par le browser. Parmi les nouveautés, citons le mode de sélection active et l'affichage Web des composants. Immédiatement après l'installation d'IE 4, vous pouvez constater que les fenêtres Poste de travail et Explorateur Windows sont réduites. Nous allons lancer l'Explorateur Windows pour découvrir les modifications apportées au système.

NOUVEAU

IE 4 modifie trois programmes intégrés à Windows 95 ou à Windows NT4 : Internet Explorer, l'Explorateur Windows (ou l'Explorateur NT) et le Poste de travail. Les raccourcis et les options de menu ne sont pas mis à jour mais fonctionnent différemment car IE 4 s'est substitué au moteur du système d'exploitation. Dès lors, tout dossier comprend les barres d'outils et les menus d'Internet Explorer.

Pour ouvrir l'Explorateur Windows :

1. Cliquez sur le bouton Démarrer dans la barre des tâches : le menu Démarrer apparaît alors (figure 1-3). Vous pouvez constater que IE 4 a ajouté de nouvelles options aux sous-menus Documents et Arrêter.

2. Cliquez sur **Programmes ➡ Explorateur Windows**. L'Explorateur Windows est lancé.

3. Agrandissez l'encadré, en cliquant sur le bouton 🔲 dans l'angle supérieur droit de la barre de titre.

Dans la partie gauche du nouvel Explorateur Windows apparaît l'arborescence des ressources locales, les informations détaillées correspondantes figurant dans la partie droite. Les deux parties de la fenêtre s'appellent des *volets*. Au besoin, vous pouvez définir une trame d'arrière-plan pour le volet droit. Pour en savoir plus sur la personnalisation des arrière-plans de dossiers, reportez-vous au chapitre 2.

Parcourez l'arborescence à l'aide de la barre de défilement du volet gauche, puis cliquez sur le dossier Windows. L'option de sélection active est opérante uniquement dans le volet droit. Les dossiers et fichiers associés apparaissent alors dans le volet droit de la fenêtre (figure 1-4).

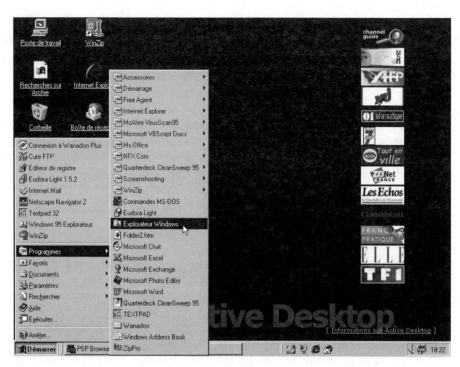

Figure 1-3   Ouverture de l'Explorateur Windows, *via* le menu Démarrer.

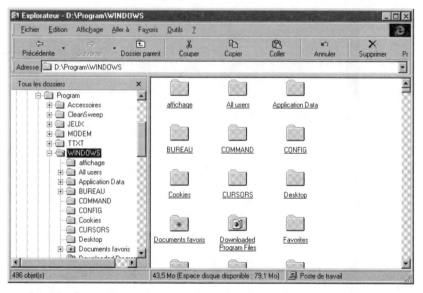

Figure 1-4   Le dossier Windows est sélectionné dans le nouvel Explorateur Windows.

NOUVEAU IE 4 adjoint aux dossiers des barres d'outils et menus dignes d'un browser Web, ce qui donne immédiatement accès aux ressources, qu'elles soient situées sur l'ordinateur, sur les réseau ou sur l'Internet.

En vous reportant à la figure 1-4, vous pouvez constater que la zone Adresse de la barre d'outils présente deux flèches, à droite et à gauche, fonctionnant comme les boutons Suivant et Précédent d'un browser Web. Il peut arriver que la fenêtre de votre Explorateur Windows soit légèrement différente de celle de la figure 1-4. Dans ce cas, vérifiez si l'une des options (Grandes icônes, Détails ou Liste) du menu Affichage (figure 1-9) est sélectionnée. Tous les types et extensions de fichiers figurent dans ce chapitre.

Ouvrir des programmes à l'aide de l'Explorateur

Comme avec l'Explorateur Windows d'origine, il est possible d'ouvrir des programmes *via* l'Explorateur d'IE 4.

Pour cela, procédez comme suit :

1. Cliquez sur le volet droit de l'Explorateur, puis recherchez le programme Calc ou Calc.exe associé ou non à l'icône représentant une calculatrice (figure 1-5).

Figure 1-5   Le programme Calc.exe du dossier Windows est sélectionné dans le volet droit de l'Explorateur.

2. Placez le pointeur de la souris sur Calc, puis cliquez une fois sur le libellé. Le système accède à la calculatrice.

3. Quittez ce programme, en cliquant sur le bouton de fermeture situé dans l'angle supérieur droit de la barre de titre de l'encadré Calculatrice.

Gérer des fichiers

Les opérations courantes de gestion de fichiers (copier, couper, coller, supprimer et renommer) fonctionnent comme dans l'ancien Explorateur Windows. Attention : la sélection active exigeant précision et pratique prolongée, nous vous conseillons de traiter les groupes de fichiers par la technique habituelle (du moins dans un premier temps).

Pour gérer un fichier à l'aide de l'Explorateur Windows :

1. Placez le pointeur sur un fichier dans le volet droit, puis cliquez sur le bouton droit de la souris pour ouvrir le menu raccourci (figure 1-6). Vous avez alors la possibilité de copier, couper, coller, supprimer ou renommer le fichier. Vous pouvez également diriger le fichier vers l'un des emplacements indiqués dans le menu Envoyer vers, ou créer un raccourci.

Figure 1-6   D'un clic droit, vous avez accès aux options courantes de gestion de fichier.

2. Pour couper et coller le fichier, sélectionnez Couper, dans le menu raccourci.

3. Basculez dans le volet gauche et sélectionnez l'unité et le répertoire de destination. Pour finir, cliquez sur **Edition ➡ Coller**.

Comme indiqué plus haut, l'option de sélection active est difficile à prendre en main, surtout si vous êtes habitué aux techniques plus conventionnelles. Avec cette nouvelle fonctionnalité, l'important est de ne pas cliquer sur les fichiers que l'on souhaite copier, coller, supprimer, etc.

Pour sélectionner un groupe continu de fichiers dans le volet droit :

1. Sélectionnez le premier fichier, en plaçant le pointeur de la souris sur le nom ou l'icône associé. La sélection prend effet lorsque l'un ou l'autre s'obscurcit (figure 1-5). Evitez de cliquer sur le fichier.

2. Appuyez sur la touche Maj et maintenez-la enfoncée.

3. Placez le pointeur sur le dernier fichier à sélectionner, en évitant d'appuyer sur l'un quelconque des boutons de la souris. Au bout de quelques secondes, le groupe s'obscurcit, indiquant que la sélection est effective (figure 1-7).

Figure 1-7   Sélection d'un groupe de fichiers par la technique de sélection active.

Dans l'exemple de la Figure 1-7, nous avons sélectionné un bloc de neuf icônes contiguës à Calc.exe. Le groupe de fichiers défini par la sélection active dépend de l'option d'affichage sélectionnée (Grandes icônes, Détails, Liste). Avec l'option Grandes icônes, il peut s'agir de blocs, de colonnes ou de lignes d'icônes adjacentes. N'hésitez pas à tester les différentes possibilités d'affichage. Pour en savoir plus sur ce sujet, reportez-vous à la section suivante.

NOTE **Pour sélectionner un groupe discontinu de fichiers, placez quelques secondes le pointeur de la souris sur le premier fichier, appuyez sur la touche Ctrl et, tout en la maintenant enfoncée, sélectionnez le fichier suivant. Procédez ainsi pour chaque fichier, en veillant à ne pas actionner les boutons de la souris. Pour finir, relâchez la touche Ctrl.**

Afficher et masquer les composants

Internet Explorer permet de personnaliser un grand nombre de paramètres de configuration. Ainsi, vous avez la possibilité, entre autres, de masquer ou d'afficher des barres d'outils, de déplacer ces barres d'outils, d'afficher les fichiers sous forme d'icônes ou de liste, de trier ceux-ci par nom ou par type, et ainsi de suite. Un conseil : évitez de modifier l'ensemble des paramètres, car ceux-ci n'affectent pas uniquement l'apparence de l'interface. Ils agissent sur l'Explorateur et sur certains utilitaires système actifs.

> **Dans IE 4, les paramètres modifiables sont nombreux, ce qui permet de répondre parfaitement aux besoins de l'utilisateur.**

L'affichage et l'ordre de tri des fichiers figurant dans l'Explorateur Windows, l'utilitaire Poste de travail et d'autres dossiers peuvent être configurés dans le menu Affichage.

Pour modifier l'ordre de tri des fichiers :

1. Cliquez sur **Affichage ➡ Réorganiser les icônes**. Les options de tri des icônes et des fichiers apparaissent (figure 1-8).

2. Cliquez sur l'option de tri qui vous intéresse. Le menu se referme, et l'ordre des fichiers est modifié.

Le menu Affichage comporte également les options Grandes icônes, Petites icônes, Liste et Détails. Ces options influent directement sur la disposition des fichiers dans le volet droit. Rouvrez le menu et sélectionnez une à une les options d'affichage. La disposition des fichiers peut varier selon que vous utilisez l'Explorateur Windows ou l'utilitaire Poste de travail, car les paramètres peuvent être définis séparément.

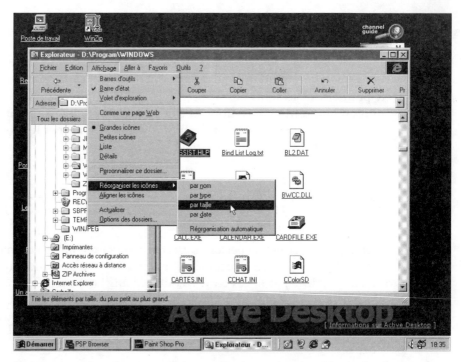

Figure 1-8   Dans le menu Affichage, sélectionnez l'option Réorganiser les icônes.

Barres d'outils

Vous avez le choix entre une personnalisation séparée et une personnalisation globale des barres d'outils de l'Explorateur Windows, du browser IE 4, de l'utilitaire Poste de travail et du Panneau de configuration. La procédure est la même pour tous ces programmes, quels que soient le dossier ou l'application en cours.

Le tableau 1-1 dresse une liste assez courte des élements communs à toutes les barres d'outils IE 4. A titre d'exemple, nous avons représenté la barre d'outils de l'utilitaire Poste de travail (figure 1-9). Au besoin, fermez l'Explorateur Windows, puis cliquez sur l'icône Poste de travail.

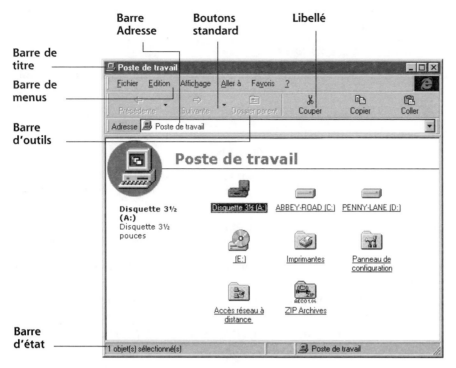

Figure 1-9   Barre d'outils du Poste de travail. Ces éléments graphiques sont communs à l'Explorateur Windows, à Internet Explorer et à l'utilitaire Poste de travail.

TABLEAU 1-1   Eléments des fenêtres et des barres d'outils communs à IE 4.

Elément	Description
BARRE DE TITRE	Partie rectangulaire figurant dans la partie supérieure de la fenêtre et comportant le nom du programme ou du dossier actif ainsi que les boutons système (réduction, agrandissement et fermeture).
BARRE DE MENUS	Partie rectangulaire figurant sous la barre de titre et comportant les options de menus.
BARRE D'OUTILS	Partie rectangulaire figurant sous la barre de menus et comportant les boutons de commande ainsi que d'autres contrôles IE 4, comme la barre d'adresse.
BARRE D'ÉTAT	Partie rectangulaire au pied de la fenêtre, contenant un certain nombre d'informations, comme l'espace disque disponible.
BARRE DE L'EXPLORATEUR	Partie de la barre d'outils dont les boutons donne accès à un volet spécial, dans la partie gauche de la fenêtre. Par défaut, elle n'apparaît que dans le browser mais peut être activée dans d'autres logiciels.

TABLEAU 1-1   Eléments des fenêtres et des barres d'outils communs à IE 4. *(suite)*

Elément	Description
BOUTONS STANDARD	Boutons de la barre d'état, correspondant aux options Suivant, Précédent, Copier, etc.
BARRE ADRESSE	Partie de la barre d'outils contenant la zone Adresse.
LIENS	Partie de la barre d'outils contenant les boutons personnalisables des liens.
POIGNÉE	Petite ligne verticale à l'extrême gauche d'une section de la barre d'outils permettant de développer, de réduire ou de déplacer cette section.
INFO-BULLES ET LIBELLÉS	Libellés descriptifs des boutons pouvant être activés ou non.

Vous pouvez à votre gré afficher ou masquer les boutons standard, la barre Adresse et la barre Liens dans les barres d'outils IE 4. La barre de l'Explorateur n'est visible que dans le browser, que celui-ci soit appelé directement ou depuis une fenêtre ou un dossier externe. Les éléments de la barre d'outils sont mobiles et dimensionnables (en largeur et en hauteur). La barre de menus est également mobile, et la barre d'outils peut comprendre plusieurs groupes et lignes de boutons.

Les sections de la barre d'outils sont séparées les unes des autres par de minuscules lignes verticales, appelées *poignées*. En examinant la figure 1-9, vous pouvez constater que le pointeur de la souris placé sur la poignée de la barre Liens s'est transformé en flèche bidirectionnelle. Cela indique que la section peut être agrandie, réduite ou déplacée. Placez le pointeur sur le bord inférieur de la barre d'outils : vous remarquez qu'il se tranforme en flèche bidirectionnelle, dirigée vers le haut et le bas. Vous pouvez alors réduire ou agrandir l'encadré dans le sens de la hauteur.

Pour ouvrir, fermer ou faire glisser une section de la barre d'outils :

1. Placez le pointeur sur la poignée de la section qui vous intéresse.

2. Appuyez sur le bouton de la souris et, tout en le maintenant enfoncé, faites glisser la poignée vers la gauche ou la droite. La taille de la section augmente ou diminue en fonction du mouvement choisi.

3. Appuyez à nouveau sur le bouton de la souris et, tout en le maintenant enfoncé, déplacez la poignée vers un autre emplacement de la barre d'outils. Dans notre exemple, nous l'avons fait glisser de droite à gauche pour afficher quelques boutons de la barre Liens (figure 1-10).

Figure 1-10   Barre d'outils du Poste de travail. Les liens viennent d'être déplacés à droite des options de menus.

4. Relâchez le bouton de la souris à l'emplacement souhaité.

Pour désactiver ou restaurer les infos-bulles des boutons de la barre d'outils :

1. Cliquez sur **Affichage** ➡ **Barre d'outils** pour ouvrir le menu des options de la barre d'outils (figure 1-11).

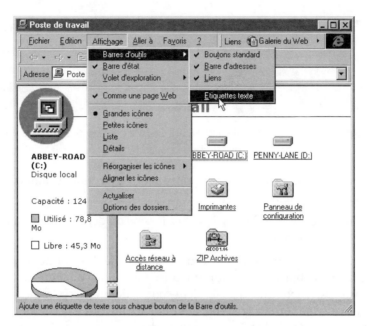

Figure 1-11   L'option Etiquettes texte est sélectionnée dans le menu Affichage.

2. Cliquez sur **Etiquettes texte**. La marque de sélection ✔ disparaît. Les menus disparaissent également. Les boutons de la barre d'outils ne comportent plus de libellés, ce qui réduit considérablement leur taille. Pour restaurer la configuration d'origine, répétez les points 1 et 2.

Pour agrandir ou réduire la barre d'outils dans le sens de la hauteur :

1. Placez le pointeur sur le bord inférieur de la barre d'outils, de sorte qu'il se transforme en flèche bidirectionnelle (figure 1-12).

Figure 1-12   Agrandissez la barre d'outils ou ajoutez-lui une nouvelle ligne, en faisant glisser le bord inférieur.

2. Sans relâcher le bouton de la souris, faites glisser lentement le bord inférieur de la barre d'outils vers le bas. La hauteur de la ligne augmente tout d'abord, faisant réapparaître les libellés s'ils ont été effacés (figure 1-13). Puis une nouvelle ligne est insérée dans la barre d'outils ; l'une des sections, tout comme les boutons standard, est renvoyée à la nouvelle ligne.

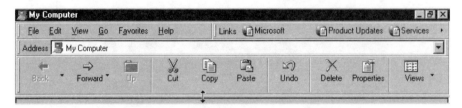

Figure 1-13   Une nouvelle ligne est insérée au niveau des boutons standard dans la barre d'outils Poste de travail.

3. Pour ajouter une autre ligne, poursuivez l'opération. Chaque section possède alors sa propre ligne.

4. Pour supprimer les lignes, inversez le sens du déplacement du bord inférieur de la barre d'outils.

Comme vous l'avez sans doute remarqué, la barre de l'Explorateur est adjointe automatiquement à la barre d'outils lors du lancement direct ou indirect (depuis une fenêtre ou un dossier externe) d'IE 4. Cette barre donne accès à des volets spéciaux facilitant la navigation sur le Web. Notez que les mêmes volets sont disponibles dans l'encadré Poste de travail et dans les autres dossiers.

Pour ouvrir les volets spéciaux de la barre de l'Explorateur :

1. Cliquez sur **Affichage ➡ Volet d'exploration ➡ Favoris**. Les liens de vos sites favoris apparaissent dans la liste du volet gauche (figure 1-14). Les volets du Poste de travail se divisent alors en deux.

2. Pour vous connecter à l'Internet et visiter un site favori, cliquez sur le lien correspondant, dans le volet gauche. Dans l'exemple ci-avant, nous avons cliqué sur Internet Explorer 4.0 Features (bien entendu, votre liste de liens est sans doute différente). L'encadré Poste de travail devient une fenêtre Internet Explorer et l'option d'affichage des ressources locales ne fonctionne plus.

ou

Pour fermer le volet Favoris sans vous connecter à l'Internet, cliquez sur le bouton Précédent ou sélectionnez **Affichage ➡ Volet d'exploration ➡ Aucun**.

Alors que le volet Favoris est ouvert, vous pouvez couper, copier, coller ou supprimer n'importe quel lien de votre choix, *via* le menu raccourci (en cliquant à l'aide du bouton droit de la souris). Il est également possible de sélectionner l'option Propriétés, puis d'éditer le nom ou l'URL du lien favori.

Figure 1-14 L'encadré Poste de travail devient une fenêtre Internet Explorer lorsqu'un site favori est sélectionné.

VOIR AUSSI

Pour en savoir plus sur la gestion des liens favoris, reportez-vous au chapitre 6. Les chapitres 5 et 7 traitent des volets spéciaux ouverts depuis le volet d'exploration.

Reportez-vous à la Figure 1-14. Le volet d'exploration n'apparaît pas lors de l'ouverture du volet Favoris. Il convient de cliquer sur le lien favori et de se connecter à l'Internet. L'encadré Poste de travail se transforme alors en fenêtre Internet Explorer et la barre de l'Explorateur s'agrémente des boutons Recherche, Favoris, Historique et Chaînes. Une fois la connexion établie, il est impossible de réafficher l'encadré Poste de travail d'origine. Pour poursuivre le travail, vous devez fermer la fenêtre de l'explorateur, puis cliquer à nouveau sur l'icône Poste de travail. N'oubliez pas de fermer la session IP si vous êtes connecté à votre fournisseur Internet.

Restaurer la configuration d'origine

Il est aisé de restaurer les paramètres d'origine si vous préférez travailler dans l'environnement Windows 95. Dans le jargon Microsoft, les fonctionnalités IE 4 s'intègrent totalement au Web. En effet, les ressources locales sont assimilées à des ressources distantes. Le Bureau actif modifie le fonctionnement et l'apparence de l'interface utilisateur, qui ressemble à un browser Web. Le concept de *Web View* ou *Webtop* fait également référence aux volets et aux informations figurant dans les encadrés Poste de travail et Panneau de configuration.

Etape 1

L'apparence et le comportement d'IE 4 ne sont pas du goût de tous les utilisateurs. Certaines personnes préfèrent afficher les informations dans un seul volet, par exemple.

Pour rétablir l'apparence d'origine des encadrés Poste de travail et Panneau de configuration :

1. Cliquez sur l'icône Poste de travail ou sur **Démarrer ➡ Paramètres ➡ Panneau de configuration**, selon que vous souhaitez ouvrir l'encadré Poste de travail ou le Panneau de configuration. Les modifications apportées à l'un se répercutent automatiquement dans l'autre.

2. Cliquez sur **Affichage ➡ Comme une page Web**. La marque de sélection ✔ disparaît. Le menu se referme et les informations détaillées du volet gauche disparaissent (figure 1-15).

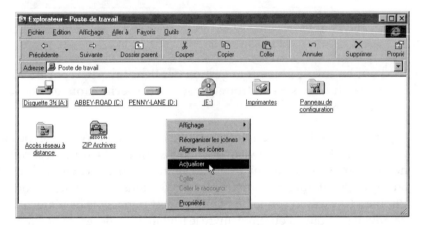

Figure 1-15 Pour mettre à jour l'affichage d'un dossier, cliquez avec le bouton droit de la souris sur un emplacement vide, puis sélectionnez l'option Actualiser.

3. Pour rétablir les informations détaillées, répétez les points 1 et 2. La marque de sélection ✔ apparaît en face de l'option **Comme une page Web**.

4. Pour mettre à jour l'affichage, cliquez avec le bouton droit de la souris sur un emplacement non significatif de la fenêtre, puis sélectionnez l'option Actualiser, dans le menu raccourci (figure 1-15). Vous pouvez également appuyer sur la touche F5.

VOIR AUSSI

Il est désormais impossible de définir un fond personnalisé au dossier (voir chapitre 2).

Etape 2

Cet exercice concerne l'affichage et le masquage de la plupart des options *Web View*, figurant dans une boîte de dialogue ouverte depuis le menu Affichage des dossiers Poste de travail, Explorateur Windows et browser IE 4.

Pour modifier ou masquer les options d'intégration du bureau au Web :

1. Sélectionnez **Affichage ➡ Options**. La boîte de dialogue Options apparaît. Cliquez sur l'onglet Général (figure 1-16).

Figure 1-16 Sélectionnez l'onglet Général de la boîte de dialogue Options.

2. Dans la page qui apparaît, cliquez sur Style classique. Les fonctionnalités d'origine vont être restaurées. Cliquez sur OK pour valider votre choix.

   ou

   Cliquez sur Personnalisé à partir de vos paramètres pour sélectionner certaines fonctionnalités IE 4, puis sur le bouton Paramètres. La boîte de dialogue Paramètres de l'intégration au Web apparaît alors (figure 1-17).

Cette boîte de dialogue offre un grand choix de paramètres de configuration. Si les dossiers s'affichent dans des fenêtres séparées, il est possible de les afficher dans une seule fenêtre, et inversement. Vous pouvez également afficher les dossiers sous forme de pages Web (voir section médiane de la boîte de dialogue).

La section inférieure propose plusieurs paramètres, permettant de modifier les modes de sélection et d'ouverture des icônes (par exemple, Sélectionner en pointant avec la souris...). Vous pouvez ainsi opter pour un affichage orienté Web. Dans ce cas, les icônes sont assimilées à des liens vers des ressources locales ou distantes.

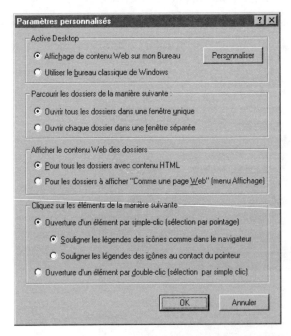

Figure 1-17   La boîte de dialogue Paramètres de l'intégration au Web permet de sélectionner certaines fonctionnalités nouvelles d'IE 4 uniquement.

Pour sélectionner une option, cliquez sur le bouton radio correspondant. Cliquez ensuite sur le bouton OK. Il vous reste deux concepts à découvrir avant de poursuivre votre travail.

Oui... mais encore ?

Les concepts décrits ci-après n'ont pas de relation directe avec les fonctionnalités d'affichage d'IE 4, mais méritent à notre avis d'être exploités. Ils concernent le mode de contrôle de l'ordinateur selon que toutes les fonctionnalités d'IE 4 sont actives ou non. Au besoin, reportez-vous à la section précédente.

Cliquez sur l'onglet Affichage. La page associée apparaît au premier plan.

Vous avez alors la possibilité de choisir les fichiers qui apparaîtront dans l'Explorateur, le Poste de travail, etc. (figure 1-18). Nous n'aimons pas que le système d'exploitation masque certaines informations ; c'est pourquoi nous vous conseillons de cliquer sur l'option Afficher tous les fichiers. A vous de choisir l'option qui convient le mieux à vos besoins. Pour sélectionner une option, il suffit de cliquer sur le bouton radio correspondant.

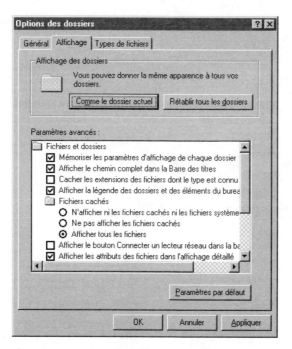

Figure 1-18   L'onglet Affichage vient d'être sélectionné dans la boîte de dialogue
Options.

Examinez les options figurant dans la partie inférieure de la page d'onglet. L'une permet d'afficher le chemin d'accès complet du fichier sélectionné dans la barre de titres. L'autre masque ou affiche les différentes extensions de fichier. L'extension figure après le nom du fichier et se compose d'un point et de trois lettres définissant le format d'enregistrement. Masquer les extensions présente un inconvénient majeur : comment distingue-t-on les uns des autres des fichiers portant le même nom (sinon par leur extension) ? Placez une marque de sélection ✔ en face de l'option souhaitée.

L'onglet Avancées concerne la dernière étape de personnalisation (figure 1-19).

Cliquez sur l'onglet Avancées de la boîte de dialogue Options.

Cochez les cases de votre choix. Une marque de sélection ✔ apparaît en face des options choisies. La page Avancées contient les options suivantes :

* *Afficher le bouton Connecter un lecteur réseau dans la barre d'outils.* Ce bouton permet de rétablir une connexion à un autre ordinateur du réseau local.

* *Afficher les attributs des fichiers dans l'affichage Détails.* Les attributs (archivé, lecture seule, système) apparaissent en face des noms de fichiers.

* *Permettre l'utilisation des noms en majuscules.* Cette option ne concerne que les noms de fichiers et de dossiers. En effet, vous avez le droit de combiner majuscules et minuscules dans les boîtes de dialogue Enregistrer sous.

⁕ *Adoucir les bords des polices d'écran.* Nous n'avons pas noté de différence après sélection de cette option. Peut-être ne disposions-nous pas des polices d'écran appropriées...

⁕ *Afficher le contenu de la fenêtre pendant le déplacement.* Cette option n'est prise en charge que par les cartes vidéo récentes. Elle permet d'afficher le contenu (et non uniquement le contour) des fenêtres que vous déplacez à l'aide de la souris.

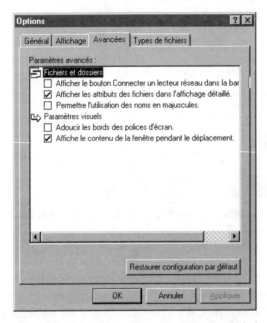

Figure 1-19 La page d'onglet Avancées de la boîte de dialogue Options.

L'onglet Types de fichiers affiche les programmes associés aux extensions. Par exemple, l'extension « .txt » est associée au Bloc-notes. Ainsi, cliquer sur un fichier texte depuis l'Explorateur Windows permet de le visualiser dans le Bloc-notes. Les associations de fichiers sont généralement gérées par le système d'exploitation.

Enregistrer la configuration

IE 4 enregistre les modifications à mesure qu'elles sont apportées au bureau et aux utilitaires système. Si malgré tout vous souhaitez les enregistrer, procédez comme suit :

1. Maintenez la touche Contrôle (ou Ctrl) enfoncée.

2. Sélectionnez **Fichier ➡ Fermer**.

BONUS

Créer un raccourci pour l'Explorateur Windows

Cette opération est simple et permet d'appeler l'Explorateur Windows directement depuis le bureau IE 4. Par défaut, le contenu de l'unité C: apparaît dans l'encadré (figure 1-4). Il suffit de modifier quelque peu les propriétés du raccourci, pour que l'Explorateur donne accès au Poste de travail vous permettant ainsi de sélectionner le disque dur local ou l'unité réseau.

Pour cela, procédez comme suit :

1. Créez un raccourci de l'Explorateur sur le bureau. (Cliquez-droit, sélectionnez **Nouveau ➡ Raccourci**, puis cliquez sur C:\Windows\Explorer.exe.)

2. Cliquez avec le bouton droit de la souris sur le raccourci, puis sélectionnez **Propriétés** dans le menu raccourci. La boîte de dialogue Propriétés apparaît.

3. Cliquez sur l'onglet Raccourci. Le texte du champ Cible apparaît en vidéo inverse.

4. Appuyez sur la flèche de droite. Le curseur apparaît immédiatement après « EXPLORER.EXE ».

5. Appuyez sur la touche d'espacement, puis tapez **/n, /e, /select, c:**\. Le champ Cible comporte la commande suivante :

   C:\WINDOWS\EXPLORER.EXE /n, /e, /select, c:\.

6. Au besoin, cliquez sur Changer d'icône, pour sélectionner une autre icône dans la liste.

7. Cliquez sur OK. La boîte de dialogue se referme.

Dès à présent, ce raccourci vous permettra d'accéder à l'Explorateur Windows, en ouvrant le Poste de travail.

Pour ouvrir l'Explorateur sur un dossier particulier, remplacez l'identificateur d'unité (« C:\ ») à la fin de la commande par le chemin d'accès approprié (« D:\personnel », par exemple).

Résumé

Dans ce chapitre, vous avez appris à modifier l'apparence et le comportement du bureau de sorte qu'il fonctionne comme une page Web. IE 4 agit également sur l'Explorateur Windows et le Poste de travail, en uniformisant la gestion des fichiers et en rapprochant les ressources du Web. Enfin, il permet de personnaliser l'ordinateur et, au besoin, de désactiver les fonctionnalités Web.

CONFIGURER LE BUREAU

S I VOUS AVEZ OPTÉ POUR L'INTÉGRATION DU BUREAU Web dans l'interface lors de l'installation de la suite (voir Annexe A), la copie de Internet Explorer 4.0 comporte un certain nombre de fonctionnalités modifiant l'apparence de l'interface, son contenu ainsi que le comportement de l'utilisateur sur le poste de travail. Dans ce chapitre, vous allez apprendre à personnaliser le bureau, les images d'arrière-plan des dossiers et les options apparaissant dans le menu Démarrer. Voir la section consacrée à la personnalisation, dans le chapitre 4. Enfin, le bonus traite de l'installation d'un programme qui résout quelques problèmes mineurs résultant de ces modifications.

Du neuf sur le bureau

Les principaux changements qu'apporte IE 4 à l'apparence et au comportement du bureau sont traités au début de cet ouvrage. Au besoin, reportez-vous au chapitre 1 pour en savoir plus sur la restauration du bureau d'origine et sur la combinaison des deux configurations.

La principale modification concerne le Bureau actif, qui lorsqu'il est en fonction, masque le papier peint (image bitmap), les couleurs et les motifs appliqués au bureau Windows 95. Ces graphismes réapparaissent lorsque cette fonctionnalité est inactive.

Pour personnaliser le bureau IE 4 :

1. Désactivez le Bureau actif. Pour en savoir plus sur cette opération, reportez-vous au Circuit découverte.

2. Cliquez avec le bouton droit de la souris sur un emplacement non significatif du bureau.

3. Dans le menu raccourci, cliquez sur Propriétés. La boîte de dialogue Propriétés de Afficher apparaît (figure 2-1).

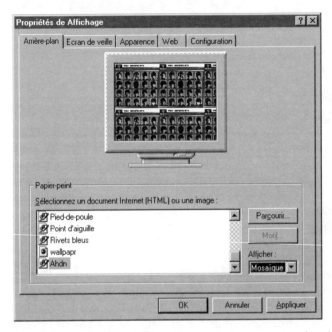

Figure 2-1   La page Arrière-plan apparaît au premier plan de la boîte de dialogue Propriétés de Afficher.

4. Au besoin, cliquez sur l'onglet Arrière-plan, pour amener la page correspondante au premier plan.

La boîte de dialogue Propriétés de Afficher comporte deux onglets permettant de modifier les couleurs et les motifs du bureau : il s'agit des onglets Arrière-plan et Apparence. L'onglet Apparence permet d'attribuer des couleurs aux différents éléments de l'interface Windows 95. C'est pourquoi nous ne l'étudierons pas en détail ici. Sachez toutefois qu'il suffit de cliquer sur l'élément à traiter, de cliquer sur une couleur et d'enregistrer le modèle sous un nom unique (voir l'aide en ligne de Windows 95).

IE 4 a modifié la page Arrière-plan, en supprimant la colonne des papiers peints et la colonne des modèles (ces derniers ne s'appliquent qu'aux composants graphiques du bureau ; jamis au papier peint). Pour choisir un modèle, vous devez cliquer sur le bouton Modèles. La modification ne concerne que l'apparence de la boîte de dialogue et non le mode de sélection du papier peint et du modèle (voir l'aide en ligne de Windows 95). Vous avez la possibilité d'attribuer une page HTML comme papier peint du Bureau actif (voir chapitre 4) . L'onglet Arrière-plan donne accès à la liste des papiers peints aux formats BMP et HTML (pour *HyperText Markup Language*).

Vous avez sans doute remarqué deux nouveaux onglets dans la boîte de dialogue Propriétés de Afficher. Il s'agit d'une part, de ScreenScan, permettant de lancer l'utilitaire ScanDisk alors que l'écran de veille est actif et, d'autre part, de l'onglet Web, permettant d'afficher et de masquer tel ou tel élément dans le Bureau actif. Pour en savoir plus sur ces éléments, reportez-vous au chapitre 4.

Personnaliser des dossiers

Vous en avez peut-être assez des arrière-plans tristes et sans relief de vos dossiers ? Justement, l'option d'intégration au Web permet de les agrémenter de papiers peints graphiques ou de documents HTML à l'aide de l'éditeur préchargé (figures 2-5 et 2-11). Dans nos exemples, nous avons modifié les dossiers Programmes et Jeux, mais, bien entendu, rien ne vous empêche de traiter les autres. Notez que les dossiers Poste de travail et Panneau de configuration acceptent uniquement des arrière-plans HTML prédéfinis. Les modifications sont spécifiques au dossier traité.

> **L'option d'intégration au Web permet de personnaliser les arrière-plans de fenêtres, dossier par dossier.**

NOUVEAU IE 4 permet d'attribuer aux dossiers des arrière-plans animés, voire des fonctionnalités HTML interactives.

Un arrière-plan graphique

Vous allez apprendre à attribuer une image à l'arrière-plan d'un dossier. IE 4 prend en charge le format graphique par défaut de Windows (BMP) mais aussi les formats JPEG et GIF, très répandus sur l'Internet. Par défaut, l'assistant Personnaliser ce dossier recherche les images en mode point (c'est-à-dire les fichiers se terminant par l'extension « .bmp »).

Pour sélectionner une image :

1. Cliquez avec le bouton droit de la souris sur le bouton **Démarrer** dans la barre des tâches, puis cliquez-gauche sur l'option **Ouvrir**. Vous allez développer le menu Démarrer (figure 2-2).

Figure 2-2 D'un clic droit sur le bouton Démarrer, sélectionnez l'option Ouvrir.

2. Cliquez sur l'icône Programmes, pour ouvrir le dossier associé.

3. D'un clic droit sur un emplacement vide de l'arrière-plan du dossier, ouvrez le menu raccourci. Vous pouvez également cliquer sur l'option **Affichage** dans la barre de menus.

4. Cliquez sur **Personnaliser ce dossier**. L'assitant Personnaliser ce dossier apparaît (figure 2-3). Vous avez alors la possibilité de créer un document HTML, de sélectionner une image d'arrière-plan ou d'annuler les modifications apportées à l'arrière-plan du dossier.

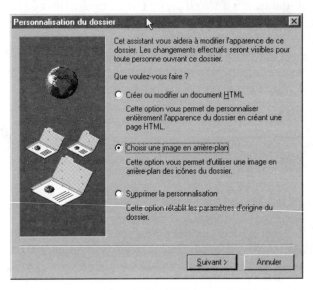

Figure 2-3   Première boîte de dialogue de l'assistant Personnaliser ce dossier.

5. Cliquez sur l'option Choisir une image en arrière-plan.

6. Cliquez sur Suivant. La boîte de dialogue dresse la liste des images bitmap (« .bmp ») disponibles dans le répertoire Windows (figure 2-4).

7. Pour sélectionner un fichier graphique fourni avec Windows 95, parcourez la liste et cliquez sur le nom correspondant. L'aperçu de l'image apparaît dans l'encadré figurant à gauche. Dans notre exemple, nous avons cliqué sur Points d'aiguille (figure 2-4).

8. Pour sélectionner un fichier graphique enregistré dans un autre répertoire, cliquez sur le bouton Parcourir. La boîte de dialogue Ouverture permet d'explorer les répertoires et dossiers de l'ordinateur et de sélectionner le fichier recherché. La zone de liste déroulante Types permet d'opter pour un autre format : JPEG ou GIF. Un aperçu de l'image apparaît dans la boîte de dialogue de l'assistant. Dans notre exemple, nous avons sélectionné le fichier « Aquarium.bmp » copié à partir du CD-ROM d'installation de Windows 95.

9. Pour attribuer une couleur unique aux libellés des icônes du dossier, cliquez sur le bouton Texte :, de l'encadré Couleur de la légende des icônes. Vous avez alors accès à la palette des couleurs système.

10. Pour attribuer une couleur de fond aux libellés des icônes, cochez la case à gauche du libellé Arrière-plan, puis cliquez sur le bouton à droite. La palette des couleurs apparaît.

11. Cliquez sur Suivant. L'assistant indique les modifications qui ont été apportées au dossier.

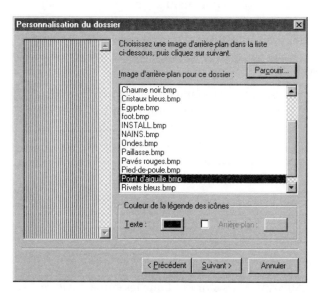

Figure 2-4   Liste de sélection des images d'arrière-plan.

12. Cliquez sur Terminer pour valider l'opération, ou sur Annuler pour quitter l'assistant sans appliquer les modifications. Dans le premier cas, l'image d'arrière-plan apparaît dans le dossier (figure 2-5).

Figure 2-5   L'image Aquarium.bmp a été sélectionnée comme arrière-plan du dossier Programmes.

Un arrière-plan HTML

L'arrière-plan d'un dossier peut également se composer d'un document HTML, ce qui permet d'inclure des images, du texte (une description du rôle du dossier et de ses icônes, par exemple) et, pour les concepteurs HTML confirmés, des contrôles interactifs, des tableaux, des composants animés, en d'autres termes, des composants visibles dans des pages Web.

Dans notre exemple, nous allons modifier quelque peu le modèle de dossier standard IE 4, pour créer un arrière-plan simple comprenant images et texte personnalisés. Pour cela, FrontPad doit résider sur l'ordinateur. Dans le cas contraire et si vous ne disposez pas d'éditeur HTML, cette procédure est impossible. Pour en savoir plus sur l'installation de FrontPad et des logiciels de la suite IE 4, reportez-vous au bonus figurant à la fin du chapitre 3.

Pour créer un arrière-plan HTML :

1. Répétez les points 1 à 4 de la section précédente : l'assistant Personnaliser ce dossier va s'exécuter (figure 2-3).

2. Cliquez sur l'option Créer ou modifier un document HTML.

3. Cliquez sur Suivant. L'assistant indique les étapes de la procédure (figure 2-6). Vous allez créer le document à l'aide de l'éditeur HTML, l'enregistrer puis fermer le logiciel avant de revenir dans l'assistant.

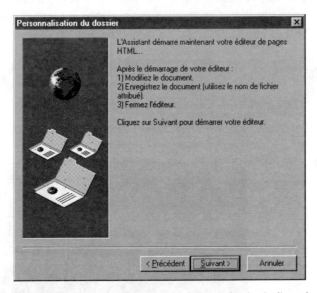

Figure 2-6 L'assistant Personnaliser ce dossier indique les principales étapes de création d'un document HTML.

4. Cliquez sur Suivant. L'assistant lance l'éditeur HTML.

FrontPad s'exécute par défaut, sauf si vous avez installé un autre éditeur HTML. Les exemples fournis dans ce chapitre ont été réalisés à l'aide de FrontPad et du modèle de dossier standard IE 4. Il est possible de les réaliser avec un autre éditeur HTML, mais la procédure et le résultat obtenu risquent d'être sensiblement différents.

Editer le modèle de dossier à l'aide de FrontPad

Comme vous le savez déjà, nous allons réaliser deux opérations simples avec le modèle IE 4. Ne craignez pas de perdre le modèle : en effet, l'assistant le duplique automatiquement durant l'exercice. Le modèle permet de créer des arrière-plans comparables à ceux des dossiers Panneau de configuration et Poste de travail (figure 1-6), c'est-à-dire des encadrés divisés en deux, le volet de droite comportant les icônes, le volet de gauche, les informations relatives au dossier et à ses programmes. Bien entendu, le modèle offre d'autres options de mise en page, que nous n'étudierons pas pour le moment.

Par défaut, FrontPad affiche les quatre éléments suivants : un petit carré dans l'angle supérieur gauche, un rectangle blanc comportant la mention Web View Folder Title, un encadré comportant des points d'interrogation sur fond noir et un bloc de grande taille intitulé Folder Data (en partie assombri dans la figure 2-7 : au besoin, vous pouvez faire défiler son contenu).

Le rectangle blanc et le bloc noir représentent respectivement le titre du dossier et les volets de gauche et droite (figure 1-6). Le bloc « Folder Data » représente un script qui ajoute des informations concernant les éléments du dossier dans le document HTML.

Faute d'espace suffisant, nous allons d'abord supprimer certains éléments du modèle, pour les remplacer par du texte et des images, bien qu'il soit possible de conserver les uns et d'insérer les autres.

Pour définir un arrière-plan HTML :

1. Cliquez sur la droite du dernier carré comportant un point d'interrogation. Le curseur est alors positionné (figure 2-7).
2. Appuyez deux fois sur la touche Entrée, pour insérer autant de lignes vides.
3. Répétez le premier point, puis passez à l'étape suivante.
4. Appuyez sur le bouton de la souris, que vous devez maintenir enclenché pour sélectionner les points d'interrogation de l'encadré noir, le contenu du rectangle blanc ainsi que le petit carré dans l'angle supérieur gauche de l'écran.
5. Appuyez sur la touche Suppr. L'encadré noir est réduit à une ligne, alors que la taille de l'encadré blanc n'est pas modifiée (figure 2-8).

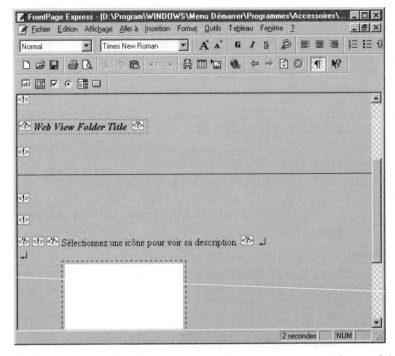

Figure 2-7   L'assitant Personnaliser ce dossier ouvre un nouvel exemplaire du modèle de dossier dans FrontPad.

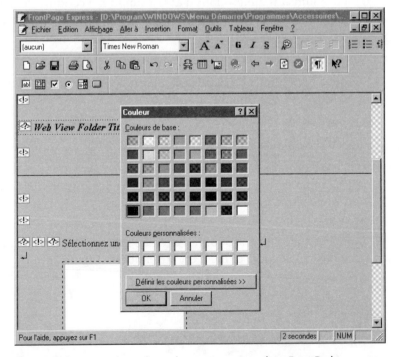

Figure 2-8   La palette de couleurs est ouverte dans FrontPad.

Ajouter du texte

Pour ajouter du texte dans le modèle de document HTML :

1. Placez le curseur dans le bloc noir, à l'aide de la souris.

2. Cliquez sur le bouton Couleur du texte, dans la barre d'outils. Ce bouton ressemble à la palette d'un peintre. Pour éviter toute erreur, placez le pointeur de la souris sur ce bouton. Au bout de quelques secondes apparaît le libellé Couleur du texte. La palette de couleurs apparaît à l'écran (figure 2-8).

3. Cliquez sur une couleur claire, de sorte qu'elle se détache bien de l'arrière-plan noir (nous avons choisi le vert clair), puis appuyez sur OK. La palette disparaît.

4. Tapez une phrase de votre choix, puis appuyez sur OK. Le texte apparaît dans l'encadré noir. Dans notre exemple, nous avons tapé **Jeux Windows**. Appuyez sur Entrée pour insérer une nouvelle ligne.

Ajouter une image et la dimensionner

Pour ajouter une image au modèle de document HTML :

1. Cliquez sur le bouton Insérer une image (figurant au milieu de la deuxième ligne de la barre d'outils et représentant un paysage montagneux sur fond jaune). La boîte de dialogue Image apparaît (figure 2-9).

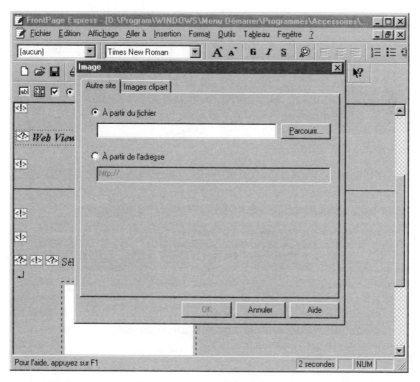

Figure 2-9   La boîte de dialogue Image est ouverte dans FrontPad.

2. Cliquez sur le bouton Parcourir. Une autre boîte de dialogue Image apparaît à l'écran : elle comporte la liste des répertoires dans laquelle vous allez effectuer la recherche. Vous avez le choix entre plusieurs formats graphiques. Cliquez sur la liste déroulante Types pour sélectionner le format qui vous intéresse (dans notre exemple, une image GIF).

3. Ouvrez le dossier local contenant l'image à insérer, sélectionnez le nom du fichier, puis cliquez sur Ouvrir. La boîte de dialogue Image comporte maintenant le nom du fichier (figure 2-9).

NOTE **La boîte de dialogue Image représentée par la figure 2-9 contient d'autres options, permettant de récupérer une image résidant sur le Web (A partir de l'adresse) ou d'utiliser une image clipart (si votre ordinateur en est doté, bien entendu). Les cliparts sont des images fournies avec des logiciels graphiques ou de présentation (Publisher ou Powerpoint, par exemple) et regroupées en collections, appelées *galleries*. Dans notre exercice, nous avons opté pour la facilité en insérant une image intégrée au bureau IE 4. En effet, le dossier \Windows\Web comporte un certain nombre d'images GIF qui sont d'ailleurs utilisées par les chaînes IE 4.**

4. Une fois l'image sélectionnée, cliquez sur OK, dans la boîte de dialogue Image. Le graphisme apparaît alors dans l'encadré noir.

5. Ne vous inquiétez pas si l'image est d'une taille supérieure à celle de l'encadré : vous allez la redimensionner. Pour cela, placez le pointeur sur l'angle inférieur droit de l'image. Lorsque celui-ci prend la forme d'une flèche bidirectionnelle, appuyez sur le bouton de la souris et, tout en le maintenant enfoncé, faites glisser le bord de l'image en diagonale, vers le haut. Cette opération fait apparaître le contour de l'image sans la tronquer ni la déformer, car le dimensionnement est proportionnel (figure 2-10).

Enregistrer l'arrière-plan

Il est temps d'enregistrer le modèle de document HTML et de l'implémenter à l'aide de l'assistant Personnaliser ce dossier.

Pour terminer la procédure de personnalisation du dossier :

1. Cliquez sur **Fichier ➡ Enregistrer**. Le document va être sauvegardé sur disque.

2. Cliquez sur **Fichier ➡ Quitter**. Vous quittez FrontPad pour revenir dans l'assistant. La boîte de dialogue qui apparaît affiche le compte-rendu de l'opération de création.

3. Cliquez sur Terminer. L'assitant se referme et au bout de quelques secondes, apparaît l'arrière-plan personnalisé du dossier (figure 2-11).

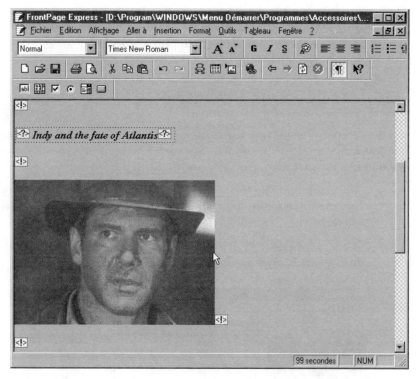

Figure 2-10 Dimensionner l'image dans FrontPad.

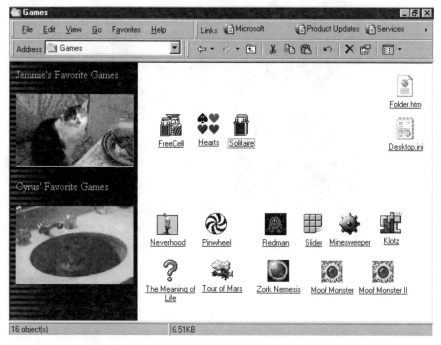

Figure 2-11 L'arrière-plan du dossier vient d'être créé.

Dans notre exemple, nous avons ajouté un autre libellé et une deuxième image avant d'enregistrer le travail et de quitter FrontPad. Nous avons également aligné certaines icônes sur l'image et le texte du haut, d'autres sur l'image et le texte du bas.

À DÉCOUVRIR

ADJOINDRE UN DOSSIER À UN FAVORI

Les dossiers personnalisés passent inaperçus si vous avez pour habitude de lancer leurs programmes depuis le menu Démarrer. Pour pallier cet inconvénient, il est intéressant d'ajouter les dossiers dans le dossier Favoris. Procédez comme suit :

1. Cliquez sur Poste de travail ou sur Explorateur Windows. Vous pouvez également cliquer-droit sur le bouton Démarrer, puis parcourir l'arborescence à la recherche du dossier à traiter.

2. Cliquez sur **Favoris** ➡ **Ajouter aux favoris** (voir la figure ci-après). La boîte de dialogue Ajouter aux favoris apparaît alors.

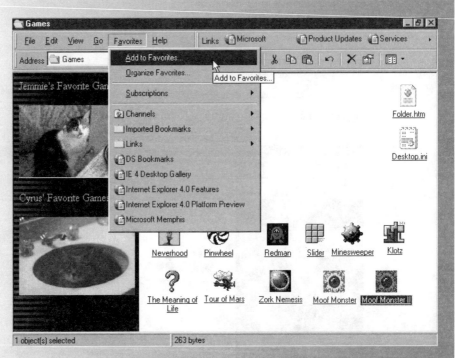

3. Cliquez sur OK. La boîte de dialogue se referme et le dossier est ajouté aux Favoris. Il est alors possible de l'activer instantanément, *via* le Poste de travail ou l'Explorateur Windows.

Personnaliser le menu Démarrer

IE 4 permet de modifier le menu Démarrer par la technique « glisser-déplacer ». Pour mettre à jour ce menu, il fallait d'abord l'ouvrir par un clic droit sur le bouton Démarrer, puis créer un à un les raccourcis, en recherchant les programmes dans l'arborescence des répertoires. Avant d'aller plus loin, découvrons ensemble les modifications qu'apporte IE 4 au menu Démarrer.

NOUVEAU

IE 4 intègre le menu Favoris et de nouvelles options au menu Rechercher.

Pour vérifier les modifications apportées au menu Démarrer :

1. Cliquez sur **Démarrer** dans la barre des tâches. Le menu s'ouvre alors.

2. Placez le pointeur de la souris sur **Favoris**. Les favoris communs au Poste de travail et à la barre de menus de l'Explorateur apparaissent à l'écran. Dans notre exemple (figure 2-12), nous avons sélectionné l'option Liens, qui permet d'afficher les liens installés avec IE 4.

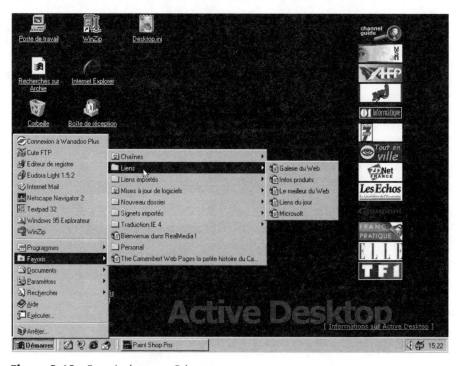

Figure 2-12 Favoris du menu Démarrer.

3. Placez le pointeur sur l'option **Rechercher** du menu Démarrer. Le menu Rechercher apparaît (figure 2-13).

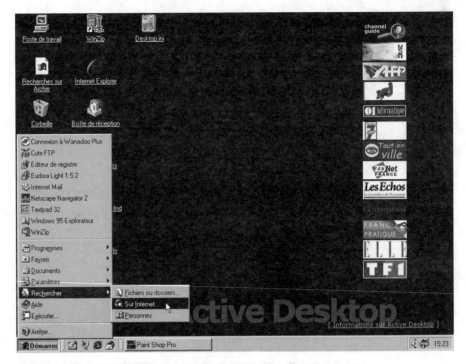

Figure 2-13 Les nouvelles options du menu Rechercher.

Il comporte de nouvelles options :

* L'option Sur Internet... permet de se connecter à la page Find It Fast, de Microsoft et de rechercher des sites Web.

* En cliquant sur Personnes, vous avez la possibilité de rechercher un utilisateur dans votre carnet d'adresses local ou sur un service OLAP international (annuaire indexé regroupant les utilisateurs par domaine et par fournisseur Internet).

* Si votre ordinateur fait partie d'un réseau local, vous pouvez également effectuer la recherche sur les autres postes de travail.

* Si vous avez un compte utilisateur MSN (Microsoft Network), le menu Rechercher comporte une option de recherche *via* le service en ligne de Microsoft.

NOUVEAU **IE 4 intègre la technique de « glisser-déplacer » dans le processus de modification du menu Démarrer.**

Cette technique est simple et pratique : il suffit de sélectionner le raccourci à traiter, puis de le déposer à l'emplacement de son choix, à l'aide de la souris. Dans notre exemple, nous allons déplacer le dossier Jeux du menu Programmes\Accessoires vers le menu Programmes. Si le menu Accessoires se situe déjà à ce niveau, vous pouvez effectuer l'exercice avec un autre dossier (il est possible que certains dossiers et icônes de la Figure 2-14 n'apparaissent pas sur votre ordinateur.)

Pour déplacer des éléments dans le menu Démarrer :

1. Cliquez sur le bouton **Démarrer** dans la barre des tâches. Le menu Démarrer apparaît alors.

2. Sélectionnez **Programmes** ➡ **Accessoires** ➡ **Jeux** sans relâcher le bouton de la souris. Le menu Jeux s'ouvre mais se referme dès que vous commencez à le faire glisser vers le niveau supérieur.

3. Le menu Accessoires se referme également, alors que le menu Programmes reste ouvert. Le pointeur de la souris est agrémenté d'un rectangle, indiquant que vous faites glisser un élément à l'écran (figure 2-14).

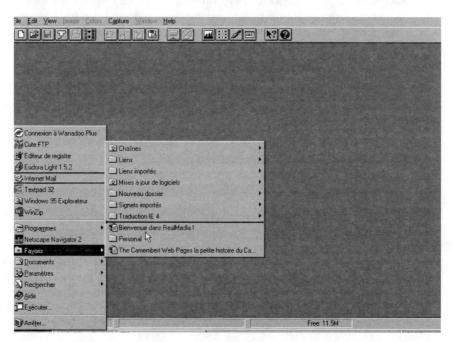

Figure 2-14 Glisser-déplacer d'un dossier vers un autre emplacement du menu Démarrer.

4. Poursuivez l'opération dans le menu Programmes jusqu'à ce qu'apparaisse une ligne horizontale qui en délimite les éléments (figure 2-14) et indique l'emplacement de destination du dossier Jeux.

5. Lorsque vous avez choisi l'emplacement du dossier Jeux, relâchez le bouton de la souris. Le dossier est inséré dans le menu Programmes.

BONUS

Personnaliser l'interface

Avec leurs mises à jour constantes, les éditeurs de systèmes d'exploitation ne semblent pas satisfaire tous les utilisateurs, à propos notamment des modifications que les nouvelles versions entraînent tant sur les ordinateurs que dans les comportements. Bien entendu, Windows 95 n'échappe pas à la règle. Quelques semaines après sa sortie, Microsoft proposait déjà un petit utilitaire baptisé Tweak UI, censé améliorer l'interface et résoudre quelques problèmes tenaces, redoutés des utilisateurs, comme la connexion manuelle au réseau à chaque démarrage de Windows ou la suppression fiable d'icônes devenues inutiles.

L'action de Tweak UI n'est pas garantie par Microsoft (qui d'ailleurs ne propose aucune assistance technique pour ce produit). Pour en savoir plus sur l'utilisation des modules additionnels, nous vous invitons à visiter la rubrique consacrée à ce sujet sur le site Web de Microsoft. Bien que fiable et performant, Tweak UI engage uniquement la responsabilité de l'utilisateur.

Pour télécharger, installer et utiliser Tweak UI :

1. Lancez Explorer, puis connectez-vous à l'URL suivante :

   http://microsoft.com/windows/windows95/info/powertoys.htm

2. Parcourez la page, à la recherche du lien vers Tweak UI.

3. Cliquez avec le bouton droit de la souris sur le lien hypertexte, sélectionnez **Enregistrer la cible sous** dans le menu raccourci, puis sélectiuonnez le dossier de destination du fichier. Nous vous recommandons de créer un dossier Tweak UI ce qui facilitera les réinstallations éventuelles du produit. La figure 2-15 représente le dossier Tweak dans le dossier Util.

4. Cliquez sur Enregistrer. Une fois le téléchargement terminé, fermez le browser, puis la connexion Internet.

5. Cliquez sur **Démarrer** ➡ **Exécuter**. La boîte de dialogue Exécuter apparaît alors.

6. Sélectionnez le fichier Tweak UI dans l'arborescence, puis cliquez sur OK. Il est décompacté dans une fenêtre DOS. Le traitement s'achève lorsque la mention « Terminé » apparaît dans la barre de titre.

7. Cliquez sur **Démarrer** ➡ **Paramètres** ➡ **Panneau de configuration**. Dans l'encadré du Panneau de configuration, cliquez sur l'icône Ajout/suppression de programmes. La boîte de dialogue associée apparaît (figure 2-15).

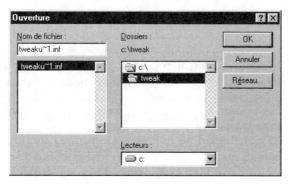

Figure 2-15   Recherchez les fichiers de Tweak UI pour les intégrer à Windows.

8. Dans la boîte de dialogue Ajout/Suppression de programmes, cliquez sur l'onglet Installation de Windows.

9. Cliquez sur le bouton Disquette fournie..., puis sur l'option Parcourir, dans la boîte de dialogue Installer à partir de la disquette. La boîte de dialogue Ouverture apparaît.

10. Ouvrez le dossier dans lequel résident les fichiers d'installation de Tweak UI. Le fichier tweakui.inf apparaît dans le champ Nom de fichier (figure 2-15).

11. Cliquez sur OK. Tweak UI apparaît alors dans la liste Composants .

12. Placez une marque de sélection ✔ en face de l'option, puis cliquez sur Installer. L'installation s'effectue en quelques secondes. Relancez l'ordinateur pour que les nouveaux paramètres soient pris en compte par le système.

13. Rouvrez le Panneau de configuration. Vous pouvez constater qu'il contient désormais l'icône Tweak UI.

14. Cliquez sur cette icône. La boîte de dialogue Tweak UI apparaît à l'écran.

Les onglets de cet encadré comportent des informations sur les options représentées. Pour en savoir plus sur une option, cliquez sur le point d'interrogation (dans l'angle supérieur droit de la barre de titre), puis sur l'élément qui vous intéresse.

Les options les plus intéressantes figurent dans les pages Bureau et Réseau, car elles permettent d'organiser les icônes du bureau en fonction du profil utilisateur et de se connecter automatiquement au réseau (n'optez pas pour cette option si vous travaillez sur réseau local. En effet, vous risqueriez de perdre des données importantes). Les autres options de Tweak UI concernent la lecture automatique des CD-ROM, l'effacement de la liste des documents à chaque session Windows et la personnalisation des icônes de raccourcis. Amusez-vous !

Résumé

Le bureau intégré d'IE 4 modifie radicalement l'apparence de l'interface utilisateur et la façon de travailler dans Windows. Tirer profit des options de personnalisation permet de répondre aux besoins et d'introduire plus de convivialité dans le système d'exploitation. Le chapitre 3 est consacré aux fonctionnalités avancées d'IE 4, comme les barres d'outils personnalisables.

CHAPITRE 3

FONCTIONNALITÉS AVANCÉES DU BUREAU

CE QUE VOUS ALLEZ DÉCOUVRIR :

COMME VOUS LE SAVEZ DÉJÀ, IE 4 EST BIEN PLUS qu'un simple browser Web. Si vous avez opté pour l'intégration du bureau lors de l'installation du produit (voir Annexe A), l'interface a été enrichie de nouvelles options et fonctionnalités.

L'une d'entre elles (non des moindres) concerne la personnalisation de la barre des tâches et la création de barres d'outils permettant de lancer des applications et d'ouvrir documents et pages Web. Ces fonctionnalités s'avèrent très pratiques, car elles vous évitent de vous perdre dans l'arborescence des dossiers, très étendue lorsque les applications sont nombreuses sur l'ordinateur.

Nous découvrirons également le Task Scheduler permettant d'automatiser le contrôle et la défragmentation des disques durs locaux. Notez que ce produit est également appelé Planificateur de tâches par les utilisateurs Microsoft.

Personnaliser la barre des tâches

Vous pouvez constater que la barre des tâches comporte désormais un certain nombre de petites icônes (parfois appelées raccourcis ou boutons) donnant accès aux programmes de la suite IE 4. Leur nombre est fonction des composants Internet Explorer que vous avez installés.

NOUVEAU

IE 4 intègre automatiquement à la barre des tâches de Windows 95 une barre d'outils permettant de lancer rapidement les programmes de la suite IE 4.

Ajouter un bouton à une barre d'outils

La barre d'outils Lancement rapide permet à l'origine de lancer les logiciels IE 4 mais peut également contenir des raccourcis vers d'autres programmes, documents ou pages Web (qu'il est aisé de supprimer ultérieurement). Vous apprendrez à ajouter des barres d'outils à la barre des tâches et à créer des barres d'outils sur le bureau. La procédure d'ajout d'un bouton (raccourci) à la barre des tâches est applicable aux autres barres d'outils.

NOTE   **Le bouton de la barre Lancement rapide représentant un bureau surmonté d'une lampe n'est pas associé aux programmes de la suite IE 4. Comme son info-bulle l'indique (« Show Desktop »), il permet d'avoir accès rapidement au bureau, en masquant les fenêtres des programmes actifs. Pour rouvrir ces dernières, il suffit de cliquer à nouveau sur ce bouton.**

Examinez la figure 3-1. Vous pouvez remarquer deux lignes verticales entre le bouton Démarrer et la première icône de la barre Lancement rapide : il s'agit d'une *poignée*, c'est-à-dire d'un composant graphique qui, activé par un double-clic de souris, permet de modifier la taille de la barre d'outils en largeur et en hauteur.

La poignée figurant sur la droite de la barre Lancement rapide permet de régler la taille de la partie contenant les icônes des fenêtres actives. En la déplaçant vers la droite, vous pouvez constater que la barre d'outils Lancement rapide s'agrandit à mesure que la barre des fenêtres actives diminue et que l'espace réservé à l'horloge et au contrôle du volume est fixe.

Pour ajouter un bouton à une barre d'outils :

1. Créez le raccourci d'un programme, d'un document ou d'une page Web auquel vous souhaitez accéder à partir du bureau. Dans notre exemple, il s'agit de la calculatrice Windows.

2. Faites glisser le raccourci du bureau vers la barre d'outils Lancement rapide (figure 3-1). Il lance le programme calc.exe si l'option Masquer automatiquement est sélectionnée au niveau des propriétés de la barre des tâches. Une ligne noire apparaît à l'endroit où le raccourci sera placé si vous relâchez le bouton de la souris.

Figure 3-1   La technique glisser-déplacer permet d'ajouter un raccourci du bureau à la barre d'outils Lancement rapide.

3. Relâchez le bouton pour déposer le raccourci. Ce dernier n'est pas déplacé mais simplement dupliqué dans la barre d'outils.

4. Pour effacer le raccourci du bureau, cliquez avec le bouton droit de la souris sur son icône, puis sélectionnez l'option **Supprimer** dans le menu raccourci.

Supprimer un bouton d'une barre d'outils

Cette opération est aisée et rapide, comme le prouve l'exercice ci-après.

Pour supprimer un bouton (raccourci) d'une barre d'outils :

1. Cliquez droit sur son icône. Le menu raccourci associé apparaît.

2. Sélectionnez l'option **Supprimer**. Le système vous demander de confirmer l'opération.

3. Cliquez sur Oui. Le message disparaît et le bouton est supprimé.

Remplacer l'icône d'un raccourci

Libellé descriptif du bouton de commande activé par le pointeur de la souris, chaque info-bulle est unique. En revanche, la même icône est utilisée pour les raccourcis de page Web et le raccourci du browser IE 4, ce qui entrave quelque peu le confort visuel et l'identification des documents. Fort heureusement, il est possible de changer d'icône. Cette procédure concerne tous les raccourcis, qu'ils résident dans des barres d'outils ou sur le bureau IE 4.

Pour sélectionner l'icône d'un raccourci :

1. Cliquez avec le bouton droit de la souris sur l'icône à remplacer.

2. Dans le menu raccourci, cliquez sur **Propriétés**. La boîte de dialogue Propriétés apparaît (figure 3-2).

Figure 3-2   La boîte de dialogue Propriétés est accessible depuis le menu raccourci du raccourci.

3. Au besoin, cliquez sur l'onglet Raccourci pour afficher la page correspondant au premier plan. Appuyez sur le bouton Changer d'icône. Outre l'icône active, la boîte de dialogue Changement d'icône propose alors un certain nombre d'icônes associées au programme. Pour choisir une autre icône, cliquez sur Parcourir, ouvrez le dossier Windows, puis cliquez deux fois sur moricons.dll pour afficher les quelque 110 icônes de ce fichier.

4. Cliquez deux fois sur l'icône qui vous intéresse. La boîte de dialogue Changement d'icône disparaît.

5. Dans la boîte de dialogue Propriétés, cliquez sur OK ou sur Annuler pour confirmer ou invalider votre choix.

6. Si la nouvelle n'apparaît pas, cliquez avec le bouton droit de la souris sur un espace non significatif du bureau, puis sélectionnez **Actualiser** dans le menu raccourci.

À DÉCOUVRIR

DES BARRES D'OUTILS GOURMANDES EN MÉMOIRE VIVE

Les barres d'outils de suites bureautiques, telles que Microsoft Office, sont très gourmandes en mémoire vive et ne font pas toujours bon ménage avec IE 4. Il est donc recommandé de les désactiver et de les remplacer par de nouvelles. L'opération est simple : il suffit d'ajouter les raccourcis dans la barre Lancement rapide ou de créer une barre d'outils adaptée à vos besoins (voir la section ci-après).

Lancez l'Explorateur Windows ou le Poste de travail et vérifiez le contenu du dossier \Windows\Menu Démarrer\Programmes\Démarrage. Ce dernier comporte les raccourcis des programmes à charger automatiquement lors du lancement du système. Supprimez ou déplacez le raccourci de la barre d'outils de la suite bureautique.

Créer des barres d'outils

Les barres d'outils IE 4 sont de deux types. Mobiles, elles peuvent être placées n'importe où dans le bureau. Associées à la barre des tâches de Windows 95, elles s'affichent en haut ou en bas de l'écran.

NOUVEAU Les barres d'outils personnalisables constituent une fonctionnalité essentielle de Internet Explorer 4.

Leur nombre et les possibilités qu'elles offrent sont quasi illimités. C'est pourquoi nous nous contenterons de présenter quelques astuces concernant les barres d'outils.

Afficher ou masquer des barres d'outils

IE 4 permet d'afficher ou de masquer quatre barres d'outils « prédéfinies » dans la barre des tâches. Une barre d'outils figurant à cet emplacement peut être déplacée vers le bureau ou vers une autre barre d'outils. Parmi les barres d'outils prédéfinies, on distingue les barres Adresse et Liens (voir la section ci-après), la barre Bureau (contenant les copies des raccourcis du bureau) et la barre Lancement rapide. Pour sélectionner une barre existante ou en définir une nouvelle, ouvrez le sous-menu Barres d'outils.

Pour afficher ou masquer des barres d'outils IE 4 :

1. Cliquez avec le bouton droit de la souris sur un emplacement non significatif de la barre des tâches (en évitant la barre Lancement rapide).

2. Dans le menu raccourci, cliquez sur **Barres d'outils**. Un autre menu apparaît.

3. Choisissez une barre d'outils disponible, c'est-à-dire sans marque de sélection (✔). Les menus se referment et la barre d'outils apparaît dans la barre des tâches.

4. Pour masquer la barre d'outils, répétez les points 1 à 3.

Ajouter une barre d'outils IE 4 au bureau

Extraites du browser Internet Explorer, les barres d'outils Adresse et Liens peuvent être ajoutées au bureau. La première contient l'adresse de la ressource affichée. Pour visiter un site Web *via* Internet Explorer, il suffit de taper l'adresse Internet correspondante (ou URL) dans la zone Adresse, puis d'appuyer sur la touche Entrée.

La barre d'outils Liens comporte les liens établis depuis le browser. Comme la barre d'outils Adresse, elle donne accès directement à la page ou au site Web représenté. Pour en savoir plus sur l'utilisation et la gestion de cette barre d'outils, reportez-vous à la section « Ajouter une page à la liste des liens » du chapitre 5.

Nous allons maintenant ajouter la barre d'outils Adresse sur le bureau. Notez que cette procédure est applicable aux autres barres d'outils.

Pour installer la barre d'outils Adresse sur le bureau :

1. Cliquez avec le bouton droit de la souris sur un emplacement non significatif de la barre des tâches (en évitant la barre Lancement rapide).

2. Dans le menu raccourci, sélectionnez **Barres d'outils** ➧ **Adresse**. La barre d'outils Adresse est alors insérée dans la barre des tâches.

3. Placez le pointeur sur la poignée (les deux lignes verticales à gauche du libellé « Adresse »). Il prend la forme d'une double flèche.

4. Appuyez sur le bouton de la souris et, sans le relâcher, faites glisser la poignée hors de la barre des tâches, en direction du bureau.

5. Relâchez le bouton. La barre d'outils Adresse se trouve sur le bureau (figure 3-3). Au besoin, réduisez sa taille, en faisant glisser le bord inférieur de la barre vers le haut.

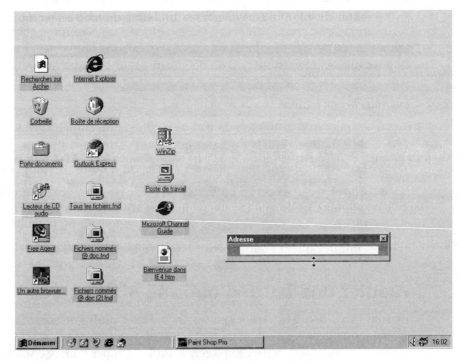

Figure 3-3   La barre d'outils Adresse est mobile sur le bureau.

6. Placez le pointeur de la souris sur le bord inférieur de la barre d'outils. Lorsqu'il prend la forme d'une double flèche, faites-le glisser vers le haut, jusqu'à ce que la barre d'outils atteigne une taille raisonnable.

A tout moment, vous avez la possibilité de déplacer la barre d'outils sur le bureau, vers la barre des tâches ou une autre barre d'outils. Pour cela, cliquez sur la barre de titre (où apparaît le mot « Adresse »), puis faites glisser la barre d'outils vers l'endroit souhaité.

Créer des barres d'outils, puis les modifier

Il est temps pour vous de créer une barre d'outils personnelle, contenant, par exemple, les applications d'un dossier local. Pour créer une barre d'outils vide, créez un dossier, puis donnez-lui un nom. Vous pourrez ultérieurement y définir des raccourcis et les faire glisser vers la nouvelle barre d'outils. Dans notre exemple, nous utiliserons un dossier existant : Jeux. Sur la plupart des ordinateurs dotés de Windows 95, il figure dans le dossier C:\Windows\Menu Démarrer\Programmes\Accessoires. Ne vous inquiétez pas : cet exercice ne modifiera en rien le contenu du dossier Jeux. Alors, allons-y !

Une barre d'outils personnelle comprend les raccourcis des ressources d'un dossier existant.

Pour créer une barre d'outils :

1. Cliquez avec le bouton droit de la souris sur un emplacement non significatif de la barre des tâches (non sur la barre Lancement rapide).

2. Dans le menu raccourci, cliquez sur **Barres d'outils ➡ Nouvelle Barre d'outils**. La boîte de dialogue Nouvelle barre d'outils apparaît (figure 3-4).

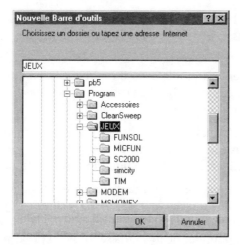

Figure 3-4 Sélectionnez le dossier de destination de la nouvelle barre d'outils.

3. Ouvrez le dossier \Windows\Menu Démarrer\Programmes\Accessoires, puis cliquez sur le dossier Jeux.

4. Cliquez sur OK. La barre d'outils « Jeux » apparaît dans la barre des tâches.

5. Placez le pointeur sur la poignée de la barre d'outils. Il se tranforme en flèche double.

6. Faites glisser la poignée dans la direction opposée à l'emplacement actuel de la barre d'outils (par exemple, vers le haut si celle-ci se trouve en bas de l'écran).

7. Relâchez le bouton. La barre d'outils s'ouvre alors.

Il est possible que la barre d'outils soit trop grande ou doive être modifiée. Rien de plus simple : il suffit de faire glisser ses bordures pour la redimensionner. Pour plus de commodité, les barres d'outils doivent figurer sur les bords du bureau. Pour modifier l'apparence ou le comportement d'une barre d'outils, vous devez d'abord ouvrir son menu raccourci, accessible d'un clic droit dans la barre de titre. Un certain nombre d'options apparaissent alors à l'écran.

* Pour effacer les libellés des boutons de la barre d'outils, sélectionnez **Afficher le texte**. La marque de sélection ✔ disparaît. Pour réafficher les libellés, sélectionnez à nouveau **Afficher le texte**. La marque de sélection ✔ apparaît en face de l'option.

* Pour remplacer les petites icônes par de plus grandes, sélectionnez **Affichage ➡ Grande**. Pour restaurer l'affichage par défaut des icônes, sélectionnez **Affichage ➡ Petite**.

* Pour masquer le titre de la barre d'outils, sélectionnez **Afficher le titre**. La marque de sélection ✔ disparaît. Pour restaurer l'affichage du titre, sélectionnez à nouveau **Afficher le titre**. Une marque de sélection ✔ vient se placer devant l'option.

* Pour insérer une autre barre d'outils dans l'espace occupé par la barre d'outils actuelle, sélectionnez **Barre d'outils**, puis le type de barre d'outils qui vous intéresse.

* Pour réduire ou augmenter la taille de la barre d'outils, en hauteur ou en largeur, placez le pointeur sur le bord de celle-ci, puis faites-le glisser vers l'intérieur ou l'extérieur du bureau.

* Pour afficher la barre d'outils au-dessus des programmes et fenêtres actifs, cliquez sur **Toujours visible**. Une marque de sélection ✔ apparaît devant l'option. Pour la désactiver, il suffit de cliquer à nouveau dessus.

* Pour masquer automatiquement la barre d'outils, sélectionnez **Toujours visible**, puis **Masquage automatique**, de sorte que le signe ✔ figure devant ces deux options. Le masquage automatique permet d'afficher la barre d'outils uniquement lorsque le pointeur de la souris se trouve à proximité de la barre des tâches.

Examinez la Figure 3-5. Vous pouvez constater que le texte a été supprimé, la taille de la barre d'outils Jeux, réduite, et que nous avons placé une nouvelle barre d'outils Bureau à droite de l'écran.

Testez chacune de ces options pour constater leurs effets sur l'aspect et le comportement de la barre d'outils. Comme la barre des tâches, une barre d'outils peut être placée sur les bords latéraux du bureau. Vous devez alors modifier certains paramètres d'affichage, comme la taille de l'icône et de son libellé. Il est recommandé d'opter pour le masquage automatique lorsque la barre d'outils figure au milieu du bureau.

Supprimer une barre d'outils utilisateur

Cette opération est aisée mais diffère de l'affichage et du masquage des barres d'outils IE 4, décrits plus haut dans ce chapitre. Vous avez la possibilité de supprimer une barre d'outils personnelle immédiatememement après sa création, et d'en créer une nouvelle dès que nécessaire.

Pour supprimer une barre d'outils personnelle :

1. Cliquez avec le bouton droit de la souris sur son titre, puis sélectionnez **Barre d'outils**. Le signe ✔ figurant devant le nom de la barre d'outils dans la liste indique que celle-ci est sélectionnée.

2. Sélectionnez le nom dans la barre d'outils. Le menu se referme et la barre disparaît.

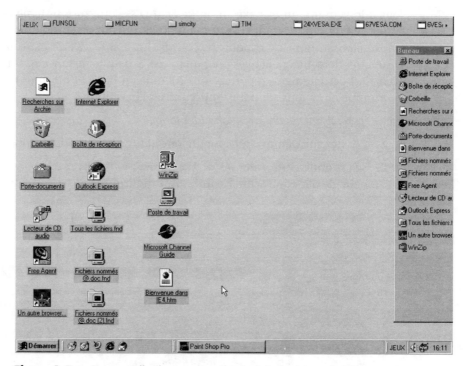

Figure 3-5   De nouvelles barres d'outils ont été placées sur le bureau.

Programmer des tâches répétitives

IE 4 intègre à l'ordinateur l'utilitaire Task Scheduler permettant de lancer automatiquement des programmes et d'effectuer ainsi des tâches répétitives durant la nuit ou à l'heure du déjeuner, par exemple. Il suffit de sélectionner l'application à lancer, de définir un jour et une heure, et Task Scheduler s'occupe de tout. Task Scheduler est similaire à System Agent, utilitaire d'exécution automatique de programmes fourni avec le CD-ROM Windows 95 Plus!. Il n'apparaît d'ailleurs pas sur les systèmes dotés de System Agent.

Pour fonctionner correctement en mode automatique sans intervention de l'utilisateur, Task Scheduler vous oblige à modifier certains paramètres des programmes à lancer. Nous espérons que les prochaines versions ne présenteront plus cet inconvénient. Par exemple, les utilitaires de vérification et de défragmentation de disque fournis avec Windows 95 (ScanDisk et le Défragmenteur de disque) s'exécutent automatiquement, mais demandent à l'utilisateur de sélectionner le disque dur. Pour pallier ce problème, il convient alors d'éditer deux paramètres, comme vous allez le découvrir ci-après.

Automatiser le lancement d'un programme

Nous allons automatiser l'exécution de ScanDisk, utilitaire système de Windows 95 permettant de vérifier l'état et le contenu du disque dur de l'ordinateur. La plupart du temps, ce programme est capable de corriger lui-même les erreurs. Toutefois, certains paramètres doivent être activés pour que Task Scheduler le lance sans problème. Pour éviter tout désagrément, reportez-vous à l'aide en ligne et au manuel utilisateur du programme dont vous souhaitez automatiser l'exécution.

Pour préparer ScanDisk à l'exécution automatique :

1. Cliquez sur Démarrer. Le menu déroulant correspondant apparaît.

2. Sélectionnez **Programmes** ➡ **Accessoires** ➡ **Outils système** ➡ **ScanDisk**. La boîte de dialogue ScanDisk apparaît (figure 3-6).

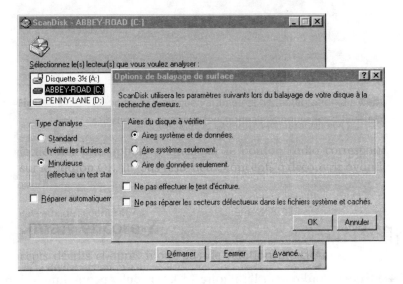

Figure 3-6   Les boîtes de dialogue ScanDisk (à gauche) et Options avancées (à droite).

La boîte de dialogue ScanDisk (figure 3-6) comporte trois options influant directement sur le mode d'exécution automatique :

* Cliquez sur Standard pour que ScanDisk ne vérifie que les fichiers et les dossiers (ou répertoires) (ce paramètre est optionnel pour l'exécution automatique).

* Cliquez sur Minutieuse pour que ScanDisk vérifie les fichiers, les dossiers ainsi que la surface du disque dur. Moins courante que l'analyse standard, cette opération est également plus longue (ce paramètre est optionnel pour l'exécution automatique.)

✳ Cliquez sur Réparer automatiquement les erreurs, de sorte que ScanDisk ne vous demande de choisir l'option de correction lorsqu'il détecte un problème sur le disque dur (ce paramètre est obligatoire pour l'exécution automatique).

Cliquez sur le bouton Avancé... dans la boîte de dialogue ScanDisk. La boîte de dialogue Options avancées de ScanDisk apparaît (figure 3-6). Un seul paramètre influe directement sur l'exécution automatique de l'utilitaire :

✳ Cliquez sur Jamais dans l'encadré Afficher le résumé, ce qui empêche ScanDisk d'afficher le compte-rendu du traitement.

Vous pouvez maintenant automatiser l'exécution de ScanDisk à partir de Task Scheduler. Pour en savoir plus sur les autres options avancées, cliquez sur la barre de titre de la boîte de dialogue Options avancées, puis sur l'option qui vous intéresse.

Les modifications apportées au programme sont validées pour que Task Scheduler s'exécute automatiquement ou soit lancé depuis le menu Démarrer.

NOTE **Pour enregistrer l'activité de ScanDisk, ouvrez la boîte de dialogue Options avancées de Scandisk, puis cliquez sur Remplacer le journal ou Concaténer au journal. Ainsi, l'utilitaire notifie toutes les actions réalisées dans un historique. Il est ensuite aisé d'afficher ce fichier (scandisk.log résidant dans le répertoire racine du disque dur) *via* le Bloc-notes Windows. Nous vous recommandons de sélectionner l'option Concaténer au journal, ce qui permet de consulter les comptes-rendus d'activité successifs.**

Ouvrir le dossier Scheduled Tasks

Le dossier Scheduled Tasks permet d'enregistrer toutes les tâches automatisées. Il figure dans le volet gauche de l'Explorateur Windows et est également accessible depuis le menu Démarrer.

Pour ouvrir ce dossier :

1. Cliquez sur **Démarrer** dans la barre des tâches.

2. Dans le menu Démarrer, sélectionnez **Programmes ➡ Accessoires ➡ Outils système ➡ Scheduled Tasks**. Le dossier Scheduled Tasks apparaît.

Comme la plupart des dossiers et fenêtres qui sont ouverts pour la première fois, le dossier Scheduled Tasks n'occupe pas la totalité de l'écran. Pour l'agrandir, cliquez sur le bouton 🔲 dans l'angle supérieur droit de la barre de titre.

Programmer une tâche

Le dossier comprend une option permettant de lancer l'assistant d'ajout de tâches programmées (Add Scheduled Task Wizard). Les tâches ainsi définies sont ajoutées au dossier.

Pour programmer une tâche :

1. Cliquez sur Add Scheduled Task. La boîte de dialogue Add Scheduled Task Wizard apparaît.

2. Lisez les informations de l'écran d'ouverture, puis cliquez sur Suivant. L'assistant dresse la liste de tous les programmes présents sur les disques durs locaux. Cette procédure prend de quelques dizaines de secondes à quelques minutes, en fonction du volume à traiter. La liste obtenue apparaît dans une boîte de dialogue (figure 3-7).

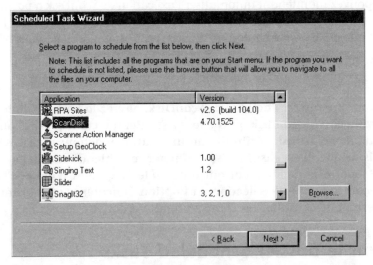

Figure 3-7 L'assistant établit la liste des programmes pouvant être traités par Task Scheduler.

3. Sélectionnez le programme qui vous intéresse. Si le programme à traiter ne figure pas dans la liste, cliquez sur le bouton Parcourir, ouvrez le répertoire correspondant, puis sélectionnez le fichier exécutable approprié.

4. Une fois l'application sélectionnée, cliquez sur Suivant. Le premier écran de planification apparaît dans la boîte de dialogue.

5. Sélectionnez la fréquence d'exécution du programme (elle peut être quotidienne, hebdomadaire, etc.). Cliquez sur la case d'option appropriée, puis sur Suivant. Si vous avez sélectionné Daily, Weekly, Monthly ou One time only, le deuxième écran apparaît (figure 3-8).

6. Définissez les détails dans la boîte de dialogue de la figure 3-8 :

   ✴ Placez un point ou cochez les cases (✔) Run the task et Days of the week.

   ✴ Pour définir l'horaire, cliquez sur les heures ou les minutes, puis faites défiler les valeurs en avant ou en arrière, à l'aide des flèches.

✳ Pour définir la date d'exécution, cliquez sur la flèche à droite de la zone What date .... Le mois en cours apparaît dans le calendrier. Vous avez la possibilité de sélectionner directement une date ou bien d'afficher un autre mois, en cliquant sur la flèche, puis de choisir un jour pour l'exécution du programme.

✳ Cliquez sur Next lorsque vous avez sélectionné la fréquence et la date.

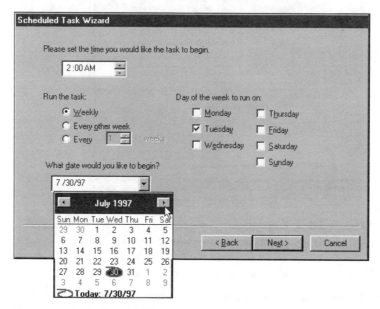

Figure 3-8   Indiquez ici les détails concernant la fréquence d'exécution du programme.

7. La dernière boîte de dialogue de l'assistant donne accès aux propriétés du programme, qu'il est alors aisé de modifier pour automatiser totalement la tâche (voir ci-après). Cliquez sur Open advanced properties of the task. Une marque de sélection ✔ apparaît devant l'option. Cliquez sur Terminer. La boîte de dialogue des propriétés du programme s'affiche alors (figure 3-9).

Définir des paramètres spéciaux

Cette opération intervient après la sélection du programme et la programmation de l'exécution. Elle est indispensable lorsque l'application risque de s'arrêter en cours de traitement, comme c'est le cas pour ScanDisk. Ce programme est capable de corriger automatiquement les erreurs qu'il rencontre. Dans l'exercice, nous allons le configurer pour qu'il effectue l'analyse directement sur le disque dur, sans intervention de l'utilisateur.

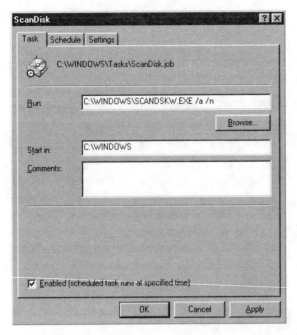

Figure 3-9   Propriétés de l'utilitaire. Les paramètres d'exécution
apparaissent dans l'encadré correspondant.

Pour définir des paramètres spéciaux d'exécution de ScanDisk :

1. Reprenez les sections précédentes, de sorte qu'apparaisse l'onglet Task de la
   boîte de dialogue ScanDisk (figure 3-9).

2. Placez le curseur dans le champ Run.

3. Insérez une espace, puis tapez **/a /n** (figure 3-9). La lettre « /a » signifie que
   ScanDisk doit vérifier tous les disques durs locaux. La lettre « /n » indique que
   l'opération s'effectuera sans arrêt.

4. Cliquez sur l'onglet Settings (figure 3-10). Vous avez alors accès aux autres
   paramètres de ScanDisk. Pour éviter que l'application à exécuter gêne les
   autres applications, vous pouvez sélectionner l'option Stop the scheduled task
   if computer is in use. Notez également les options de consommation
   électrique, concernant les ordinateurs portables.

5. Pour terminer, cliquez sur OK. La boîte de dialogue se referme.

Gérer des tâches planifiées

Il est possible de modifier ou de supprimer des tâches planifiées.

Pour cela :

1. Ouvrez le dossier Scheduled Tasks.

2. Cliquez avec le bouton droit de la souris sur la tâche de votre choix. Le menu raccourci apparaît (figure 3-11).

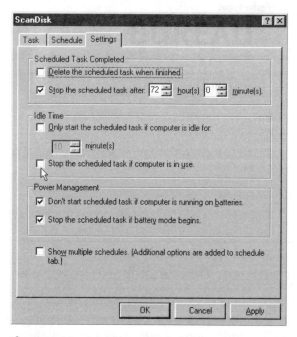

Figure 3-10 Page à onglets de la boîte de dialogue ScanDisk.

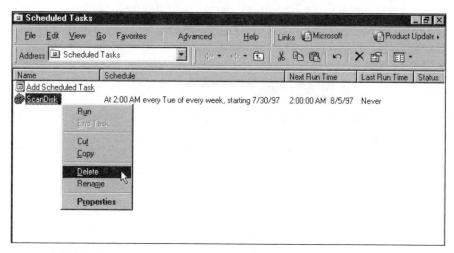

Figure 3-11 Menu raccourci du dossier Scheduled Tasks.

Le menu raccourci donne accès à un certain nombre de commandes, décrites dans le tableau 3-1.

TABLEAU 3-1 Commandes du menu raccourci

Commande	Fonction
RUN	Exécute la tâche immédiatement.
CUT	Coupe la tâche (ce qui permet de la coller dans un autre dossier).
COPY	Copie la tâche (ce qui permet de paramétrer deux exemplaires de façon distincte).
DELETE	Supprime la tâche (une zone de message vous demande de confirmer l'opération).
END TASK	Arrête la tâche (cette option apparaît en gris lorsque la tâche est inactive).
RENAME	Permet de renommer la tâche.
PROPERTIES	Donne accès à la boîte de dialogue Propriétés et permet ainsi de modifier les paramètres de la tâche.

Contrôler l'exécution de Task Scheduler

Il est parfois nécessaire de stopper l'exécution de Task Scheduler ou de le mettre hors d'état de fonctionner. Certains traitements planifiés ralentissent considérablement l'ordinateur et, pour cette raison, doivent être reportés ou annulés. Notez que Task Scheduler s'exécute en tâche de fond, dès lors que vous avez créé au moins une tâche (et même si la liste des tâches est désormais vide). Une icône apparaît dans la barre des tâches lorsque Task Scheduler est actif (figure 3-12).

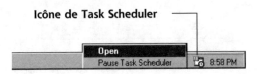

Figure 3-12 Icône et menu raccourci de Task Scheduler.

Pour arrêter temporairement ou définitivement le Task Scheduler ou contrôler son exécution :

1. Cliquez avec le bouton droit de la souris sur l'icône Task Scheduler dans la partie droite de la barre des tâches. Le menu raccourci de l'icône apparaît. Vous pouvez alors sélectionner l'option **Pause Task Scheduler**.

2. Sélectionnez **Open** dans ce menu. Le dossier Scheduled Tasks apparaît.

3. Ouvrez le menu Advanced, en cliquant sur l'option **Advanced**.

4. Sélectionnez **Pause Task Scheduler** pour arrêter momentanément le planificateur.

5. Sélectionnez **Stop Using Task Scheduler** pour arrêter le planificateur jusqu'à nouvel ordre (aucune tâche planifiée ne s'exécutera alors).

6. Sélectionnez **View Log** pour afficher le journal d'activité du scheduler.

BONUS

Mettre à jour IE 4

Les mises à jour de Internet Explorer 4 seront disponibles par téléchargement de fichiers auto-extractibles depuis le site Web de Microsoft. Dans l'exercice ci-après, on suppose que vous mettez à jour IE 4 après une installation minimale du produit. Toutefois, la procédure est identique quelle que soit la configuration choisie.

Pour mettre à jour IE 4 :

1. Lancez le browser, puis accédez au site Web de Microsoft (`http://www.microsoft.com/france/IE40/`). L'affichage de la page prend de quelques secondes à quelques minutes car les menus sont gérés par des scripts ActiveX. Nous vous recommandons d'accepter le chargement de ces scripts sur votre ordinateur. Après chargement de la page d'accueil, ajoutez l'adresse à la liste des sites favoris. Pour cela, sélectionnez **Favoris ➡ Ajouter aux favoris**.

2. Cliquez sur le mot « Téléchargement » pour avoir accès au menu de téléchargement.

3. Cliquez sur « Modules complémentaires IE4.0/4.01 ». La page de téléchargement apparaît alors.

4. Après avoir lu les informations affichées à l'écran, cliquez sur le lien « Composants et Compléments de la suite IE4.0 (Windows 95, Windows NT) ». Le chargement de la page des composants de Internet Explorer 4 commence et peut durer quelques minutes, car son interface interactive est gérée par des scripts ActiveX. Une zone de message vous demande si vous acceptez que le site recherche les composants déjà installés sur votre ordinateur.

5. Cliquez sur Oui. Au bout de quelques secondes, la fonction de configuration active (Active Setup) affiche une liste de composants IE 4 (figure 3-13). Pour sélectionner les composants qui vous intéressent, cochez les cases correspondantes. A droite des libellés figurent deux colonnes. L'une indique la taille du fichier et la durée de téléchargement. L'autre signale si le composant réside ou non sur l'ordinateur. Attention : la mention « Non installé » peut apparaître à l'écran, alors que le composant est déjà installé. Ceci signifie que le composant a été mis à jour depuis la première installation et qu'une nouvelle version est disponible.

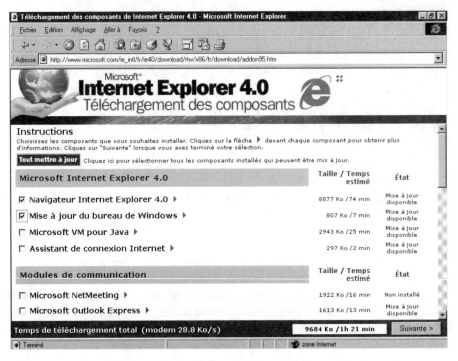

Figure 3-13 Page des composants de la suite Microsoft Internet Explorer 4.

6. Parcourez la liste à la recherche des composants à installer. Pour cela, placez une marque de sélection ✔ en face de chacun des composants qui vous intéressent. Vous avez également la possibilité de mettre à jour tous les composants. Pour cela, cliquez sur le bouton « Tout mettre à jour » en haut de la page. Une fois les composants sélectionnés, la taille totale des fichiers et la durée approximative de téléchargement apparaissent dans la partie inférieure de l'écran (à côté du bouton « Suivante »).

7. Cliquez sur Suivante. Au bout de quelques secondes, la page de sélection du site de téléchargement apparaît.

8. Cliquez sur la flèche de la zone « Sélectionner un site de téléchargement » pour afficher la liste des sites disponibles. Cliquez sur le site le plus proche de chez vous. La liste se referme. Au besoin, parcourez la page pour vérifier les informations sélectionnées.

9. Cliquez sur « Installer maintenant ». Le téléchargement commence : un globe animé parcourt la page, tandis qu'une zone de message vous informe de la progression de l'opération. Une fois téléchargés, les fichiers sont extraits automatiquement et un compte-rendu d'installation apparaît.

10. Cliquez sur OK pour accepter l'installation.

La mise à jour est terminée. Le cas échéant, vous êtes invité à relancer l'ordinateur pour que les nouveaux paramètres soient pris en compte. Mais si aucun message n'apparaît : pas de panique. La nouvelle version d'IE 4 est opérationnelle : vous pouvez fermer le browser et la session Internet. Si un message apparaît, cliquez sur Oui. L'ordinateur redémarre et se connecte à nouveau à votre fournisseur d'accès. Une fois la connexion établie, la page d'accueil du site Microsoft réapparaît. Vous pouvez alors fermer IE 4 et la session IP.

Résumé

IE 4 permet de personnaliser la barre des tâches de Windows 95 et de créer des barres d'outils, simplifiant ainsi le travail et les échanges avec l'interface utilisateur. Les barres d'outils sont mobiles et peuvent disparaître du bureau, après utilisation. Autre fonctionnalité importante de IE 4 : le Task Scheduler donne la possibilité de planifier l'exécution de tâches de gestion, hors des heures de travail.

3

CHAPITRE 4

EXPLOITER LE BUREAU ACTIF

CE QUE VOUS ALLEZ DÉCOUVRIR :

D ANS LES PREMIERS CHAPITRES, nous avons présenté l'une des fonctionnalités les importantes d'IE 4 : le Bureau actif. Ce chapitre traite de la création d'un arrière-plan, de l'ajout de composants au Bureau actif et de l'exploration des chaînes.

Dans IE 4, il est possible de créer un papier peint au format HTML, contenant texte et graphismes, voire des éléments interactifs gérés par ActiveX et Java. En outre, le bureau peut contenir des composants du Bureau actif, comme une carte météo ou une horloge numérique en trois dimensions. Mais surtout le lien actif avec l'Internet réside dans les chaînes qui livrent toutes sortes d'informations en continu, des cours de la Bourse au menu du dîner.

Développer sa créativité

Pour votre première aventure dans le Bureau actif, vous allez créer un document HTML simple qui servira ensuite de papier peint. Bien entendu, avec l'expérience, vous pourrez ensuite concevoir des éléments HTML plus complexes.

Le Bureau actif est constitué de deux couches : l'une pour les icônes, l'autre pour l'arrière-plan. La première contient les raccourcis : ceux qui résidaient sur le bureau avant l'installation d'IE 4 et ceux que vous avez ajoutés depuis lors. L'arrière-plan sert de « support » graphique aux raccourcis. C'est pourquoi il peut être intéressant de le remplacer par un document HTML contenant texte et images.

Avant de lancer FrontPad, assurez-vous que le Bureau actif est en fonction. La barre des chaînes doit figurer sur la partie droite de l'écran (figure 4-1). Notez que le message de bienvenue peut être désactivé (reportez-vous à la section « Personnaliser le bureau » et sélectionnez Aucun pour l'arrière-plan).

Si le Bureau actif est hors fonction ; cliquez avec le bouton droit de la souris sur un emplacement non significatif du bureau, puis sélectionnez Bureau actif ➡ Afficher comme une page Web. La barre des chaînes apparaît à l'écran (figure 4-1).

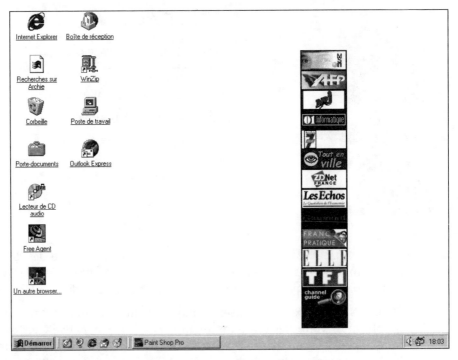

Figure 4-1   L'image d'accueil est effacée du bureau.

Créer et enregistrer un arrière-plan

Vous êtes prêt à commencer le travail de conception graphique dans FrontPad. L'exercice ci-après consiste à créer un document simple et à lui intégrer texte et couleurs.

Pour créer un arrière-plan HTML dans FrontPad :

1. Cliquez sur **Démarrer** dans la barre des tâches. Le menu Démarrer apparaît.

2. Sélectionnez **Programmes** ➡ **Internet Explorer** ➡ **FrontPad**. FrontPad s'exécute alors. Le curseur clignote dans l'angle supérieur gauche du document par défaut.

3. Tapez du texte. Vous pourrez de toute façon l'effacer ultérieurement : FrontPad fonctionne comme un éditeur « conventionnel ». Dans notre exemple, nous avons tapé **Bienvenue dans le bureau IE 4 (Entrée) personnalisé dans FrontPad. (Entrée) :**.

4. Cliquez sur le signe deux-points et, sans relâcher le bouton de la souris, sélectionnez le texte dans son ensemble.

5. Relâchez le bouton de la souris, puis cliquez sur le bouton Gras dans la barre d'outils. Le texte s'affiche en gras.

6. Pour annuler la sélection, cliquez à côté du texte.

Vous êtes sur la bonne voie ! Pour plus de sécurité, vous allez enregistrer le document avant de lui ajouter de la couleur.

Pour enregistrer le document HTML :

1. Cliquez sur **Fichier ➡ Enregistrer sous**. La boîte de dialogue Enregistrer sous, de FrontPad apparaît (figure 4-2). Le texte de la zone Titre de la page est sélectionné.

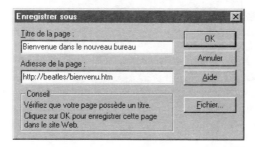

Figure 4-2   Tapez ici le nom à attribuer au fichier HTML.

2. Le cas échéant, tapez un autre titre. Par défaut, FrontPad reprend les premiers mots du libellé que vous avez entrés.

3. Effacez le contenu de la zone Adresse de la page (en appuyant sur la touche Suppr).

4. Cliquez sur le bouton Fichier. Une boîte de dialogue commune Enregistrer sous apparaît alors.

5. Sélectionnez le dossier cible dans l'arborescence, nommez le fichier, puis cliquez sur Enregistrer. Dans notre exemple, le document HTML est enregistré dans le dossier Windows.

Ajouter des couleurs

FrontPad permet de sélectionner une couleur standard ou de créer une couleur personnalisée. Dans notre exemple, nous nous pencherons sur cette deuxième possibilité. Si vous optez pour une couleur standard ou la couleur par défaut, allez directement au point 7 de l'exercice. Toutefois, il est préférable de comprendre les six premiers points.

Pour attribuer une couleur personnalisée à l'arrière-plan :

1. Cliquez sur **Format ➡ Arrière-plan**. La page d'onglet Arrière-plan apparaît dans la boîte de dialogue Propriétés de la page. Les couleurs par défaut de l'arrière-plan, du texte, etc., apparaissent dans la partie inférieure de l'encadré. Il est possible de sélectionner une image comme arrière-plan du document. Pour cela, cliquez sur Image d'arrière-plan, puis sur le bouton Parcourir. Sélectionnez ensuite le fichier graphique dans l'arborescence des répertoires.

2. Cliquez sur la flèche à droite de la zone Arrière-plan. Un menu de couleurs apparaît.

3. Cliquez sur la couleur qui vous intéresse ou sur Personnalisée (à la fin de la liste). Si vous cliquez sur Personnalisée, la boîte de dialogue Couleur apparaît (figure 4-3).

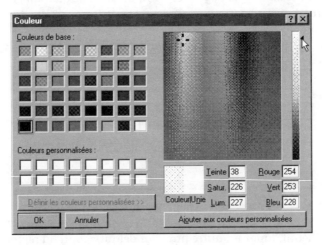

Figure 4-3   La boîte de dialogue Couleur permet de sélectionner des couleurs personnalisées.

4. Cliquez n'importe où dans l'encadré de couleurs (sur le jaune, par exemple), dans la partie droite de la boîte de dialogue (figure 4-3). L'échantillon correspondant à la teinte dominante apparaît dans la colonne, à droite de l'encadré.

5. Faites glisser le curseur dans cette colonne. La couleur correspondante apparaît dans la zone Couleur | Unie. Notez par écrit les valeurs numériques de la couleur figurant sous l'encadré de couleurs (nous les utiliserons plus tard).

6. Cliquez sur Ajouter aux couleurs personnalisées, puis cliquez sur OK. La boîte de dialogue Couleur disparaît. La couleur sélectionnée apparaît dans la zone Arrière-plan de la page Arrière-plan de la boîte de dialogue Propriétés de la page.

7. Pour attribuer des couleurs personnalisées au texte, aux liens, etc., répétez les points 2 à 6.

8. Cliquez sur OK dans la boîte de dialogue Propriétés de la page pour enregistrer vos choix. La ou les couleurs sélectionnées apparaissent dans le document HTML.

9. Enregistrez le document, puis quittez FrontPad.

Appliquer l'arrière-plan

Cette étape consiste à afficher le document HTML comme papier peint du bureau. Attendez-vous à une surprise !

Pour attribuer le document HTML comme arrière-plan du Bureau actif :

1. Cliquez avec le bouton droit de la souris sur un emplacement non significatif du bureau pour ouvrir le menu raccourci.

2. Sélectionnez **Propriétés** ou **Bureau actif ➡ Personnaliser le Bureau**. La boîte de dialogue Propriétés de Afficher apparaît alors (figure 4-4). Cliquez sur la page d'onglet Arrière-plan.

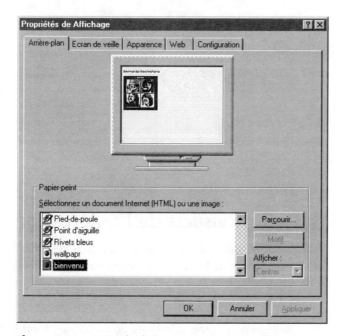

Figure 4-4   Boîte de dialogue Propriétés de Afficher.

3. Cliquez sur le bouton Parcourir, puis sélectionnez le fichier HTML *via* la boîte de dialogue Parcourir. Le nom du fichier apparaît dans la zone papier peint de la page Arrière-plan. Un aperçu du fichier s'affiche dans l'encadré.

4. Cliquez sur OK. La boîte de dialogue Propriétés de Afficher se referme, et le nouvel arrière-plan apparaît sur le bureau au bout de quelques secondes.

NOTE **Si le nouveau papier peint reste invisible, cliquez avec le bouton droit de la souris sur le bureau, puis cliquez sur Actualiser, dans le menu raccourci.**

L'arrière-plan comporte désormais le document créé dans FrontPad. Vous avez sans doute remarqué que les libellés d'icônes apparaissent sur un fond d'une autre couleur. Nous allons corriger ce petit problème dans la section suivante.

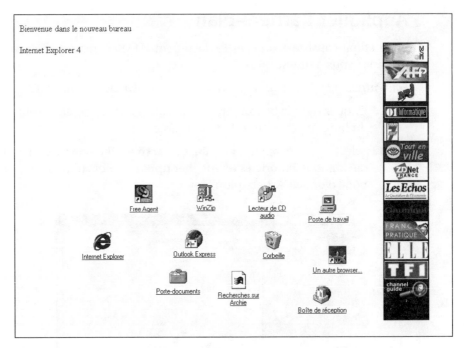

Figure 4-5   Le nouveau document HTML apparaît comme arrière-plan du Bureau actif.

Améliorer les effets visuels de l'arrière-plan

La couleur sur laquelle s'affichent les libellés d'icônes est héritée du bureau Windows 95. C'est l'occasion d'attribuer les valeurs numériques que vous avez notées plus haut (voir « Ajouter des couleurs »).

Pour modifier la couleur d'arrière-plan des libellés :

1. Désactivez le Bureau actif, ouvrez la boîte de dialogue Propriétés de Afficher (figure 4-4), puis cliquez sur la page Apparence. Le mot « Bureau » apparaît dans la zone Elément.

2. Cliquez sur la flèche figurant à côté de la zone Couleur. Dans la palette des couleurs, cliquez sur Autre. La boîte de dialogue Couleur apparaît alors (figure 4-3).

3. Tapez les valeurs numériques de la couleur personnalisée, dans les zones appropriées. Si vous avez oublié de noter ces valeurs, rouvrez le document HTML dans FrontPad et reprenez la procédure. La couleur sélectionnée est dupliquée.

4. Cliquez sur Ajouter aux couleurs personnalisées, puis sur OK. La boîte de dialogue Couleur disparaît.

5. Cliquez sur Enregistrer sous, dans la page Apparence. La boîte de dialogue Enregistrer le modèle apparaît alors.

6. Donnez un nom au nouveau modèle, puis cliquez sur OK.

7. Cliquez sur OK dans la boîte de dialogue Propriétés de Afficher. Les modifications sont prises en compte.

Activez le Bureau actif. La couleur d'arrière-plan des libellés doit être identique à celle du papier peint.

Une image comme arrière-plan

Grâce à l'affichage WYSIWIG (*tel écran, tel écrit*, en français) de FrontPad, il est aisé d'agrémenter l'arrière-plan HTML d'images et de graphismes. Bien entendu, cette opération n'est possible que si vous disposez de fichiers graphiques sur votre ordinateur. Vous pouvez consulter le dossier de vos images favorites ou, à défaut, le dossier \Windows\Web installé par IE 4 et contenant des fichiers « .gif » ou « .bmp ».

Pour ajouter une image à l'arrière-plan du Bureau actif :

1. Lancez FrontPad, puis sélectionnez **Fichier ➡ Ouvrir**.

2. Parcourez le répertoire à la recherche du fichier, puis ouvrez ce dernier.

3. Si vous avez réalisé l'exercice précédent, cliquez à la fin de la première ligne. Le curseur est positionné à l'emplacement où apparaîtra l'image.

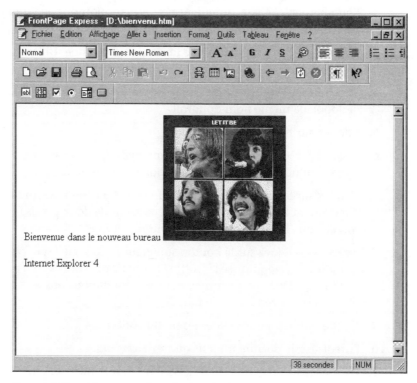

Figure 4-6 L'image est insérée dans le document.

4. Cliquez sur le bouton Insérer une image. La boîte de dialogue Image apparaît alors. Ce bouton figure au milieu de la deuxième barre d'outils et représente un paysage montagneux. Au besoin, laissez le pointeur quelques instants au-dessus du composant. L'info-bulle indique « Insérer une image ».

5. Cliquez sur le bouton Parcourir. Dans la boîte de dialogue Ouverture, sélectionnez le fichier graphique qui vous intéresse. Par défaut, FrontPad affiche la liste des fichiers « .gif » et « .jpg ». Vous avez la possibilité de choisir un autre format dans la liste déroulante Types.

6. Cliquez sur OK. L'image apparaît à l'emplacement du curseur (figure 4-6).

Améliorer le look de l'image

L'image a-t-elle la taille appropriée ? Faut-il la repositionner ? Changer ses couleurs ?

Pour changer la taille et l'emplacement de l'image :

1. Cliquez sur l'image. Huit carrés, appelés poignées, apparaissent sur son contour, ce qui vous permet, à l'aide de la souris, de modifier la taille de l'image, en hauteur et en largeur.

2. Faites glisser la poignée inférieure droite en diagonale vers le haut pour réduire la taille de l'image ou, au contraire, en diagonale vers le bas pour l'augmenter. Cette technique respecte les proportions de l'image, sans déformation. L'encadré graphique doit occuper un tiers de la page HTML.

3. Cliquez avec le bouton droit de la souris sur l'image. Un menu raccourci apparaît.

4. Sélectionnez **Propriétés de l'image** dans le menu raccourci. La boîte de dialogue de même nom apparaît.

5. Cliquez sur l'onglet Apparence.

6. Cliquez sur la flèche de la zone Alignement, puis sélectionnez droit dans la ligne. L'image est alignée à droite dans le document.

7. Cliquez sur le bouton supérieur de la zone Epaisseur de bordure ou tapez directement **2**. Une bordure d'une épaisseur de deux pixels (et de même couleur que le texte) apparaît autour de l'image.s

8. De même, cliquez sur le bouton supérieur de la zone Espacement horizontal jusqu'à ce qu'apparaisse le chiffre 5. Le texte apparaît à cinq pixels du contour de l'image. Dans cet exemple, nous ne modifierons pas les valeurs d'espacement vertical et de taille.

9. Cliquez sur OK pour valider les modifications.

10. Enregistrez le document, puis quittez FrontPad.

11. Cliquez avec le bouton droit de la souris sur le bureau, puis sélectionnez **Actualiser** dans le menu raccourci. L'arrière-plan HTML apparaît à l'écran (figure 4-7).

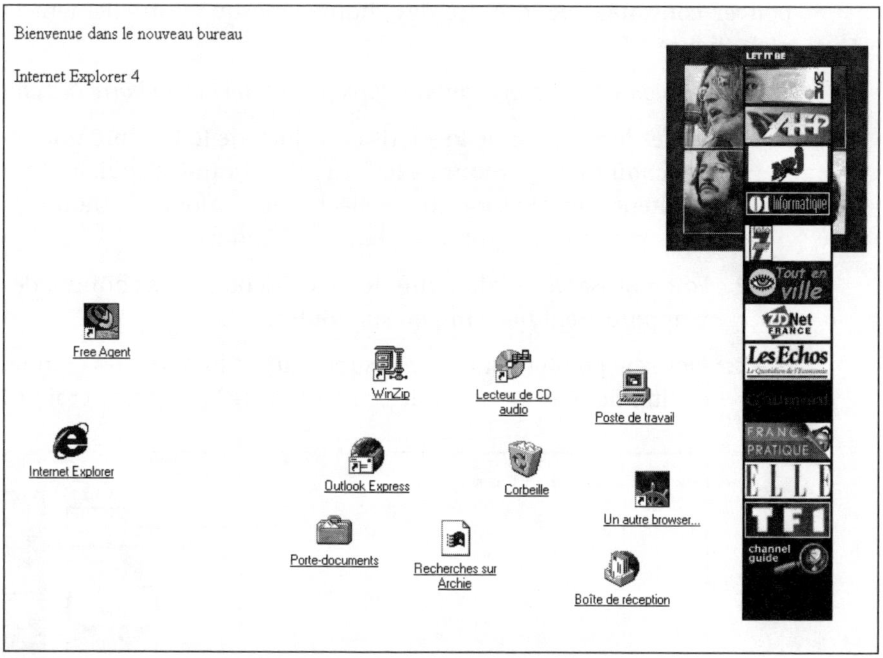

Figure 4-7   Arrière-plan HTML dans le Bureau actif.

La barre des chaînes recouvre partiellement l'image du bureau. Ne vous inquiétez pas : nous allons régler ces conflits mineurs entre éléments, dans la section suivante.

Des éléments très... actifs !

Le Bureau actif comporte un certain nombre de composants, appelés « éléments du Bureau actif », qui viennent se superposer à l'image d'arrière-plan. Ces composants sont des encadrés pouvant contenir différentes choses, telles qu'une carte météo, une page Web favorite ou un lien vers un site de téléchargement. Dans notre exemple, nous utiliserons des éléments disponibles sur le site Microsoft. Avec la généralisation d'IE 4, les sites proposant le téléchargement d'éléments sont de plus en plus nombreux.

La barre des chaînes est un composant prédéfini du produit, sur lequel nous reviendrons en détail. Elle apparaît dans la partie droite de l'écran lorsque le Bureau actif est en fonction. Pour le moment, nous allons déplacer et redimensionner les composants du Bureau actif.

Des éléments très mobiles

La barre des chaînes est un composant du Bureau actif. A ce titre, il est possible de la dimensionner et de la déplacer à l'écran. Si vous avez réalisé l'exercice ci-avant, vous pouvez constater que la barre des chaînes masque partiellement l'image d'arrière-plan (figure 4-7).

Pour dimensionner un composant du Bureau actif, tel que la barre des chaînes :

1. Placez le pointeur de la souris au milieu de la bordure inférieure de la barre des chaînes. Le contour de la barre des chaînes s'épaissit, tandis que le pointeur prend la forme d'une flèche bidirectionnelle (figure 4-7). Vous pouvez alors réduire ou agrandir la barre des chaînes.

2. Faites glisser la bordure inférieure de la barre des chaînes, de sorte que n'apparaissent que cinq ou six boutons.

3. Placez le pointeur sur le bord supérieur de la barre des chaînes. Dans la barre de titre figurent un triangle orienté vers le bas, et une croix (figure 4-8).

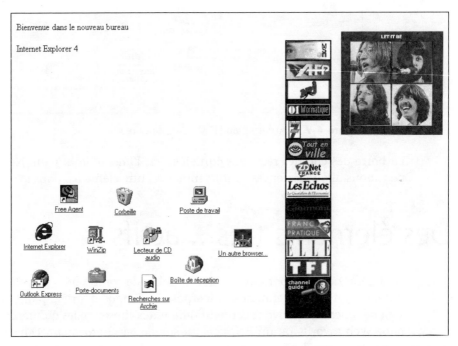

Figure 4-8   Les composants du Bureau actif peuvent être redimensionnés et déplacés pour répondre à vos goûts et à vos besoins.

4. Sans relâcher le bouton de la souris, faites glisser la barre des chaînes vers le bas, de sorte que l'image d'arrière-plan soit totalement dégagée.

Tous les éléments du Bureau actif sont visibles. Au besoin, appuyez sur le bouton figurant dans la partie inférieure de la barre des chaînes pour parcourir son contenu. Vous constatez alors que la flèche du bas disparaît pour réapparaître dans la partie supérieure.

Ajouter des éléments au Bureau actif

Ces composants sont disponibles sur le site Web de Microsoft dédié à IE 4, à l'adresse suivante

`http://www.microsoft.com/ie/IE40/gallery/`. Dans notre exemple, nous allons télécharger une carte météo dont le contenu pourra être mis à jour en continu (à condition que la connexion Internet reste active, bien entendu !).

Pour télécharger un élément du Bureau actif depuis le site Microsoft :

1. Ouvrez IE 4, tapez l'URL de la collection d'objets, dans la zone Adresse, puis appuyez sur Entrée (figure 4-9).

Figure 4-9   La galerie Microsoft propose un certain nombre de composants intégrables au Bureau actif.

2. Parcourez la liste des composants du Bureau actif, à la recherche de la carte météo MSNBC (ou de tout autre composant qui vous intéresse).

3. Cliquez sur le lien correspondant. Une description de l'objet apparaît à l'écran.

4. Allez directement dans le bas de la page, puis cliquez sur le bouton Add to Active Desktop.

5. Cliquez sur le bouton Personnalisation de l'abonnement dans la boîte de dialogue Ajout d'un élément à Active Desktop. La boîte de dialogue Assistant Abonnement apparaît (figure 4-10).

Figure 4-10   Définissez vous-même la fréquence de mise à jour des composants.

La boîte de dialogue propose les deux options de mise à jour suivantes :

* Planification - Cette option permet de choisir entre plusieurs fréquences de téléchargement : quotidienne, hebdomadaire, mensuelle ou à certains jours ou heures.

* Manuellement - Cette option vous laisse libre de télécharger les mises à jour au moment voulu (voir plus loin dans ce chapitre).

Pour définir les options de mise à jour :

1. Sélectionnez l'option qui vous intéresse. En fonction du choix, cliquez sur Terminer. Pour la deuxième option, choisissez la fréquence ou les date et heure de téléchargement, puis cliquez sur Terminer. La boîte de dialogue précédente réapparaît alors.

2. Cliquez sur OK pour confirmer l'abonnement. L'état du téléchargement apparaît dans une zone de message.

3. Une fois l'opération terminée, fermez IE 4 et la session Internet. Le composant est intégré au Bureau actif (figure 4-11). Vous pouvez alors le déplacer et le dimensionner à votre gré.

Figure 4-11 Nouvel élément du Bureau actif.

Intégrer une page Web dans le Bureau actif

Cette opération est intéressante pour deux raisons. D'une part, elle permet de suivre l'évolution du contenu d'une page HTML résidant sur un site distant. D'autre part, elle vous donne la possibilité de regrouper des ressources (sites favoris et fichiers locaux) sur le Bureau actif.

Pour inclure une page Web au Bureau actif :

1. Cliquez avec le bouton droit de la souris sur le bureau, puis sélectionnez **Propriétés** dans le menu raccourci. La boîte de dialogue Propriétés de Afficher apparaît.

2. Cliquez sur l'onglet Web (figure 4-12). Les composants Web apparaissent sur l'écran en miniature et correspondent aux éléments de la liste.

Figure 4-12 Page d'onglet Web de la boîte de dialogue Propriétés de Afficher.

3. Cliquez sur Nouveau. La boîte de dialogue Nouvel élément Active Desktop vous donne accès directement à la galerie Microsoft.

4. Cliquez sur Non. Une autre boîte de dialogue Nouvel élément Active Desktop apparaît. Dans la zone Adresse, tapez l'URL ou le répertoire local du fichier HTML à insérer. Vous pouvez cliquez sur Parcourir pour sélectionner la page dans l'arborescence des répertoires.

Cliquez ensuite sur OK. Si vous avez tapé le chemin d'accès et le nom du fichier HTML local, ce dernier apparaît dans la liste des éléments du Bureau actif.

Si vous avez tapé une URL, IE 4 assimile la page Web distante à une chaîne (voir la section consacrée aux chaînes, plus loin dans ce chapitre). La boîte de dialogue Abonnement apparaît alors. Vous avez le choix entre accepter les paramètres par défaut ou cliquer sur Personnaliser. Dans le cas présent, appuyez sur OK. Nous aborderons la personnalisation d'une chaîne, dans quelques minutes. L'URL apparaît dans la liste des composants Web du Bureau.

Cliquez sur OK, dans la page d'onglet Web de la boîte de dialogue Porpriétés de Afficher. Le nouveau composant apparaît sur le bureau. Vous pouvez bien entendu le redimensionner ou le déplacer. S'il demeure invisible, cliquez avec le bouton droit de la souris sur le bureau, puis sélectionnez **Actualiser** dans le menu raccourci.

ASTUCE Il existe un autre moyen d'ajouter une page Web au Bureau actif. Lancez IE 4. Attention : l'encadré ne doit pas occuper pas la totalité de l'écran. Dans la zone Adresse, tapez l'URL de la page qui vous intéresse. Cliquez avec le bouton droit de la souris sur l'icône de l'angle supérieur gauche de la barre de titre du browser, puis faites-la glisser vers le bureau. La page Web devient un élément actif. La boîte de dialogue Abonnement apparaît, comme décrit plus haut.

A vous de jouer !

Il est aisé d'activer, de désactiver, de supprimer les éléments et de planifier leurs mises à jour à partir de la page d'onglet Web de la boîte de dialogue Propriétés de Afficher (figure 4-12). Les éléments actifs sont identifiables à leur marque de sélection. Pour désactiver un élément, il suffit de cliquer dans la case correspondante : la marque disparaît. L'élément ne sera désormais plus affiché ni mis à jour. Pour réactiver un élément inactif, cochez à nouveau la case à l'aide de la souris. Pour supprimer un élément, sélectionnez son nom dans la liste, puis cliquez sur le bouton Supprimer. Enfin, pour modifier la date et l'heure ou la fréquence des mises à jour, cliquez sur le bouton Propriétés. Entrez les informations appropriées dans les pages qui apparaissent.

Variez les plaisirs : changez de chaîne !

4

Nous avons réservé le meilleur pour la fin : les chaînes. Les chaînes IE 4 sont comparables au vidéotexte qui envoie régulièrement des informations sur le réseau câblé. Grâce à la technologie *push*, vous déterminez quand et comment les informations (flashes d'actualité, bulletins météo, tendances boursières, fichiers de mise à jour, etc.) parviennent jusqu'à votre ordinateur.

> **Les chaînes exploitent la technologie *push* consistant à envoyer périodiquement des informations sur des sujets variés.**

Surfer sur la vague des chaînes

C'est facile ! Pour cela :

 ✳ Cliquez sur le bouton Channel guide, dans la barre des chaînes.

   ou

 ✳ Cliquez sur le bouton Chaînes dans la barre Lancement rapide (au niveau de la barre des tâches).

Dans l'un ou l'autre cas, la visionneuse des chaînes apparaît en mode plein écran. Une session Internet commence alors, chargeant les options d'abonnement (figure 4-13).

Figure 4-13   Visionneuse des chaînes en mode plein écran.

Une barre des chaînes élargie apparaît dans la partie gauche de l'écran. En bleu figurent les boutons correspondant aux catégories de chaînes : il s'agit de dossiers contenant les URL de pages. Cliquer sur l'un des boutons de catégorie donne accès à la liste des liens associés. Notez que la barre des chaînes affichée dans la visionneuse ne permet pas de se connecter directement à une chaîne.

La barre des chaînes disparaît progressivement vers la gauche. Elle réapparaît si vous placez le pointeur à l'emplacement qu'elle occupait quelques secondes auparavant. Pour ouvrir une chaîne, il suffit de cliquer sur le bouton correspondant (ce que vous devez éviter de faire pour le moment si vous souhaitez comprendre l'exemple ci-après).

Les boutons du browser apparaissent dans la partie supérieure de la visionneuse. En haut, à droite, l'onglet comprend les boutons Réduction et Fermeture, ainsi qu'un globe terrestre qui s'anime lorsque le browser tente de se connecter à un site. Il glisse vers la droite durant le chargement de la page.

Si vous avez cliqué sur le bouton Chaînes (dans la barre Lancement rapide), un écran d'accueil apparaît sur la droite. Si vous avez cliqué sur le bouton Channel guide dans la barre des chaînes, la page du guide affiche les informations concernant une chaîne choisie au hasard.

Créer une sélection de chaînes

La barre des chaînes comprend une sélection de chaînes définie par IE 4. Parmi les boutons disponibles, signalons le Channel guide, véritable référence des meilleures chaînes actuelles. Cette liste n'est pas exhaustive car le nombre de sites Web proposant des abonnements augmente sans cesse. Il est temps de partir à la découverte du monde passionnant des chaînes.

Procédez comme suit :

1. Ouvrez la visionneuse des chaînes, en cliquant sur le bouton Channel guide, dans la barre des chaînes. Vous pouvez également cliquer sur le bouton Chaînes, dans la barre Lancement rapide. Dans ce cas, cliquez ensuite sur le bouton Channel guide qui apparaît dans le volet gauche de la visionneuse. IE 4 choisit une chaîne au hasard, puis affiche les informations correspondantes. La page du Channel guide comporte dans sa partie supérieure les liens aux pages d'information sur les chaînes. Sous ces liens apparaissent les catégories de chaînes : affaires, loisirs, styles de vie et voyages, actualités et technologies, etc.

2. Cliquez sur le lien associé à la catégorie des actualités et des technologies. La liste des chaînes correspondante apparaît dans le volet de droite (figure 4-14).

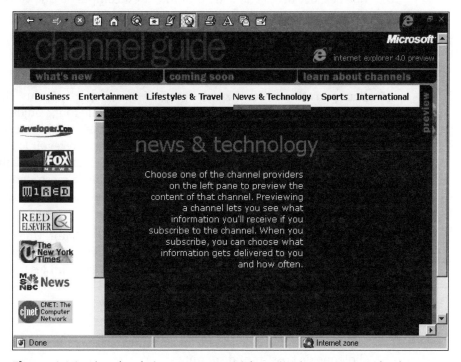

Figure 4-14 Liste des chaînes appartenant à la catégorie « News & Technology ».

3. Parcourez la liste de gauche à la recherche du bouton de la chaîne Microsoft.

4. Cliquez sur Microsoft Channel. La page qui apparaît à droite comporte un certain nombre d'éléments et notamment un lien intitulé « Subscribe! ». Comment résister à la tentation ? Abonnez-vous !

Le premier abonnement

Pour recevoir une chaîne décrite dans le guide, il suffit de vous y abonner. Les boîtes de dialogue qui s'affichent vous sont familières si vous avez suivi les étapes précédentes.

Pour vous abonner à une chaîne :

1. Dans le Channel guide, sélectionnez une chaîne qui vous intéresse (voir l'exercice précédent). La page qui apparaît permet alors de prendre un abonnement.

2. Cliquez sur le bouton Subscribe. La boîte de dialogue Abonnement apparaît.

3. Cliquez sur le bouton Personnaliser. La première boîte de dialogue de l'assistant vous propose deux options : soit recevoir un message de notification pour toute mise à jour du contenu de la chaîne, soit télécharger automatiquement le contenu pour une consultation hors connexion. Selon que l'espace disque de votre ordinateur est compté ou que vous envisagez de lire les nouvelles à tête reposée, optez pour les messages de notification ou le téléchargement.

4. Cliquez ensuite sur Suivant. La boîte de dialogue de l'assistant qui apparaît vous invite à inclure la chaîne dans l'économiseur d'écran des chaînes.

5. Pour pouvoir réaliser l'exercice proposé dans la partie Bonus, cliquez sur Oui, puis sur Suivant. L'assistant indique qu'une étoile rouge adjointe à l'icône de la chaîne vous signalera non pas que la révolution de l'Internet est en marche, mais que le contenu a été modifié. Il est possible de recevoir la notification par e-mail. Les messages parviendront dans la boîte aux lettres définie dans Outlook Express (avez-vous déjà lancé le logiciel de messagerie d'IE 4 ?). Si vous cliquez sur Oui, vous avez la possibilité de recevoir le courrier à une adresse différente.

6. Cliquez sur l'option qui vous intéresse, puis sur Suivant. Une autre boîte de dialogue de l'assistant apparaît alors. Vous pouvez constater qu'elle ressemble étrangement à la boîte de dialogue où vous avez défini les fréquences de téléchargement des composants (figure 4-10). Les options proposées sont communes aux composants du Bureau actif (voir la section consacrée aux options de mise à jour).

7. Une fois les options de mise à jour définies, cliquez sur Terminer. La boîte de dialogue de l'assistant disparaît.

8. Cliquez sur OK, dans la boîte de dialogue Abonnement. IE 4 vous invite à changer d'écran de veille si vous avez choisi d'inclure la chaîne dans l'économiseur d'écran. Cliquez alors sur Oui. La boîte de dialogue disparaît.

Notez que les modalités d'abonnement diffèrent d'une chaîne à une autre. Certaines chaînes, comme PointCast, proposent au futur abonné d'installer des composants qui seront mis à jour tout au long de la journée.

Recevoir une chaîne

Vous êtes maintenant abonné à une chaîne. Celle-ci apparaît dans une nouvelle fenêtre de la visionneuse. Pour consulter votre nouvelle chaîne, vous devrez à l'avenir cliquer sur le bouton correspondant dans la barre des chaînes. La visionneuse s'exécutera alors et se connectera au serveur associé. Si vous avez placé le bouton dans un dossier de catégories (voir « Personnaliser la barre des chaînes », plus loin dans ce chapitre), cliquez sur le bouton Catégorie. Sélectionnez ensuite la chaîne dans la visionneuse. Vous pouvez également ouvrir la visionneuse à l'aide du bouton Chaînes, puis cliquez sur l'icône appropriée. En fonction des options de votre abonnement, la visionneuse se connecte automatiquement ou non à l'Internet.

Si la mise à jour est planifiée, n'oubliez pas que votre ordinateur devra être sous tension au moment du téléchargement. IE 4 composera automatiquement le numéro de votre fournisseur d'accès, puis chargera le contenu mis à jour. Le logiciel pourra également vous informer des mises à jour en adjoignant une petite étoile rouge à l'icône de la chaîne et/ou en envoyant un message à votre adresse e-mail.

Gérer les chaînes

Vous pouvez à votre gré activer et désactiver des chaînes, modifier les modalités de mise à jour du contenu ainsi que le contenu du dossier Abonnements (figure 4-15). Pour faciliter ces opérations, nous vons recommandons vivement de créer un raccourci du dossier sur le Bureau actif.

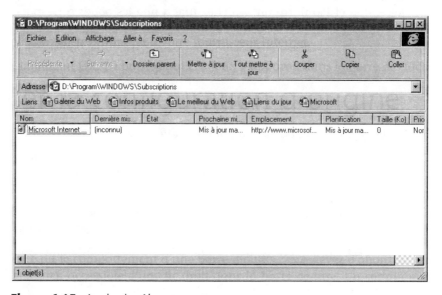

Figure 4-15 Le dossier Abonnements.

Pour ouvrir le dossier Abonnements et en créer un raccourci :

1. Cliquez sur l'icône Poste de travail. L'encadré Poste de travail apparaît alors.

2. Sélectionnez **Favoris** ➡ **Abonnements** ➡ **Gérer les abonnements**. Le dossier Abonnements s'affiche à l'écran.

3. Cliquez avec le bouton droit de la souris sur l'icône figurant dans l'angle supérieur gauche de la barre de titre de ce dossier, puis sélectionnez **Créer un raccourci**, dans le menu qui vous est proposé. Un message vous informe que le raccourci va être placé sur le bureau.

4. Cliquez sur OK. Le raccourci d'accès au dossier Abonnements est disponible (ne refermez pas ce dossier, pour le moment).

Le dossier Abonnements dresse la liste des composants, pages Web et chaînes auxquels vous êtes abonné. Chaque ligne fournit des informations précieuses : description de l'abonnement, dernière mise à jour, mode de téléchargement... Supprimer, renommer ou planifier un abonnement devient un jeu d'enfant !

Pour supprimer ou renommer un élément du dossier Abonnements :

1. Placez quelques secondes le pointeur sur la ligne qui vous intéresse.

2. Cliquez sur **Fichier**. Ce menu propose un certain nombre d'options, permettant entre autres de renommer ou de supprimer un abonnement.

3. Sélectionnez **Supprimer** ou **Renommer**. Si vous sélectionnez la première option, un message vous demande de confirmer la suppression.

Pour éditer la fréquence de mise à jour ou le mode de réception d'une chaîne, cliquez avec le bouton droit de la souris sur la ligne qui vous intéresse, puis sélectionnez **Propriétés** dans le menu raccourci (figure 4-16).

La boîte de dialogue Propriétés comporte les onglets Général, Partage, Abonnement, Réception et Planification. Affichez une à une les pages correspondantes, afin d'en examiner le contenu. Les pages Abonnement, Réception et Planification comportent les options définies lors de l'abonnement. A ce titre, il est aisé d'en modifier les valeurs, en reprenant les exercices réalisés plus haut.

Mise à jour manuelle

Cette opération est possible à l'aide de différentes options :

✴ Cliquez avec le bouton droit de la souris sur la chaîne, dans la barre des chaînes ou le dossier de catégories, puis sélectionnez **Actualiser** dans le menu raccourci.

✴ Dans le dossier Abonnements, cliquez avec le bouton droit de la souris sur la chaîne qui vous intéresse, puis sélectionnez **Actualiser** dans le menu raccourci.

✴ Depuis n'importe quel dossier, sélectionnez **Favoris** ➡ **Abonnements** ➡ **Tout mettre à jour**. Les abonnements sont mis à jour dans leur ensemble.

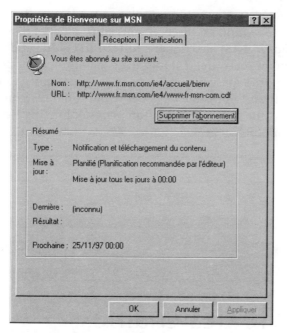

Figure 4-16   Boîte de dialogue Propriétés associée à votre abonnement.

Personnaliser la barre des chaînes

La barre des chaînes de la visionneuse et la barre des chaînes du Bureau actif sont identiques, car elles sont générées par le même fichier. Il est aisé de déplacer ou de couper-coller leurs boutons dans les dossiers de catégories, ou encore de les supprimer. Les modifications apportées à une barre se répercutent dans l'autre.

Tout comme les dossiers de catégories, les boutons prédéfinis de la barre des chaînes peuvent au besoin être supprimés. Toutefois, nous vous recommandons de conserver ces dossiers, très utiles pour le classement des chaînes.

Pour supprimer une chaîne :

1. Cliquez avec le bouton droit de la souris sur le bouton correspondant dans la barre des chaînes.

2. Dans le menu raccourci, cliquez sur **Supprimer**. Une zone de message vous demande de confirmer l'opération.

3. Cliquez sur Oui. Le bouton disparaît instantanément.

La barre des chaînes s'agrémente de nouveaux boutons à mesure que vous prenez des abonnements. Dans quelque temps, elle sera saturée et difficile à gérer. Rassurez-vous : les dossiers de catégories prédéfinis (représentés par des boutons bleu foncé) sont destinés à recevoir les nouvelles chaînes, par une simple opération de glisser-déplacer. Il est aisé de déplacer les boutons d'un dossier à un autre, ou vers la barre des chaînes.

ASTUCE   **Si par mégarde vous effaciez le bouton d'une chaîne, pas de panique : l'opération de restauration est aisée. Il vous suffit en effet d'ouvrir le dossier Abonnements (figure 4-15), de cliquer-droit sur la chaîne et de sélectionner Copier dans le menu raccourci. Cliquez avec le bouton droit de la souris sur le dossier de catégories qui vous intéresse, puis sélectionnez Coller dans le menu raccourci. Il est impossible de coller le bouton directement dans la barre des chaînes. Une fois créé, le bouton peut néanmoins être déplacé vers n'importe quel emplacement.**

BONUS

Ecrans de veille des chaînes

Ouvrez le Panneau de configuration, cliquez sur Afficher, puis sur l'onglet Ecran de veille. Deux nouveaux noms figurent dans la liste des écrans de veille : il s'agit de l'écran de veille du Bureau actif et de l'écran de veille des chaînes. Le premier permet de sélectionner des pages Web auxquelles vous êtes abonné ou que vous avez visitées récemment, puis de les afficher à tour de rôle. Le second affiche non pas des pages Web mais vos chaînes favorites. Ces écrans de veille sont activés selon des procédures similaires.

Pour activer l'écran de veille du Bureau actif :

1. Cliquez avec le bouton droit de la souris sur le bureau, puis sélectionnez **Propriétés** dans le menu raccourci. La boîte de dialogue Propriétés de Afficher apparaît.

2. Cliquez sur l'onglet Ecran de veille.

3. Dans la liste, sélectionnez Ecran de veille du Bureau actif.

4. Cliquez sur Paramètres. La boîte de dialogue des propriétés de l'écran de veille apparaît. Affichée au premier plan, la page Générales dresse la liste des pages auxquelles vous êtes abonné. Celles-ci sont reprises dans la présentation de l'écran de veille.

5. Cliquez sur l'onglet Avancées. Vous allez choisir les options de fermeture de l'écran de veille ainsi que la ou les pages Web favorites. Nouvelle fonctionnalité d'IE 4, un bouton de fermeture est proposé par défaut dans l'angle supérieur droit de l'écran. Il permet de suspendre l'exécution de l'écran de veille. Vous pouvez également sélectionner l'option Fermer l'écran de veille en cas de déplacement de la souris.

6. Cliquez sur Abonnements pour afficher les sites figurant dans la page Générales. Cliquez sur l'option des sites favoris les plus visités et définissez leur nombre. Vous pouvez sélectionner l'une et/ou l'autre option.

7. Cliquez sur OK dans les deux boîtes de dialogue.

Pour activer l'écran de veille des chaînes :

1. Cliquez avec le bouton droit de la souris sur le bureau, puis sélectionnez **Propriétés** dans le menu raccourci. La boîte de dialogue Propriétés de Afficher apparaît.

2. Cliquez sur l'onglet Ecran de veille.

3. Dans la liste, sélectionnez Ecran de veille des chaînes.

4. Cliquez sur le bouton Paramètres. La boîte de dialogue des propriétés de l'écran de veille des chaînes apparaît (figure 4-17). Dans la page Générales figure la liste des chaînes auxquelles vous êtes abonné. Celles-ci apparaissent dans la présentation de l'écran de veille.

Figure 4-17 L'onglet Générales apparaît au premier plan de la boîte de dialogue des propriétés de l'écran de veille des chaînes.

5. Cochez les cases des chaînes à inclure dans l'animation.

6. Cliquez sur l'onglet Avancées. Vous allez choisir l'option de fermeture de l'écran de veille. Comme dans l'exercice précédent, vous avez le choix entre le bouton de fermeture, figurant dans l'angle supérieur droit de l'écran de veille, et la méthode conventionnelle (option Fermer l'écran de veille en cas de mouvement de la souris).

7. Cliquez sur OK dans les deux boîtes de dialogue.

Résumé

Le fort potentiel d'intégration d'IE 4 à l'Internet est illustré par les fonctionnalités quasi illimitées de personnalisation du Bureau actif : création d'un arrière-plan HTML, intégration de composants Web.... Mais les chaînes constituent la fonctionnalité la plus passionnante, avec la technologie *push* permettant de recevoir régulièrement informations et services de toutes sortes sur l'ordinateur.

Ces chapitres expliquent comment rechercher ces informations utiles sur le Web, créer un guide de sites favoris et télécharger des fichiers. Vous découvrirez aussi ces dinosaures de l'Internet que sont les *gophers*.

Avec les abonnements, Internet Explorer accélère les accès aux informations importantes pour l'entreprise : cours de la Bourse, tendances bancaires, analyses économiques...

CHAPITRE 5

SURFER SUR LE WEB

CE QUE VOUS ALLEZ DÉCOUVRIR :

DANS LES TRAINS AMÉRICAINS, IL EXISTE DEUX CLASSES : la première classe et la classe enfants, disait l'humoriste Benchley dans les années 30. Il existe désormais la « classe Internet ». Vous pouvez en effet faire le tour de la Terre, rencontrer des gens fascinants (et d'autres) et découvrir des choses fabuleuses sans quitter votre fauteuil.

Le browser Internet Explorer permet de voyager sur le World Wide Web de multiples façons. Les options et fonctionnalités déroutent un peu au premier abord, mais vous apprendrez à en tirer parti dans certaines situations. Le présent chapitre traite des techniques de navigation et de l'impression de pages Web. Enfin, vous découvrirez comment contrôler les accès à certains sites, à caractère pornographique ou violent.

Des liens vers le monde

Les liens sont l'essence même du World Wide Web. Cliquez sur n'importe quel libellé souligné ou sur une image active et vous voilà connecté à un serveur situé à l'autre bout du monde... ou à deux pas de chez vous. Si vous êtes nouveau sur le Web, attention ! Attendez-vous à passer de longues heures devant votre ordinateur ! Surfer peut devenir une drogue, vous faisant oublier rendez-vous et vie de famille.

Pour obtenir des informations ou passer une commande, vous aviez pour habitude d'utiliser le téléphone et de consulter des catalogues. Dans le monde virtuel de l'Internet, vous allez désormais - et de plus en plus souvent - vous connecter à des sites Web. Ceux qui sont proposés par Internet Explorer sont passionnants. Les informations du Web sont sans cesse renouvelées, certains sites étant mis à jour quotidiennement, voire plusieurs fois par jour. En d'autres termes, il y a fort à parier que les images et les textes présentés dans ce chapitre auront évolué lorsque vous réaliserez les exercices. Bien entendu, vous avez le droit de visiter d'autres sites. L'Internet bouge constamment : ce n'est pas une raison pour vous agiter devant votre écran !

Pour commencer l'exploration :

1. Cliquez sur l'icône 🌐 dans la barre des tâches. Le browser d'Internet Explorer est lancé. La boîte de dialogue Microsoft Connection Manager apparaît si vous n'êtes pas encore connecté chez votre fournisseur Internet. Les paramètres de connexion ont été définis lors de l'installation d'IE 4.

2. La page d'accueil du site Internet Explorer s'affiche (ou la page de démarrage définie par défaut).

3. Déplacez le pointeur lentement à l'écran. Il prend la forme d'une main 👆 chaque fois que vous le placez sur un lien (figure 5-1). L'URL du lien apparaît dans la barre d'état du browser (en bas, à gauche). Les liens revêtent des formes diverses : icônes, graphismes, texte... Cliquer sur un lien connecte immédiatement le browser à la page correspondante.

Lien (reconnaissable à une main)

URL du lien (affichée dans la barre d'état du browser)

Figure 5-1   Lorsqu'il est en contact avec un lien, le pointeur de la souris prend la forme d'une main.

4. Poursuivons notre exercice. Cliquez sur le libellé rouge « exploring the best of the Web ». Un écran comparable à celui de la figure 5-2 apparaît. A l'aide de la barre de défilement, parcourez l'encadré figurant sur la droite : des surprises vous y attendent ! Cliquez sur les liens soulignés qui vous intéressent et passez d'une page à une autre : vous surfez sur le Web !

NOTE Un *site Web* désigne la collection de pages HTML appartenant à une entreprise ou à une organisation présente sur le Web. La *page d'accueil* ou *de démarrage* correspond à la première page qui s'affiche lors de la visite du site. Elle propose généralement un index des pages Web disponibles et parfois des liens vers d'autres sites.

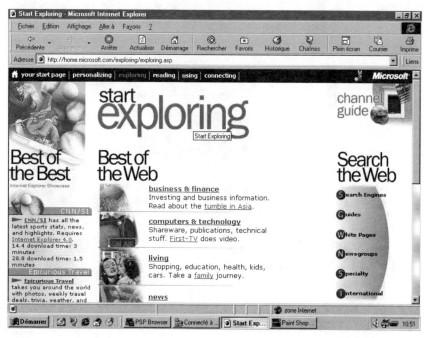

Figure 5-2 Le best of the Web est un lien vers des sites Web passionnants. Alors, cliquez et découvrez !

UR... quoi ?

Vous avez sans doute constaté que nombreuses sont les publicités fournissant des adresses de sites Web. Ces adresses s'appellent des URL (pour *Uniform Resource Locators*). Chaque site Web a une URL propre qui permet de l'identifier et de le visiter. A tout moment, vous pouvez taper l'URL d'un site dans la barre Adresse, quelle que soit la page Web affichée à l'écran. Dans cet exemple, nous allons visiter l'Elysée. Il y a sans doute quelques rubriques qui vous intéresseront. N'hésitez donc pas à ajouter ce site à la liste des favoris.

Tout site Web possède sa propre URL (*Uniform Resource Locator*).

Pour vous connecter au site Web de l'Elysée :

1. Cliquez dans la barre Adresse. L'URL qui y figure est mise en évidence (figure 5-3).

Tapez l'URL dans cette zone

Figure 5-3 Comment le président de la République occupe-t-il ses journées ? Découvrez-le sur le site `www.elysee.fr`.

2. Tapez l'URL du site à visiter. Elle remplace l'adresse affichée en vidéo inverse. Dans notre exemple, entrez `www.elysee.fr`. A l'occasion, visitez le site - plus drôle - des amis de l'Elysée (`www.elysee.org`).

3. Appuyez sur Entrée. Lors de la connexion au site, le préfixe « http:// » apparaît automatiquement devant l'URL, tout comme le nom de la page d'accueil.

4. Pour accélérer la consultation, vous pouvez choisir l'affichage en texte seul . Certains sites proposent cette option. Vous pouvez également modifier les paramètres de l'Internet, dans le Panneau de configuration ou en cliquant sur Options dans le menu Affichage. Cliquez ensuite sur l'onglet Avancées, et désélectionnez la case Lire les images (dans la rubrique Multimédia).

Inutile de taper l'identificateur de protocole du Web (« http:// ») devant l'URL. Par défaut, Internet Explorer est connecté au Web et est capable de retrouver la page qui vous intéresse à partir d'une URL partielle (comprenant uniquement « www. », « com » ou « .fr », par exemple). Tapez **microsoft** dans la barre Adresse, puis appuyez sur Entrée. Le browser se connecte directement au site de Microsoft car l'URL est répertoriée. IE 4 ne devine pas votre pensée mais compare le texte saisi avec les URL répertoriées.

5

Vous êtes un peu désorienté par la syntaxe des adresses Internet. Examinez votre clavier quelques instants. Vous pouvez constater que les signes barre oblique (/) et barre oblique inverse (\) figurent sur deux touches différentes. Après « http: », tapez deux barres obliques (//) et non deux barres obliques inverses (\\) (l'URL serait inutilisable). Autre signe important : le tilde (~). Sur les claviers français, il partage la touche du chiffre 2 et de la lettre « é ». Si votre clavier ne comporte pas ce signe (comme c'est le cas sur certains portables), vous pouvez néanmoins l'insérer dans les URL. Pour cela, ouvrez le dossier Accessoires, puis cliquez sur Table des caractères. Dans la liste, cliquez sur le caractère « ~ », puis appuyez sur Copier. Collez ensuite le tilde dans l'adresse. Cette opération est quelque peu fastidieuse mais fiable.

À DÉCOUVRIR

Parlez peu mais parlez Web

Les séparateurs figurant dans les URL s'appellent tout simplement des *points*. Prenez l'habitude de lire les adresses Web en totalité. Par exemple, « www.elysee.fr » se prononce « www point elysee point fr ». Le suffixe « fr » désigne le domaine (ici, un pays). Les domaines se divisent en six catégories principales décrites ci-après :

- ✳ com = commercial
- ✳ edu = éducatif
- ✳ gov = gouvernemental
- ✳ mil = militaire
- ✳ net = réseaux (de networks, en anglais)
- ✳ org = organisations

Pami les suffixes de pays, citons :

- ✳ fr = France
- ✳ de = Allemagne (pour Deutschland)
- ✳ ca = Canada
- ✳ ch = Suisse (pour Confédération helvétique)
- ✳ ne = Pays-Bas (pour Nederlands)

NOUVEAU

Internet Explorer complète les URL des sites déjà visités. La fonctionnalité de saisie semi-automatique n'est pas toujours une sinécure, surtout lorsque les pages à afficher portent des noms similaires. Pour la désactiver, cliquez sur **Affichage ➡ Options ➡ Avancées**. Dans la section Navigation, désactionnez l'option Utiliser la saisie semi-automatique. Pour finir, cliquez sur OK.

Un voyage dans le temps

Il est aisé de passer d'un site à un autre... Mais comment retrouver une page après plusieurs minutes de consultation ? Existe-t-il, comme sur les plans de quartier, une flèche qui indique « Vous êtes ici » ? C'est ce que vous allez découvrir ci-après.

Un pas en arrière... deux pas en avant

Le bouton Précédente permet d'afficher une à une les pages déjà visitées. Vous pouvez ainsi revenir à la page de démarrage. En revenant sur une page, vous pouvez constater que les liens correspondant aux sites visités ont changé de couleur. Le bouton Suivante étant actif, il possible d'afficher une page située en aval dans l'historique.

NOUVEAU   **Cliquer sur les boutons Précédente et Suivante vous semble fastidieux ?**
Cliquez-droit dans la page en cours. Dans le menu raccourci, cliquez sur
Précédent ou sur Suivant.

Internet Explorer a prévu que les sessions seraient longues. Pour consulter une page sans devoir parcourir l'historique, il vous suffit de cliquer sur le triangle figurant sur le bouton Précédente ou le bouton Suivante et de sélectionner le titre qui vous intéresse (figure 5-4).

Figure 5-4   Cliquez sur Précédente ou sur Suivante pour afficher la page figurant immédiatement avant ou après la page en cours. Pour sélectionner une page située en amont ou en aval dans l'Historique, appuyez sur le triangle du bouton Précédente ou du bouton Suivante.

Revisiter des sites

Le menu Fichier des logiciels de traitement de texte comporte la liste des derniers documents traités. Cette fonctionnalité est disponible dans le browser d'Internet Explorer. Les pages ou les sites visités apparaissent dans une liste, la page en cours étant identifiée par une marque de sélection. Cette liste est créée au début de chaque de session. Pour revisiter un site, il suffit de cliquer sur le nom qui lui est associé.

Retour vers le futur

Si vous avez oublié les sites visités aujourd'hui, *a fortiori* comment vous rappelerez-vous ceux de la session d'avant-hier ? La liste de l'historique est là pour faciliter vos recherches. En effet, on peut se souvenir du nom d'un site et oublier son adresse. Pour éviter de tels désagréments, il suffit de définir quelques paramètres dans Internet Explorer.

NOUVEAU La liste de l'historique est une nouvelle fonctionnalité dans Internet Explorer. Le nombre de pages qu'elle accepte peut même être défini.

Pour consulter la liste de l'historique :

1. Cliquez sur le bouton Historique dans la barre d'icônes. La liste de l'historique apparaît dans le volet gauche de la page en cours. L'élément Aujourd'hui est développé par défaut (figure 5-5).

2. Cliquez sur le dossier approprié, puis sur l'icône Web du site à revisiter (http ://www.wanadoo.fr, par exemple).

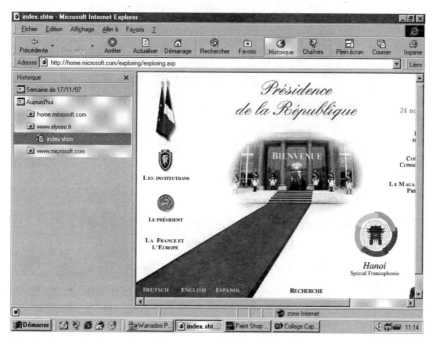

Figure 5-5 Cliquez sur le bouton Historique, puis sur le bouton associé au site à revisiter.

3. Pour refermer un dossier, cliquez sur l'icône correspondante.

4. Si la liste est longue, n'hésitez pas à cliquer sur la flèche figurant dans la partie inférieure pour afficher les autres liens.

5. Pour refermer la liste, cliquez à nouveau sur le bouton Historique.

Il est possible de définir le nombre de jours à l'issue duquel les pages sont détruites et d'effacer le contenu de l'historique.

Pour personnaliser la liste de l'historique :

1. Cliquez sur le menu **Affichage**, puis sur **Options**. La boîte de dialogue Options apparaît (figure 5-6).

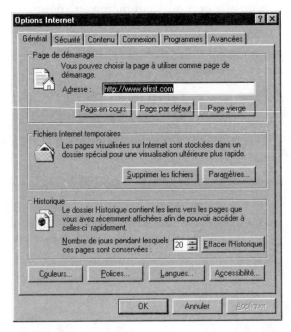

Figure 5-6   Vous avez accès aux options de personnalisation de la liste de l'historique.

2. Cliquez sur l'onglet Général.

3. Dans la section Historique, définissez le nombre de jours durant lesquels les sites Web sont conservés en mémoire.

4. Pour effacer le contenu de la liste, cliquez sur le bouton Effacer l'historique.

5. Cliquez sur OK pour valider les modifications. La boîte de dialogue disparaît alors.

Vous êtes très lié au Web

5

Rappeler une page Web déjà visitée est un jeu d'enfant. Il est également aisé de l'ajouter à la barre Liens, comme vous allez l'apprendre maintenant. Notez que cette barre est personnalisable (voir chapitre 3).

Utiliser le glisser-déplacer pour un lien

Examinez la figure 5-7. Vous pouvez constater que la barre Liens apparaît entre la barre Adresse et la page Web. La disposition des barres d'outils n'affecte en rien le fonctionnement et les performances du browser. En utilisant des applications Windows, vous avez sans doute remarqué qu'une même opération est réalisable de multiples façons. Pour déplacer du texte, par exemple, vous pouvez utiliser les boutons Couper et Coller, la fonction glisser-déposer la sélection, sélectionner les options Couper et Coller du menu Edition ou utiliser les raccourcis clavier. Appliqué à Internet Explorer, ce principe a pour effet de multiplier les procédures. A vous de les découvrir !

Pour glisser-déplacer une page vers la barre Liens :

1. Assurez-vous que le site Web à enregistrer figure à l'écran.

2. Faites glisser l'icône de la barre Adresse vers la barre Liens, puis relâchez le bouton de la souris. Vous pouvez constater qu'une flèche de raccourci apparaît au bout du pointeur lors du déplacement. Pour cette opération, peu importe que la barre Liens soit ouverte ou fermée. L'exercice ci-après vous montre comment ouvrir la barre Liens.

Icône de site Web ———
Barre Liens ———

Figure 5-7 Glissez-déplacez l'icône de site Web vers la barre Liens : un raccourci de la page est ainsi créé.

Ouvrir la barre Liens

Il est possible d'agrandir automatiquement la barre Liens ou de la dimensionner à l'aide de la souris. Pour déterminer sa taille idéale, réalisez les deux exercices suivants.

Pour agrandir, puis réduire la barre Liens :

1. Placez le pointeur sur la poignée de la barre Liens. Il se tranforme en flèche bidirectionnelle (figure 5-8).

Poignée de la barre Liens

Figure 5-8 Pour donner sa taille maximale à la barre Liens, cliquez deux fois sur la poignée.

2. Cliquez deux fois sur la poignée. La barre Liens est agrandie au maximum (figure 5-9).

Cliquez pour parcourir la liste des liens

Figure 5-9 La barre Liens est agrandie.

3. Cliquez sur la flèche à droite de la barre Liens : les liens masqués jusqu'à présent apparaissent à l'écran.

4. Cliquez deux fois sur la poignée. La barre Liens se referme.

La taille de la barre Liens est réglable manuellement.

Procédez comme suit :

1. Placez le pointeur sur la poignée de la barre Liens, puis appuyez sur le bouton de la souris sans le relâcher. Une flèche bidirectionnelle apparaît, comme le montre la figure 5-10.

Flèche bidirectionnelle

Figure 5-10 Faire glisser la poignée permet de modifier la taille de la barre Liens.

2. Tout en appuyant sur le bouton de la souris, faites glisser la poignée vers la droite ou la gauche. Lorsque la taille vous convient, relâchez le bouton. Vous pouvez remarquer que cette opération concerne également la barre Adresse.

Activer un lien enregistré

Il suffit de cliquer sur le libellé qui vous intéresse dans la barre Liens. Vous avez alors accès à la page Web associée.

5

Ajouter un lien au menu Favoris

Outre l'opération de glisser-déplacer décrite plus haut, Internet Explorer permet d'ajouter n'importe quelle page HTML à la liste des favoris, puis à la barre Liens.

Procédez comme suit :

1. Le site Web qui vous intéresse doit figurer à l'écran.

2. Cliquez sur **Favoris**, puis sur **Ajouter aux favoris**. La boîte de dialogue Ajouter aux favoris apparaît alors dans un format réduit (figure 5-11).

3. Cliquez sur le bouton Créer... La boîte de dialogue s'agrandit (figure 5-11).

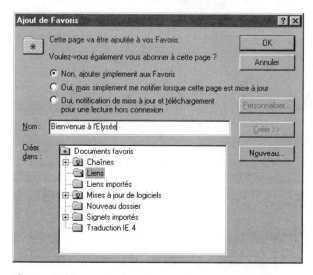

Figure 5-11   Boîte de dialogue Ajouter aux favoris.

4. Cliquez sur le dossier Liens : il est mis en évidence.

5. Cliquez sur OK. Le lien figurant dans la zone Nom est ajouté à la barre Liens et au dossier Favoris.

Pour en savoir plis sur les favoris, reportez-vous à la section consacrée au paramétrage des abonnements, dans le chapitre 6.

Supprimer un lien

Vous avez la possibilité de supprimer n'importe quelle page dans la barre Liens et de la remplacer, le cas échéant, par une autre, plus passionnante. Parmi les méthodes disponibles, traiter directement la page dans la barre Liens est sans doute la plus aisée.

Procédez comme suit :

1. D'un double clic, agrandissez la barre Liens au maximum (figure 5-12).

Figure 5-12   Cliquez avec le bouton droit de la souris sur la page à traiter.

2. Cliquez avec le bouton droit de la souris sur le lien « incriminé ». Le menu raccourci apparaît.

3. Cliquez sur **Supprimer**. La page disparaît.

ASTUCE

Vous pouvez aussi supprimer des pages de la barre Liens depuis le menu Favoris. Pour cela, cliquez sur Favoris ➡ Liens. Cliquez avec le bouton droit de la souris sur le lien à traiter, puis sélectionnez Supprimer, dans le menu raccourci.

Les cadres

De quoi s'agit-il ? Ce sont des encadrés indépendants les uns des autres, qui divisent certaines pages Web. Leur comportement est quelque peu différent de celui d'une page HTML standard. C'est pourquoi il convient de connaître quelques astuces d'utilisation. Dans notre exemple, nous avons choisi un site américain qui devrait intéresser tout utilisateur d'ordinateur. Il s'agit de la page d'accueil de Year 2000 Information Center, joint-venture de Peter de Jager et de Tenagra Corporation. Comme son nom l'indique, elle traite du problème de la gestion des dates, à partir du 1er janvier 2000. Pour visiter ce site, tapez `http://www.year2000.com` dans la barre Adresse, puis appuyez sur Entrée.

Les cadres proposent des informations exploitables en parallèle, généralement un index ou une liste de commandes d'un côté, et du texte de l'autre. Pour parcourir un cadre, il suffit d'utiliser la barre de défilement, à droite. Comme le montre la figure 5-13, la page d'accueil comporte trois cadres :

✳ Le cadre de gauche contient un index. Les boutons figurant dans la partie supérieure donnent accès à d'autres pages du site. Les liens de la partie inférieure renvoient à d'autres entreprises proposant des produits capables de gérer le problème du passage à l'an 2000.

✳ Le cadre, en haut à droite, contient une horloge, indiquant le temps restant jusqu'à l'an 2000. Elle fonctionne ! Pour en avoir le cœur net, revenez sur le site dans quelques jours.

✳ Le cadre inférieur droit qui occupe ici une position centrale contient un article sur la joint-venture.

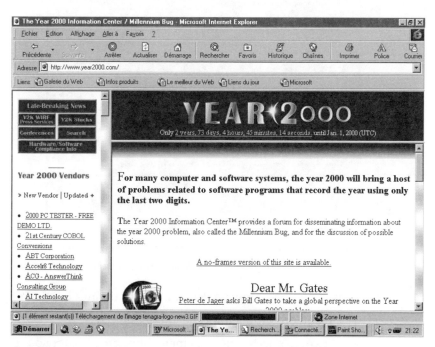

Figure 5-13   Page d'accueil du Year 2000 Information Center.

Naviguer d'un cadre à un autre

Lorsqu'un lien vient de modifier uniquement le contenu d'un cadre, les boutons Précédente et Suivante (et les commandes correspondantes du menu raccourci) permettent non plus de parcourir l'historique des pages, mais d'afficher le cadre précédent ou le cadre suivant de la page active. Alors, comment consulter les pages que vous avez visitées ? C'est simple : il suffit de cliquer sur le triangle noir figurant sur les boutons Précédente et Suivante et de sélectionner le site dans la liste.

Imprimer un cadre (ou une page)

Il est aussi aisé d'imprimer un cadre qu'une page entière.

Pour imprimer un cadre (ou une page) :

1. Cliquez avec le bouton droit de la souris sur le cadre (ou la page) à traiter. Evitez de placer le pointeur sur un lien. Le menu raccourci apparaît.

2. Cliquez sur **Imprimer**. Une boîte de dialogue d'impression, comparable à celle de la figure 5-14, apparaît.

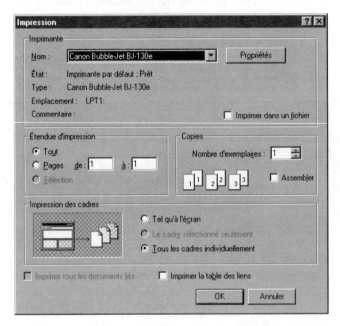

Figure 5-14 La boîte de dialogue Impression permet de traiter la page entière ou seulement des *cadres* sélectionnés.

3. Dans la partie Impression des cadres, sélectionnez l'option appropriée :

✳ « Tel qu'à l'écran » imprime la page entière.

✳ « Le cadre sélectionné seulement » imprime le cadre où réside le pointeur.

✳ « Tous les cadres individuellement » affiche le contenu de chaque cadre sur des feuilles séparées.

✳ « Imprimer tous les documents liés » traite l'ensemble des documents liés au cadre.

✳ « Imprimer la table des liens » adjoint la liste de tous les liens du document.

4. Cliquez sur OK pour lancer l'impression.

ASTUCE Si le menu raccourci est dépourvu de commande Imprimer, placez le pointeur sur un autre emplacement, de préférence sur une phrase standard (non liée).

Accord parental souhaité

Si vous êtes parent, vous êtes sans doute réticent à l'idée que vos enfants aillent au cinéma sans surveillance, tentés par des films violents ou pornographiques. De la même façon, il est possible de contrôler l'accès au Web dans Internet Explorer. Le Gestionnaire d'accès permet de définir des niveaux de tolérance en matière de termes grossiers, de nudité, de sexe et de violence ! Doté d'un mot de passe « superviseur », vous avez le droit d'interdire les sites Web non conformes à vos critères. Attention : seuls 25 000 sites à travers le monde ont évalué les taux de sexe, de violence et d'argot qu'ils diffusent. Evitez d'interdire l'accès aux autres, car vos enfants risqueraient de passer à côté d'informations passionnantes et instructives qui constituent l'essentiel du Web.

NOUVEAU Comme son nom l'indique, le Gestionnaire d'accès permet de contrôler les accès aux sites Web.

Tolérance et censure

Internet Explorer permet de définir les « doses » maximales d'argot, de nudité, de sexe et de violence supportables par vos enfants.

Procédez comme suit :

1. Cliquez sur **Affichage**, puis sur **Options**. La boîte de dialogue Options apparaît alors (figure 5-15).

2. Cliquez sur l'onglet Contenu.

3. Cliquez sur le bouton Activer. La boîte de dialogue Création du mot de passe superviseur apparaît.

4. Tapez le mot de passe dans la zone du même nom, appuyez sur la touche de tabulation, puis tapez à nouveau le mot de passe pour confirmation. N'oubliez pas ce mot de passe : il serait ensuite impossible de modifier les paramètres d'accès. Au besoin, notez-le.

5. Cliquez sur OK. La boîte de dialogue Gestionnaire d'accès apparaît (figure 5-16).

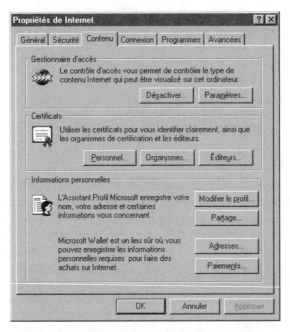

Figure 5-15   Protégez vos enfants de la pornographie et de la violence.

Figure 5-16   Définissez ici les niveaux maximaux d'argot,
de nudité, de sexe et de violence.

Pour définir les niveaux de tolérance représentés par la figure 5-16 :

1. Au besoin, cliquez sur l'onglet Contrôle d'accès.

2. Cliquez sur Langue (figure 5-16). Une échelle de niveaux s'affiche sous la liste Catégorie.

3. Faites glisser le curseur vers la droite pour afficher les descriptions de chaque niveau.

4. Répétez les points 2 et 3 pour les niveaux de nudité, de sexe et de violence.

5. Cliquez sur l'onglet Général (figure 5-17).

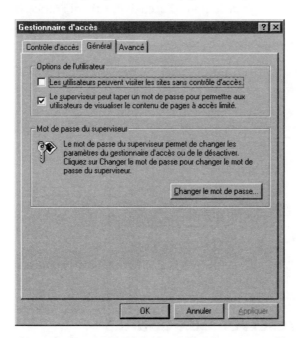

Figure 5-17   Décidez ici si les utilisateurs peuvent librement visiter les sites à accès illimité ou s'ils doivent disposer d'un mot de passe.

6. Sélectionnez l'option appropriée :

   ✳ « *Les utilisateurs peuvent visiter les sites sans contrôle d'accès :* » Les accès à l'immense majorité des sites ne sont pas contrôlés. Sélectionnez cette option pour éviter que les utilisateurs ne puissent visualiser que les pages contrôlées.

   ✳ « *Le superviseur peut taper un mot de passe pour permettre aux utilisateurs de visualiser le contenu des pages à accès limité :* » Sélectionnez cette option pour qu'une boîte de saisie du mot de passe superviseur apparaisse chaque fois que l'utilisateur tente d'accéder à un site à accès non contrôlé ou dont le niveau de tolérance est atteint.

7. L'onglet Avancés comporte des options relatives aux systèmes et au bureau de contrôle d'accès. Pour éviter tout problème, acceptez les valeurs par défaut.

8. Cliquez sur OK pour accepter les options du Gestionnaire d'accès.

9. Cliquez sur OK pour fermer la boîte de dialogue Options.

Transgresser les interdits

C'est possible grâce au mot de passe superviseur. La figure 5-18 représente la boîte de dialogue qui apparaît lorsque l'utilisateur tente de visiter un site à l'accès non contrôlé. En l'occurrence, il s'agit de la page d'accueil deYahoo! France, moteur de recherche bien inoffensif du Web (voir chapitre 7). Tapez votre mot de passe, puis cliquez sur OK. Vous pouvez alors afficher la page.

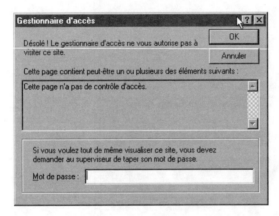

Figure 5-18 Tapez votre mot de passe superviseur dans l'encadré.

Une session réservée aux adultes

Le Gestionnaire d'accès ne distingue pas les parents des enfants : il interdit l'accès aux sites qui ne répondent pas à ses critères. Fort heureusement, vous pouvez le désactiver lors d'une session Internet normale et le remettre en fonction ultérieurement.

Pour arrêter le Gestionnaire d'accès :

1. Cliquez sur l'onglet Contenu, dans la boîte de dialogue Options.

2. Cliquez sur Désactiver. Vous êtes invité à entrer le mot de passe. Dans la zone de message du Gestionnaire d'accès, cliquez sur OK. Le système vous conseille de ne pas oublier de réactiver le Gestionnaire d'accès à la fin de la session.

 SUR LE WEB **Si la protection des enfants sur l'Internet vous intéresse, visitez le site suivant :**

```
http://www.euregio.net/protectionenfants/indexfr.html
```

BONUS

5

Des biscuits pour la route

Pour vous, les cookies sont des biscuits à base de farine, de lait, de chocolat et de nougatine, excellents avec le café. Les cookies sont également des espions qui circulent sur les autoroutes de l'information. Il s'agit de fichiers minuscules que certains sites Web envoient à votre ordinateur et qui comportent un certain nombre de données : date de la visite, historique des pages visitées et, sur les sites de vente par correspondance, mot de passe ou code confidentiel d'achat. Lors de votre prochaine visite, le site Web lira le contenu du cookie et saura tout sur vous ! Pour les entreprises, les cookies sont de simples outils informatiques. En revanche, les organismes de défense de consommateurs considèrent que ces programmes portent atteinte à la vie privée. Les cookies sont des objets incontournables du Web, même s'il est possible d'en interdire le chargement.

La catégorie Avancés de la boîte de dialogue Options permet d'afficher un message chaque fois qu'un site Web vous adresse un cookie ou de les refuser systématiquement (Désactiver l'utilisation de tous les cookies).

Pour définir l'option qui vous intéresse :

1. Cliquez sur **Affichage**, puis sur **Options**. La boîte de dialogue Options apparaît.

2. Cliquez sur l'onglet Avancés (figure 5-19).

3. Affichez la rubrique Cookies (vers la fin de la liste).

4. Cliquez sur l'option qui vous convient le mieux. Votre choix n'est pas définitif : vous pouvez changer d'avis.

5. Cliquez sur OK.

ASTUCE **Si vous sélectionnez la deuxième option (Demander une confirmation avant d'accepter les cookies), un message apparaît chaque fois qu'un cookie doit être chargé sur votre ordinateur, tentant de vous dissuader de refuser le programme espion. N'en tenez pas compte : l'absence de cookie n'affecte ni le contenu ni le comportement des pages Web.**

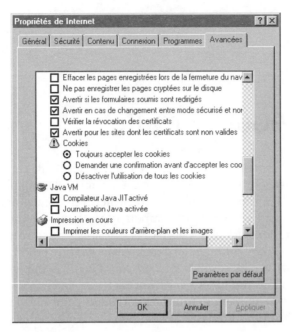

Figure 5-19   Les cookies : espions électroniques ou outils de marketing ? A vous de juger !.

SUR LE
WEB   Les pages Web suivantes comportent des informations complémentaires sur les cookies :

Les cookies démystifiés, de Clément Gagon

`http://www.qbc.clic.net/~tactika/cookie`

Le guide des cookies, de Malcolm Humes (en anglais)

`http://www.emf.net/~mal/cookiesinfo.html`

Résumé

Pour voyager, plus besoin de prendre le train ou l'avion. Un ordinateur, un modem et Internet Explorer suffisent. Vous pouvez sauter de lien en lien, taper l'URL de votre destination et vous connecter ainsi à n'importe site Web du monde. Internet Explorer a pensé aux plus jeunes, avec le Gestionnaire d'accès, qui interdit la consultation de pages à caractère violent ou pornographique.

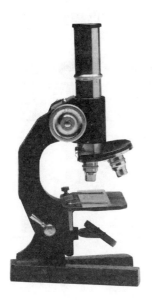

LORS DU CHAPITRE PRÉCÉDENT, vous avez appris à surfer sur le Web. Vous avez sans doute découvert des sites passionnants. Pourquoi ne pas les visiter régulièrement ? Pour cela, vous devez les répertorier dans le dossier Favoris d'Internet Explorer. Il est possible de les regrouper par catégorie, ce qui simplifie consultation et mise à jour des liens. Les abonnements permettent de recevoir les mises à jour de certains sites directement sur votre ordinateur.

Vos sites favoris

Lors de vos voyages sur l'Internet, vous avez déniché des sites pratiques, amusants, instructifs... Internet Explorer permet de « capturer » leurs adresses et de les ajouter à la liste des Favoris. Au bout de quelques semaines, vous disposerez ainsi d'une sélection intéressante, dans vos domaines de prédilection : gastronomie, musées, agences de voyages, jeux, vie quotidienne, etc.

Répertorier les meilleurs sites

Bien conçue, votre liste de sites Web a des chances de susciter l'intérêt d'amis ou de collègues. Vous êtes prêt ? Alors, commençons !

Procédez comme suit :

1. Connectez-vous à l'Internet. Dans le browser IE 4, tapez l'adresse d'un site à répertorier dans la liste des favoris.

Evitez de cliquer sur le bouton Favoris, dans la barre d'outils (figure 6-1). Cette technique ne permet pas d'ajouter de site Web à la liste.

Cliquez ici...

Et non pas là !

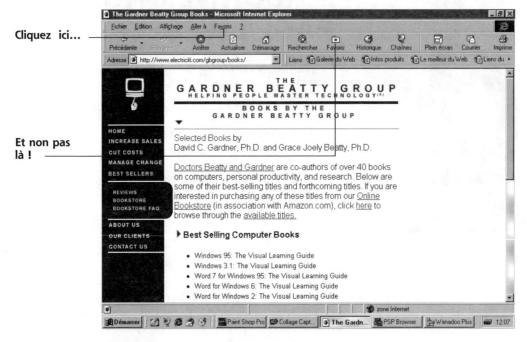

Figure 6-1   Evitez de cliquer sur le bouton Favoris.

2. Cliquez sur **Favoris ➡ Ajouter aux Favoris** (figure 6-2). La boîte de dialogue Ajouter aux Favoris apparaît.

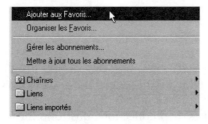

Figure 6-2   Ajouter un site Web à la liste des favoris.

3. Cliquez sur le bouton Créer (figure 6-3). La boîte de dialogue Ajouter aux Favoris qui apparaît dresse la liste des dossiers où vous pouvez stocker l'URL.

Pour
sélectionner
un dossier,
cliquez ici...

et non pas
là !

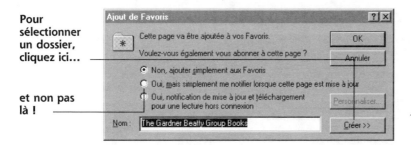

Figure 6-3 Sélectionnez un dossier de destination.

NOTE   L'option S'abonner est décrite à la fin du chapitre.

4. Le dossier Favoris est mis en évidence (figure 6-4). Si vous cliquez sur OK, l'adresse Web est adjointe à la liste. Vous pouvez également créer un dossier qui regroupera les sites traitant des mêmes sujets.

Ajouter un dossier à la volée

Cette opération permet de définir un dossier personnalisé et de l'ajouter aux favoris.

Procédez comme suit :

1. Cliquez sur le bouton Nouveau (figure 6-4). La boîte de dialogue Création d'un nouveau dossier s'affiche.

Cliquez sur OK
pour
enregistrer
l'adresse dans
le dossier

Cliquez ici pour
créer un
dossier

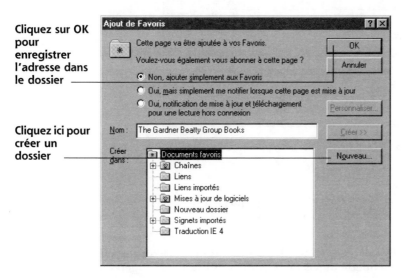

Figure 6-4 Vous allez créer un dossier personnel.

2. Tapez le nom du dossier (figure 6-5).

3. Cliquez sur OK. La boîte de dialogue Ajouter aux Favoris réapparaît.

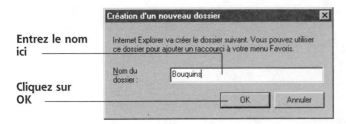

Entrez le nom ici

Cliquez sur OK

Figure 6-5   Donnez un nom au nouveau dossier.

4. Cliquez sur OK. La boîte de dialogue se referme. Bravo ! Vous venez de créer un dossier de favoris !

5. Vérifiez si le dossier a bien été créé. Dans notre exemple, il s'agit de Bouquins (figure 6-6).

6. Sélectionnez-le, puis cliquez sur OK. La boîte de dialogue disparaît.

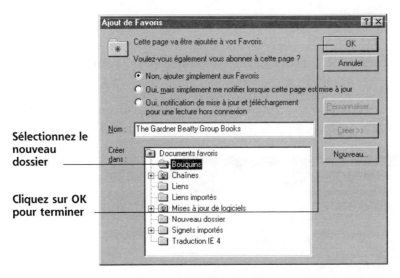

Sélectionnez le nouveau dossier

Cliquez sur OK pour terminer

Figure 6-6   Le nouveau dossier apparaît dans l'arborescence.

Organiser, classer, répertorier

Comme le savez déjà, IE 4 propose un certain nombre de sites regroupés par thème et que vous avez toute liberté de visiter. Certains utilisateurs anxieux à l'idée d'oublier les sites qu'ils visitent enregistrent tant de signets que la liste des favoris devient rapidement inutilisable. Pour éviter ce genre de problème, organisez les dossiers à l'avance, plutôt que pendant la consultation.

Préparer les dossiers de favoris est un excellent moyen de ne pas être submergé par la vague du Web !

Créer un dossier personnel

Fermez votre session Internet et réfléchissez un instant. Quels types de sites visitez-vous et souhaitez-vous répertorier ? Quels dossiers de favoris allez-vous créer ?

Pour créer un dossier de favoris :

1. Cliquez sur **Favoris ➡ Organiser les Favoris** (figure 6-7). La boîte de dialogue Organiser les Favoris apparaît.

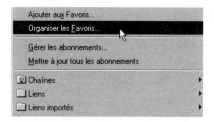

Figure 6-7 Organisez vos favoris

2. Cliquez sur le bouton 🔄 pour créer un dossier (figure 6-8).

Pour créer un dossier, cliquez ici

Tapez le nom du dossier

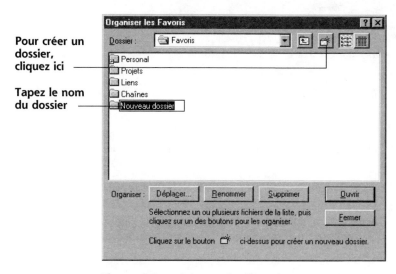

Figure 6-8 Créez un dossier.

3. Tapez le nom du dossier (par exemple, « Perso »).

4. Pour valider, cliquez sur un emplacement non significatif de la boîte de dialogue.

5. Au besoin, créez un autre dossier. Dans notre exemple, il s'agit de Programmation (figure 6-9).

Renommer le dossier

Vous n'aimez pas Perso ? Qu'à cela ne tienne ! Vous pouvez renommer le dossier.

Procédez comme suit :

1. Cliquez sur le dossier à traiter. Il apparaît en vidéo inverse.

2. Cliquez sur le bouton Renommer. Le nom actuel est mis en évidence dans la zone de texte (figure 6-9).

Tapez ici le nouveau nom

Cliquez ici pour renommer le dossier mis en évidence

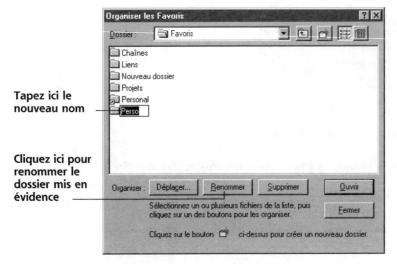

Figure 6-9   Renommez le dossier.

3. Tapez le nouveau nom (dans notre exemple, **Projets**).

4. Pour valider, cliquez sur un emplacement non significatif de la boîte de dialogue.

Le grand chambardement

L'emplacement d'un dossier ou d'un signet ne vous convient plus ? Il est aisé de déplacer dossiers et fichiers à tous les niveaux de l'arborescence.

Procédez comme suit :

1. Cliquez deux fois sur le dossier comportant le fichier à déplacer (figure 6-10). Son contenu apparaît (figure 6-11).

Cliquez deux fois sur le dossier

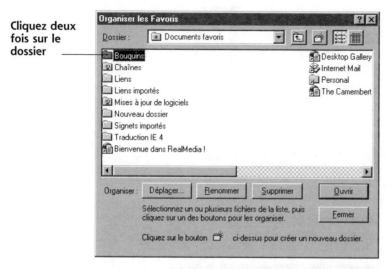

Figure 6-10 Vous venez d'ouvrir un dossier de favoris.

Cliquez ici pour mettre le fichier en évidence

Cliquez ici pour le déplacer

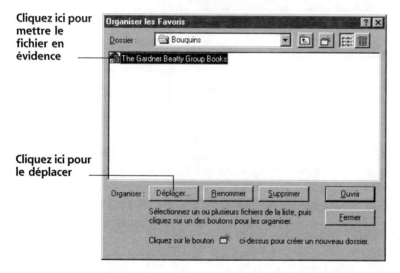

Figure 6-11 Sélectionnez le fichier à déplacer.

2. Cliquez sur le dossier cible : celui-ci est mis en évidence (figure 6-12). Dans notre exemple, le lien Yahoo! France a été déplacé du dossier Signets importés vers le dossier Projets.

Cliquez ici pour sélectionner le nouveau dossier

Cliquez ici pour terminer l'opération

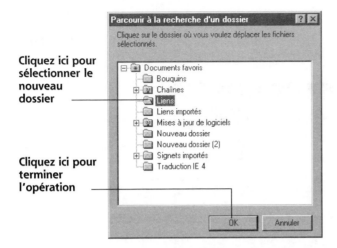

Figure 6-12   Sélectionnez le nouveau dossier.

3. Cliquez sur OK. La boîte de dialogue Organiser les Favoris réapparaît (figure 6-13).

Le fichier a disparu !

Cliquez ici pour terminer l'opération

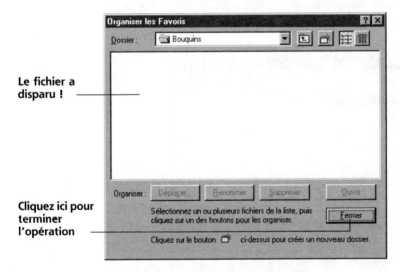

Figure 6-13   Le fichier vient d'être déplacé.

4. Cliquez sur le bouton Fermer. C'est tout !

Effacer un dossier ou un fichier

Cette opération est simple.

Pour effacer un dossier :

1. Ouvrez la boîte de dialogue Organiser les Favoris, puis cliquez sur le dossier qui vous intéresse. Celui-ci est mis en évidence.

2. Cliquez sur le bouton Supprimer (figure 6-14).

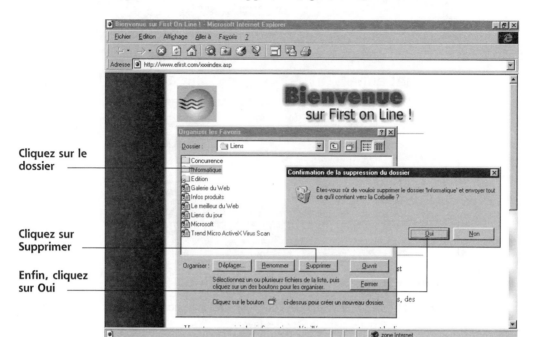

Cliquez sur le dossier

Cliquez sur Supprimer

Enfin, cliquez sur Oui

Figure 6-14 Suppression d'un dossier.

3. Dans la boîte de dialogue Confirmation de la suppression d'un dossier, cliquez sur Oui.

4. Enfin, cliquez sur le bouton Fermer. La boîte de dialogue Organiser les Favoris disparaît.

La suppression d'un fichier est similaire. Il suffit d'ouvrir le dossier correspondant, de cliquer sur le fichier, puis sur les boutons Supprimer, Oui et Fermer.

S'abonner à des sites

Les sites Web répertoriés dans le dossier Favoris sont consultables hors ligne à tout moment. Or, leur contenu est régulièrement mis à jour. Comme pour les chaînes, IE 4 propose des abonnements, vous permettant ainsi de suivre l'évolution des favoris.

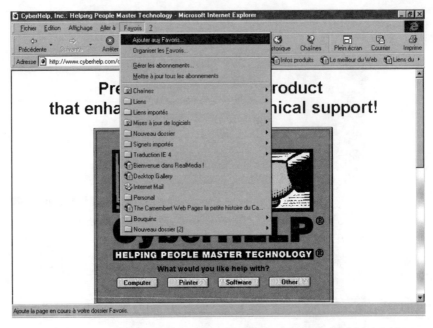

Figure 6-15 Le site Web auquel vous souhaitez vous abonner doit préalablement figurer dans la liste des favoris.

NOUVEAU

Les abonnements aux sites Web sont une fonctionnalité nouvelle d'Internet Explorer 4.

S'abonner en ligne

Cette opération est aisée.

Pour cela :

1. Connectez-vous à un site Web que vous souhaitez ajouter à la liste des favoris.

2. Cliquez sur **Favoris ➡ Ajouter aux Favoris** (figure 6-15). La boîte de dialogue Ajout de Favoris apparaît.

3. Cochezun choix d'abonnement (figure 6-16).

4. Cliquez sur OK. C'est tout !

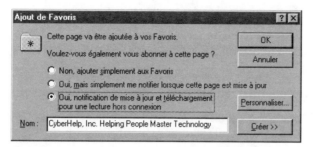

Figure 6-16 S'abonner en ligne à un site Web.

Si vous êtes un utilisateur confirmé d'IE 4, vous pouvez le cas échéant, personnaliser l'abonnement. Pour cela, cliquez sur le bouton Personnaliser (figure 6-17), puis suivez la procédure proposée par l'Assistant Abonnement.

Cliquez ici pour personnaliser l'abonnement

Cliquez ici pour fermer la boîte de dialogue

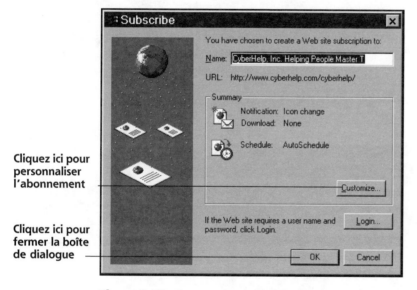

Figure 6-17 Dans quelques instants, l'Assistant Abonnement répondra à vos besoins.

S'abonner hors connexion

Cette opération est possible à condition que le site soit déjà répertorié dans la liste des favoris.

Procédez comme suit :

1. Lancez l'utilitaire Poste de travail, puis sélectionnez l'unité C:.

2. Cliquez sur **Favoris** dans la barre de menus.

3. Cliquez sur le dossier contenant le site Web à ajouter à la liste des abonnements.

4. Cliquez avec le bouton droit de la souris sur le site proprement dit. Un menu comparable à celui de la figure 6-18 apparaît alors.

5. Cliquez sur S'abonner. La boîte de dialogue Abonnement aux Favoris apparaît.

6. Cliquez sur OK pour valider l'abonnement. C'est tout !

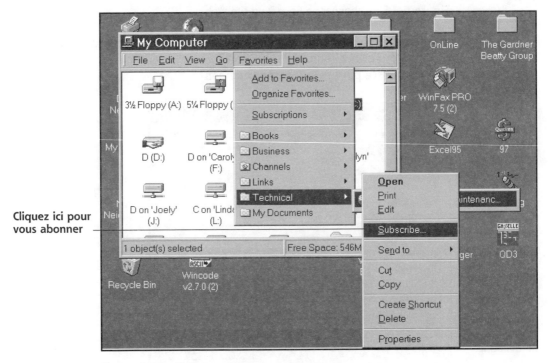

Figure 6-18   S'abonner hors connexion.

On se calme !

Au fil des sessions, de nouveaux signets viennent « gonfler » la liste des Favoris. Ainsi, notre confrère David Garner doit gérer environ 275 sites, bien qu'il en ait récemment supprimé 50 ! La liste des abonnements pose le problème des mises à jour. Que ferez-vous lorsque vous recevrez des nouvelles de vos 250 sites Web favoris ?

La situation n'est pas désespérée

Les abonnements peuvent être traités, calmement, hors connexion.

Pour les mettre à jour en totalité :

1. Lancez l'utilitaire Poste de travail.

2. Cliquez sur **Favoris ➡ Abonnements ➡Tout mettre à jour**. La boîte de dialogue Progression du téléchargement apparaît. Internet Explorer 4 se connecte à votre fournisseur d'accès. La mise à jour commence alors. Si vous avez 250 abonnements, armez-vous de patience et allez boire un café !

Gérer les abonnements

Vous avez la possibilité de modifier le planning de mise à jour, de mettre à jour les abonnements un à un, de les supprimer et de les renommer.

Pour ouvrir la boîte de dialogue Gérer les abonnements :

1. Lancez l'utilitaire Poste de travail.

2. Cliquez sur **Favoris ➡ Abonnements ➡ Gérer les abonnements**. La boîte de dialogue C:\Windows\Subscriptions apparaît.

Mettre à jour un abonnement

1. Cliquez sur l'abonnement à traiter : il apparaît en vidéo inverse.

2. Cliquez sur **Fichier ➡ Mettre à jour maintenant**. Internet Explorer se connecte chez votre fournisseur d'accès, puis met à jour l'abonnement.

Modifier le planning de mise à jour

Supposons que vous souhaitiez charger automatiquement une page Web tous les jours à midi. Il vous suffit pour cela de modifier les paramètres associés dans la boîte de dialogue Propriétés de l'abonnement concerné.

Procédez comme suit :

1. Cliquez avec le bouton droit de la souris sur l'abonnement à traiter.

2. Cliquez sur **Propriétés.** La boîte de dialogue Abonnements apparaît.

3. Cliquez sur l'onglet des plannings (figure 6-19). Vous pouvez définir l'heure et la fréquence des mises à jour (quotidienne, hebdomadaire ou mensuelle) ou encore un planning de dates et heures précises.

Résilier un abonnement

Cette opération est réalisable suivant deux méthodes. Dans la page Abonnement, cliquez sur le bouton Supprimer l'abonnement. Vous pouvez également cliquer sur l'abonnement, puis sur **Fichier ➡ Supprimer** (figure 6-20). Dans l'une et l'autre situation, IE 4 vous demande de confirmer la suppression.

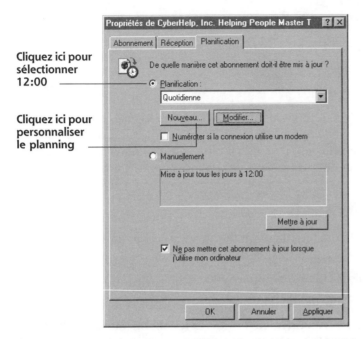

Cliquez ici pour sélectionner 12:00

Cliquez ici pour personnaliser le planning

Figure 6-19   Modifiez ici le planning de mise à jour.

Renommer un abonnement

Cette opération demande moins d'une minute. Cliquez sur l'abonnement à traiter. Lorsqu'il est mis en évidence, sélectionnez **Fichier ➡ Renommer**. Le nom actuel est enserré dans une zone de texte (figure 6-20). Remplacez-le, puis cliquez n'importe où dans la boîte de dialogue.

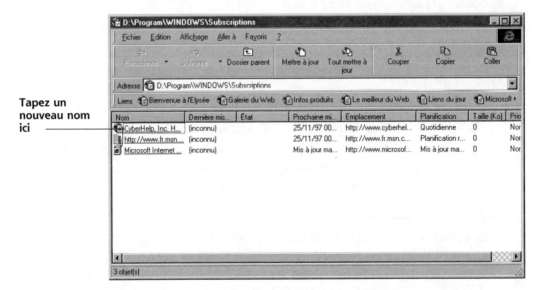

Tapez un nouveau nom ici

Figure 6-20   Donnez un nom évocateur à l'abonnement.

BONUS

Abonnements gourmands

6

Vous savez désormais répertorier des sites dans des dossiers personnalisés. Rien ne vous arrête plus sur les autoroutes de l'information. Tiens ! Déjà midi ! Vous créez un dossier Cuisine et l'eau vous vient à la bouche. Pourquoi ne pas aller visiter les cuisines du Web ? Les sites consacrés à la gastronomie sont nombreux.

Un grand chef, Paul Bocuse (pour ne pas le citer) nous livre ses souvenirs (Paul McCartney chantant *Joyeux anniversaire* à une mamie qui ne l'a pas reconnu, par exemple) et propose un menu de réveillon de Noël (déjà ?) à l'adresse suivante :

```
http://www.gsquare.or.jp/bocuse/
```

D'accord pour la grande cuisine... mais qu'en est-il quand on est incapable préparer une sauce gribiche ou des œufs en neige ? Aucun problème ! Apprenez les bases de la cuisine avec Philippe Gachen, jeune cuisinier du Sud-Ouest. Toute la générosité et la saveur des mets les plus fins, à l'adresse suivante :

```
http://www.mygale.org/05/phgachen/
```

« Bienvenue chez Fred : la cuisine en direct ». C'est ainsi que vous découvrirez des recettes de tous les jours et des plats de fête sur le site suivant :

```
http ://www.mygale.org/00/Iosacco/Index.htm
```

Il s'agit d'un exemple intéressant de page HTML comportant des cadres (voir chapitre 5). A droite figurent les différentes options : consultation d'un menu à la carte (avec les liens Entrées, Plats et Desserts), inscription au site, envoi de recettes *via* un formulaire de saisie... A gauche, l'internaute apprend que le site propose, entre autres, des recettes du monde entier et les sélections des semaines précédentes. Alors, n'hésitez pas à vous y abonner !

 SUR LE WEB Notre sélection de sites :

Yahoo! France - Gastronomie

```
http://www.yahoo.fr/Divertissement/Gastronomie/
```

Végétarisme en France : faits et arguments

```
http://linux.utc.fr/
```

The Camembert ou quand un Helvète parle du divin fromage...

```
http://diwww.epfl.ch/~courtois/Cam_Hist.html
```

CuisiLand : des centaines de recettes !

```
http://www.neuronnexion.fr/sabatier/cuisiland/
```

Résumé

Ce chapitre traite de l'ajout de Favoris, de l'organisation de dossiers personnels de Favoris, du déplacement et de la suppresion de signets. Vous avez également découvert comment vous abonner à des sites Web afin de recevoir régulièrement des mises à jour de contenu. Enfin, vous avez appris à résilier un abonnement.

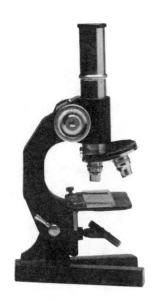

CHAPITRE 7

« PRO » D'INTERNET EXPLORER

CE QUE VOUS ALLEZ DÉCOUVRIR :

EN QUELQUES ANNÉES D'EXISTENCE, Internet est passé de quelques milliers à plusieurs millions de sites Web, représentant des centaines de millions de pages d'informations, sans compter les *gophers* qui sont encore quelques dizaines de milliers à travers le monde (voir chapitre 8). Où et comment allez-vous trouver les informations dont vous avez besoin ? Surferez-vous de page en page en quête d'informations ? Un ami vous communiquera-t-il l'URL providentielle ? A ces deux dernières, la réponse est « non ».

Néanmoins, l'utilisateur n'est pas livré à lui-même. Il existe heureusement des moteurs de recherche. Un moteur de recherche peut être comparé à « super bibliothécaire-archiviste électronique ». Demandez-lui ce dont vous avez besoin, et il vous propose une liste exhaustive de liens. Un moteur de recherche explore les sites Web, les groupes de discussions, ses archives, etc., en quête des informations correspondant le mieux aux critères entrés par l'utilisateur. En fait, les sites Internet sont regroupés par rubriques, le mode de classement étant comparable à celui des pages jaunes d'un annuaire des abonnés du téléphone. Toutefois, l'organisation des répertoires n'est pas homogène sur l'Internet, ce qui peut parfois compliquer les opérations de recherche.

En effet, la plupart des moteurs de recherche (comme Yahoo!) explorent non seulement l'Internet et certaines zones géographiques, mais aussi leurs propres répertoires d'archivage. Ainsi, vous avez le choix entre la saisie directe des critères de sélection et la consultation des liens répertoriés dans les catégories du moteur de recherche. Dans ce chapitre, vous découvrirez les deux méthodes d'investigation de l'Internet.

Configurer le volet Rechercher

L'utilisateur peut se sentir perdu face à la profusion des sites proposés par un moteur de recherche. Généralement, il clique sur un lien qui lui semble approprié, ignorant la pertinence des informations qui vont s'afficher. Internet Explorer facilite la recherche en centralisant moteurs de recherche et options dans le volet Rechercher. Ce volet est accessible depuis le bouton Rechercher dans la barre d'outils du browser.

 NOUVEAU **Le browser d'IE 4 peut se diviser en deux volets : le volet de gauche propose des moteurs de recherche, alors que les résultats s'affichent à droite.**

Pour ouvrir le volet Rechercher :

1. Ouvrez une session Internet, puis lancez le browser.

2. Cliquez sur le bouton Rechercher, dans la barre d'outils. Le volet Rechercher apparaît dans la partie gauche de l'écran (figure 7-1). La taille de l'image figurant dans la partie droite s'adapte à cette nouvelle disposition.

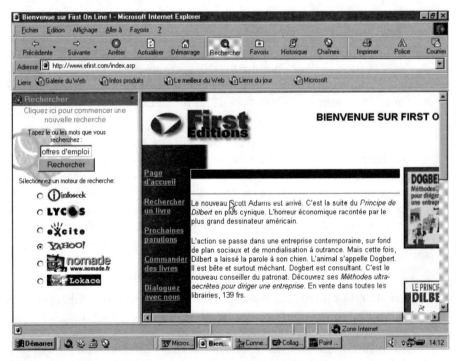

Figure 7-1   Cliquez sur le bouton Rechercher pour avoir accès au volet Rechercher.

3. Vous pouvez remarquer que :

✴ Le volet Rechercher propose un certain nombre de moteurs de recherche, en l'occurrence francophones.

✴ Les barres de défilement respectives des volets sont indépendantes les unes des autres. Il est impossible de naviguer dans le volet gauche, en actionnant la barre de défilement du volet droit, par exemple.

✴ Le bouton Rechercher de la barre d'outils fonctionne comme un interrupteur électrique. Appuyez à nouveau dessus et le volet Rechercher disparaît (vous pouvez également cliquer sur le bouton de fermeture marqué d'une croix, dans le volet Rechercher). Cliquez une troisième fois sur le bouton Rechercher : le volet Rechercher réapparaît.

4. La liste des moteurs de recherche apparaît sous la zone de saisie. Elle n'est pas exhaustive : il s'agit d'une sélection de Microsoft. Il est fort probable qu'elle s'enrichira avec la généralisation d'IE 4 dans l'espace francophone.

5. Tapez vos critères de recherche, cliquez sur Yahoo! (comme dans notre exemple), puis sur Rechercher. Les liens correspondant aux critères apparaissent dans le volet gauche, remplaçant la page précédente. Notez que les options proposées ainsi que leur disposition varient d'un moteur à un autre.

Elémentaire, mon cher Watson

Que sont exactement les moteurs de recherche ? Comment les utiliser efficacement ? Les moteurs de recherche sont des applications développées par des sociétés de service spécialisées dans la recherche et l'archivage de sites de l'Internet et qui tirent leurs bénéfices de la publicité. Chaque moteur de recherche a un fonctionnement propre. Vous devrez sans doute essayer plusieurs moteurs avant de trouver celui qui répond le mieux à vos besoins. N'oubliez pas de créer un favori pour votre moteur de recherche habituel (chapitre 6) à moins qu'il ne soit proposé dans la page d'accueil de votre fournisseur d'accès.

Pour lancer une recherche :

1. Tapez vos critères dans la zone de texte (**offres d'emploi**, dans notre exemple), puis appuyez sur Rechercher. La liste des occurrences apparaît dans le volet Rechercher.

ASTUCE   La zone de texte permet d'effectuer une recherche sur l'Internet. La plupart des moteurs proposent des catégories, comme Informatique et multimédia ou Divertissement. Sur Excite, par exemple, les rubriques sont associées à des info-bulles. Dans Yahoo!, vous êtes libre d'afficher l'ensemble des sites retenus, de parcourir les sites page par page ou de cliquer sur une catégorie principale donnant accès à des catégories secondaires. A la fin de la liste, une sélection de liens et une liste d'autres moteurs (Yahoo!Canada, Yahoo! Allemagne, AltaVista, Lycos, etc.) peuvent vous être proposées... Pour mener une recherche à l'aide de l'un de ces moteurs, veillez à taper les critères de sélection dans la langue du pays (anglais, allemand...). Un autre conseil : une fois que vous avez lancé une recherche depuis le volet Rechercher, attendez patiemment l'affichage de la page d'accueil du moteur correspondant. En effet, arrêter cette connexion ralentit considérablement les suivantes. Pour revenir en arrière et modifier ainsi les critères de recherche, il suffit de cliquer sur le bandeau Cliquer ici pour commencer une nouvelle recherche.

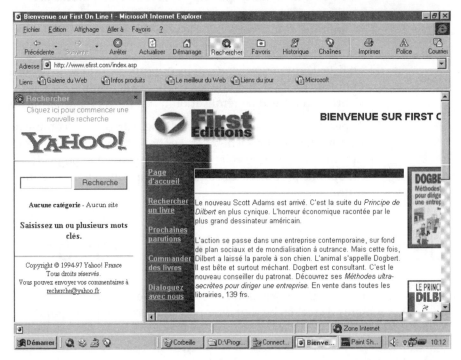

Figure 7-2   Lancez votre recherche, à partir d'un ou de plusieurs mots clés, ou cliquez sur le moteur qui vous intéresse.

2. En examinant la figure 7-3, vous pouvez constater que :

    ❋ Le moteur de recherche propose une rubrique ainsi qu'une sélection des sites les plus pertinents sur la totalité des liens répertoriés.

    ❋ Yahoo! affiche les liens par groupes de 10, du plus pertinent au plus éloigné de vos critères de recherche (sites 1 à 9 sur 130). Pour naviguer dans la liste, il suffit de cliquer sur le lien hypertexte figurant dans la partie inférieure du volet Rechercher.

3. Cliquez sur le lien qui vous intéresse. Le ou les mots que vous avez tapés figurent en gras dans l'intitulé du site.

4. Cliquez au besoin sur un autre lien. En effet, la page Web affichée dans la partie droite de l'écran n'a pas modifié le contenu du volet Rechercher.

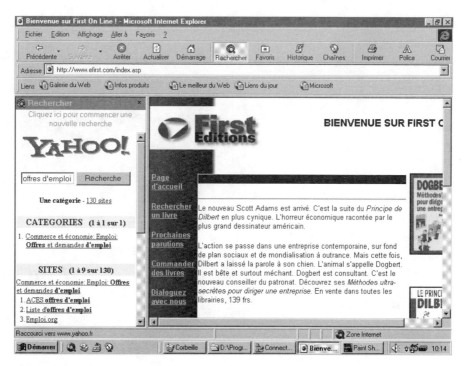

Figure 7-3   Une sélection de Yahoo! France.

Vous pouvez constater que l'affichage du volet Rechercher n'a pas modifié la page en cours. Pour visiter un site répertorié dans le volet de gauche :

1. Cliquez sur le lien Espace emploi.. La page d'accueil de ce site apparaît dans le volet de droite.

2. Vous pouvez consulter le document comme s'il occupait la totalité de la zone d'affichage du browser.

3. Pour réduire la taille du volet Rechercher, placez le pointeur quelques instants sur la zone de séparation. Lorsque ce dernier prend la forme d'une flèche bidirectionnelle, déplacez la souris vers la gauche (figure 7-4). Relâchez le bouton pour terminer l'opération.

4. Cliquez sur le bouton Précédente. La page précédente apparaît, alors que le contenu du volet Rechercher demeure inchangé.

NOTE **Pour terminer votre recherche, fermez le volet Rechercher. Vous pouvez également réduire la taille de ce volet si vous envisagez de lancer une autre recherche. Le volet principal occupera ainsi la quasi-totalité du browser.**

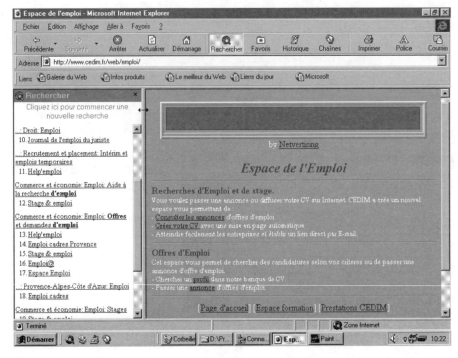

Figure 7-4   Agissez sur la zone de séparation pour réduire ou agrandir le volet Rechercher.

Une aiguille dans une botte de foin

Les moteurs de recherche actuels offrent des performances considérables. Vous avez la possibilité de lancer des recherches sur un ou plusieurs mots clés. Mais les moteurs sont incapables de deviner vos pensées et, si la recherche est complexe, n'hésitez pas à utiliser une syntaxe logique. Si par exemple vous tapez **Musée Picasso** dans Yahoo! France, toutes les occurrences contenant l'un et/ou l'autre mot seront extraites. Notez que tous les moteurs de recherche proposent une aide ou des conseils de saisie. Vous pouvez lancer une recherche plus précise, en spécifiant des mots clés (AND, OR, AND NOT - toujours en capitales !), des guillemets doubles et/ou des parenthèses dans les critères de sélection (tableau 7-1).

Roulez en F1 sur l'Internet

Vous êtes libre de mener vos investigations sans passer par le volet Rechercher. En effet, la page d'accueil de n'importe quel moteur de recherche comporte générale-ment plus d'options, permettant d'explorer, outre le Web, FTP et Usenet (le réseau des

TABLEAU 7-1 Fournir des critères de recherche plus précis

Mot clé ou élément de syntaxe	La recherche est menée sur...	Exemple
AND	tous les termes liés par le mot clé.	Musée AND Picasso
		FILMS AND NOIRS AND AMÉRICAINS
OR	l'un ou l'autre mot de l'expression.	agricole OR agriculture
AND NOT	le premier mot à l'exclusion du second.	Chine AND NOT Taïwan
PARENTHÈSES	les catégories associées au premier terme.	emploi (informatique OR électronique)
" "	tous les mots dans l'ordre indiqué.	"Fédération française d'aïkido"

groupes de discussions). Les moteurs de recherche intégrés à Internet Explorer donnent accès à des sites Web, des articles de groupes de nouvelles et des magazines en ligne. Sachez toutefois qu'à cause du mode de sélection spécifique, chaque moteur fournit une liste de liens différente pour le même terme recherché. Certains moteurs sont généralistes comme Yahoo!, alors que d'autres comme Urec, effectuent les recherches par zone géographique. Pour mener des recherches étendues au monde entier, préférez les moteurs américains. AltaVista donne accès aux bases de données, alors que DejaNews permet d'extraire la liste des articles émanant d'un utilisateur sur une période donnée.

Quelques moteurs de recherche francophones :

Yahoo! France	http://www.yahoo.fr
Francité	http://francite.com
Nomade	http://www.nomade.fr
Lokace	http://lokace.iplus.fr
Ecila	http://france.ecila.com
Urec	http://web.urec.fr

Les principaux moteurs de recherche américains :

AltaVista	http://www.altavista.digital.com
AOL NetFind	http://www.aol.com/netfind
Excite	http://www.excite.com
HotBot	http://www.hotbot.com
Infoseek	http://www.infoseek.com
Lycos	http://www.lycos.com

Yahoo!	http://www.yahoo.com
DejaNews	http ://www.dejanews.com

Répertoires de l'Internet

Les ressources de l'Internet sont classées par thèmes dans des répertoires. Ces derniers sont comparables aux pages jaunes de l'annuaire téléphonique. Ils fonctionnent comme des *gophers* (chapitre 8) et d'autres systèmes à base de menus. La première page comporte généralement la liste des sujets généraux, chaque lien renvoyant à un ou plusieurs sujets spécialisés. Comme les ressources de votre ordinateur, les répertoires de l'Internet ont une structure en arborescence à niveaux multiples.

Telles les pages professionnelles d'un annuaire du téléphone, les moteurs de recherche répertorient les ressources par thèmes.

Pour illustrer ces propos, nous allons effectuer une recherche sur Yahoo! France. Tapez l'URL dans la barre Adresse :

http://www.yahoo.fr

La page d'accueil de Yahoo! se compose d'une zone de saisie, d'une liste de rubriques et de liens vers d'autres sites pratiques (figure 7-5). Chaque rubrique générale comporte plusieurs rubriques secondaires. Dans notre exemple, nous allons explorer la rubrique Actualités et presse.

Procédez comme suit :

1. Cliquez sur le lien Magazines sous la rubrique Actualités et Presse. La page Web intitulée « Index:Actualités et presse:Magazines » apparaît (figure 7-6).

    Vous pouvez constater qu'elle comporte également une zone de saisie et des options. Ainsi, il est possible de lancer une recherche sur l'ensemble des répertoires Yahoo! ou uniquement dans les catégories spécifiées. Par ailleurs, la partie inférieure de la page propose une liste de sites Web correspondant aux critères de sélection.

2. Parcourez la liste des liens.

    Vous pouvez constater que les répertoires ont une structure d'arborescence. La recherche commence au niveau du tronc (la page d'accueil), puis se poursuit dans les « branches » spécialisées. Les répertoires constituent ainsi une véritable forêt ! Les liens suivis du signe @ renvoient à des catégories connexes : tel un écureuil, vous sautez alors d'arbre en arbre.

3. Cliquez sur le lien Commerce et Economie@. La liste des magazines économiques français apparaît à l'écran.

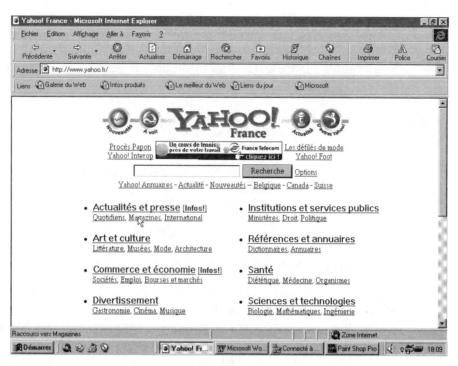

Figure 7-5   Page d'accueil de Yahoo! France.

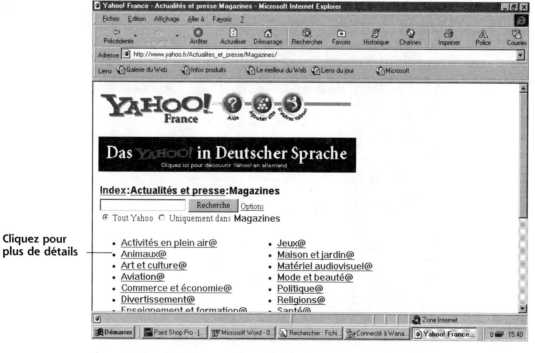

Cliquez pour plus de détails

Figure 7-6   Cliquez sur un lien suivi du signe @ pour passer dans un autre répertoire principal.

Vous avez la possibilité de créer votre propre répertoire de ressources Internet, plus connues sous le nom de *favoris* (chapitre 6). Un favori est un raccourci vers une page Web, ce qui vous évite de devoir taper l'URL ou de lancer une recherche sur l'Internet. Nous vous conseillons de créer un favori pour la page d'accueil de Yahoo!.

« On se téléphone... »

Certains sites proposent des moteurs de recherche sur l'Internet et dans des annuaires spécialisés (calendrier de salons professionnels, archives de magazines, abonnés du téléphone...). Examinons par exemple le site des Pages zoom, de France Télécom (`http://www.pageszoom.tm.fr`).

J'ai perdu son numéro

Déjà le 15 juin et vous devez souhaiter bon anniversaire à votre vieille tante de l'Aveyron. Où est passé son numéro de téléphone ? Vous l'aviez noté dans votre agenda mais le chien l'a mangé... Pas de panique : connectez-vous aux Pages zoom (http://www.pageszoom.fr). Dans la page d'accueil, cliquez sur le lien Les pages blanches. Un formulaire de saisie apparaît (figure 7-7).

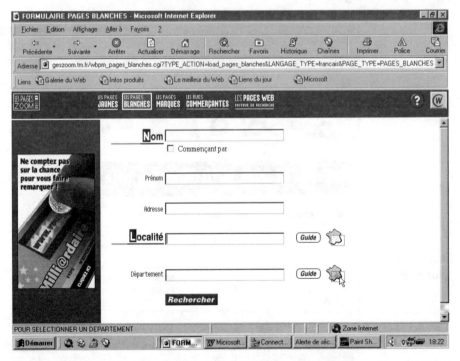

Figure 7-7 Tapez les informations dans le formulaire de saisie proposé par les Pages zoom.

Inutile de connaître le prénom ou l'adresse de l'abonné. Les champs obligatoires sont soulignés : seuls le nom et la localité suffisent. Au besoin, précisez le département s'il existe plusieurs localités du même nom ailleurs en France. Cliquez sur Rechercher. Miracle ! Les coordonnées exactes de la tante Berthe s'affichent à l'écran. Relevez son adresse. Vous pourrez peut-être lui envoyer une boîte de chocolats. Et, si votre tante est moderne, prenez rendez-vous avec elle sur l'Internet pour un NetMeeting (chapitre 15).

Où crèches-tu, Marie ?

Vous comptez vous rendre chez une amie qui habite Paris. Quelle ligne de métro emprunter depuis la gare de Lyon jusqu'à la station Guy-Môquet ? Il vous faut un plan ! Pourquoi ne pas en chercher un sur le Web ?

Procédez comme suit :

1. Tapez **http://metro.jussieu.fr** dans la barre Adresse.

2. La page d'accueil vous propose d'entrer les stations de départ et d'arrivée. Vous pouvez également consulter le plan, en cliquant sur le mot « carte » (figure 7-8).

3. Tapez directement les informations ou cliquez sur les points de départ et d'arrivée (dans le plan). Cliquez ensuite sur le bouton Chercher le parcours.

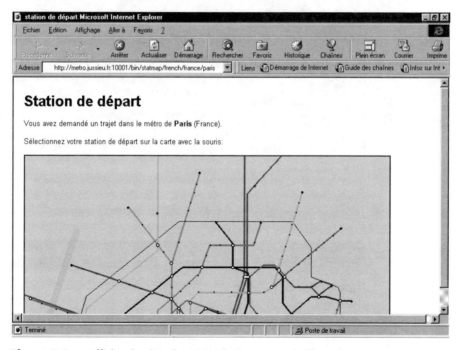

Figure 7-8   Affichez le plan du métro de Paris... ou d'ailleurs !

4. L'itinéraire précis comprenant les correspondances, apparaît à l'écran. Le cas échéant, consultez la page précédente pour chercher un autre itinéraire.

Vous êtes prêt ? Go !

Internet Explorer comporte une fonction de recherche automatique (Autosearch). Tapez **go** suivi d'un ou de plusieurs mots dans la barre Adresse, puis appuyez sur la touche Entrée. IE 4 effectue la recherche sur Yahoo! *via* le site de Microsoft (figure 7-11).

Figure 7-9   Tapez **go** suivi d'un ou de plusieurs mots clés et Internet Explorer lance automatiquement une recherche sur Yahoo!.

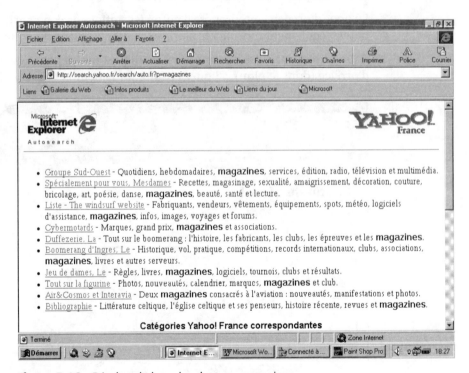

Figure 7-10   Résultat de la recherche « go magazines ».

BONUS

Copyrights et marques déposées

Sur Internet, la plupart des textes et graphismes sont protégés par la législation des copyrights et des marques commerciales. A ce titre, ces ressources ne sont pas exploitables sans l'autorisation de leur propriétaire, ou tout au moins sans les mentions légales obligatoires. Si vous envisagez d'utiliser les ressources d'une page Web personnelle, n'hésitez pas, par politesse, à en informer son auteur.

Les législations respectives des copyrights, des marques commerciales et des droits d'auteur sont complexes et sortent, de ce fait, du cadre du présent ouvrage. Nous vous conseillons vivement de consulter des ouvrages consacrés à ces questions.

Un certain nombres de sites Web français et étrangers traitent des problèmes juridiques et moraux soulevés par l'utilisation d'informations résidant sur l'Internet :

Sites francophones :

Code français annoté de la propriété intellectuelle

```
http://www.celog.fr
```

Institut national de la propriété industrielle

```
http://www.inpi.fr
```

Business Software Alliance France

```
http://www.pictime.fr
```

Droit et informatique

```
http://www.lexnet.be
```

Sites américains :

Le site Web du copyright (Benedict O'Mahoney)

```
http://www.benedict.com/
```

Office américain des copyrights

```
http://www.lcweb.loc.gov/copyright/
```

Les copyrights : vérités et rumeurs (Brad Templeton)

```
http://www.clari.net/brad/copymyths.html
```

Résumé

Les répertoires et les moteurs de recherche constituent des moyens efficaces de trouver des ressources sur le réseau des réseaux. Les premiers fonctionnent sur des modes similaires, alors que les seconds sont spécialisés dans l'exploration de certains types de ressources (pages Web, groupes de discussions, fichiers, *gophers*...). A vous de les tester pour découvrir celui qui répondra le mieux à vos besoins.

TÉLÉCHARGER PAGES, MESSAGES ET FICHIERS

L'INTERNET EST UNE MANNE DE LOGICIELS et d'informations gratuits à portée de browser. Il s'agit également d'un immense supermarché où vous pouvez acheter quasiment tous les produits possibles et imaginables.

Nous découvrirons d'abord Microsoft Wallet, le dernier utilitaire sécurisé et fiable de paiement par carte de crédit. Après un rapide shopping sur un site de shopping virtuel, nous téléchargerons un partagiciel, c'est-à-dire un logiciel dont on paie la licence après un essai d'une durée variable. Enfin, avec la visite d'un *gopher*, nous ferons un bond en arrière, jusqu'aux débuts de l'Internet.

Un portefeuille... électronique

Même si la majorité des ressources sont en libre service (hors coûts de communication), le World Wide Web n'est pas un réseau à but non lucratif. Après une progression très lente, le commerce électronique est promis à un bel avenir. Boutiques et catalogues en ligne fleurissent sur l'Internet. Le public n'a tout d'abord pas réagi à cette nouvelle façon d'acheter, réticent à l'idée de transmettre numéros de carte de crédit et informations confidentielles sur un réseau peu sécurisé. Face aux perspectives optimistes de développement, les éditeurs de logiciels, Microsoft en tête, n'ont pas tardé de mettre au point logiciels et méthodes de transactions fiables.

Les méthodes de chiffrement, prises en charge par la plupart des browsers, se généralisent sur les réseaux de commerce électronique. Le commerçant envoie des pages Web chiffrées au client qui, lors de la commande, peut en toute confidentialité communiquer ses coordonnées bancaires. Avec l'utilitaire Wallet, Microsoft va plus loin, en tendant à normaliser la procédure de paiement. Intégré à IE 4, il permet d'enregistrer les informations figurant sur votre carte de crédit, puis de les envoyer dans un format chiffré à n'importe quel site commercial ayant adopté le système Wallet.

> **Wallet sécurise les informations bancaires d'un bout à l'autre du circuit de paiement électronique.**

Wallet : le portefeuille sécurisé

Cet utilitaire enregistre les informations portées sur les cartes de crédit dans un certain nombre de dossiers et de fichiers. (Au moment où ce livre est traduit, Wallet prend en charge les trois principaux types de cartes disponibles en Europe). La mise à jour de ces ressources est aisée.

Pour lancer Wallet :

1. Cliquez avec le bouton droit de la souris sur l'icône Internet (sur le bureau), puis sélectionnez **Propriétés** dans le menu raccourci. La boîte de dialogue Propriétés de Internet apparaît.

   Ou bien :

   Lancez IE, cliquez sur **Affichage** ➡ **Options**. La boîte de dialogue Options apparaît. Notez qu'elle propose les mêmes options que la boîte de dialogue Propriétés de Internet.

2. Cliquez sur l'onglet Contenu. La section Informations personnelles comporte les boutons Adresses et Paiements (figure 8-1).

3. Cliquez sur Paiements. La boîte de dialogue Payment Options (figure 8-2). Si vous travaillez avec la version bêta d'IE 4, les noms d'options et les titres de boîtes de dialogue n'ont pas été traduits.

 NOTE Cette boîte de dialogue n'apparaît pas directement dans l'un et/ou l'autre cas suivants :

※ La session Windows commence par l'affichage d'une zone de saisie d'un mot de passe, ce qui signifie que vous partagez l'ordinateur avec un ou plusieurs autres utilisateurs. Dans la boîte de dialogue Protected Storage, tapez le mot de passe d'ouverture de session, puis cliquez sur OK. La boîte de dialogue Payment Options apparaît alors.

※ Une nouvelle carte de crédit a été spécifiée lors d'une procédure de paiement. Le système affiche une boîte de dialogue indiquant que Wallet tente de copier la nouvelle version des fichiers de configuration. Cliquez sur Install. Le nouveau type est alors ajouté, et la boîte de dialogue Payment Options apparaît.

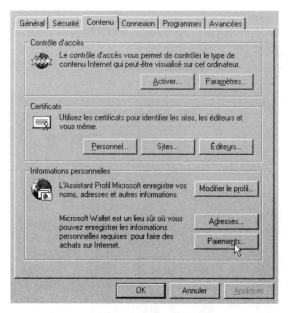

Figure 8-1   Pour entrer les informations portées sur votre carte bancaire, cliquez sur le bouton Paiements de la page Contenu.

Configurer Wallet

Le portefeuille électronique accepte des informations de plusieurs cartes bancaires et adresses de facturation. Chacun de ses utilisateurs dispose d'un mot de passe d'accès aux fichiers. Notez que les

Pour configurer Wallet :

1. Répétez les points 1 à 3 de l'exercice précédent. La boîte de dialogue Payment Options apparaît (figure 8-2).

2. Cliquez sur Add. Une liste de types de cartes bancaires apparaît.

3. Cliquez sur un type de carte. L'accord de licence du produit s'affiche dans la boîte de dialogue License Agreement.

4. Prenez connaissance des informations, puis cliquez sur I Agree. Notez que la procédure de configuration prend fin si vous optez pour le bouton I Disagree. La première boîte de dialogue de l'assistant (Add a New Credit Card Wizard) vous est proposée.

5. Lisez les informations, puis cliquez sur Suivant. La boîte de dialogue Credit Card Information apparaît alors (figure 8-3).

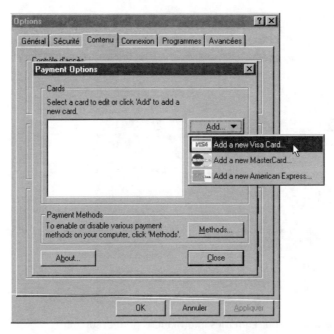

Figure 8-2   La boîte de dialogue Payment Options propose une liste de cartes bancaires.

Figure 8-3   Boîte de dialogue Credit Card Information.

6. Vous avez le choix entre définir le nom des données utilisateur (zone de texte Display name) ou accepter la valeur par défaut. Entrez le nom, la date d'expiration et le numéro figurant sur la carte. Cliquez alors sur Suivant. La

boîte de dialogue Credit Card Billing Address permet d'ajouter les adresses de facturation associées à la carte. Ces adresses sont disponibles si vous décidez d'ajouter ou de modifier des cartes bancaires.

7. Cliquez sur le bouton New address. Entrez les informations appropriées dans la boîte de dialogue Add a New Address.

8. Comme pour la carte bancaire, vous pouvez définir un nom ou accepter le nom attribué par défaut à l'adresse. Cliquez sur OK. La boîte de dialogue Credit Card Billing Address réapparaît.

9. Cliquez sur Suivant. La boîte de dialogue Credit Card Password apparaît.

10. Définissez un mot de passe. Si vous le notez par crainte de l'oublier, placez le papier en lieu sûr. Entrez l'information dans les zones Password et Confirm password. Enfin, cliquez sur Terminer. La carte bancaire est répertoriée dans la boîte de dialogue Payment Options.

11. Cliquez sur Fermer. Dans la boîte de dialogue Propriétés de Internet (ou Options), cliquez sur OK. Vous êtes prêt pour l'aventure du « netshopping » !

Gérer les informations de Wallet

Votre carte bancaire arrive à expiration ? Vous avez changé de banque ? Une adresse de paiement doit être modifiée ou supprimée ? Pas de panique : les informations confidentielles du portefeuille électronique sont modifiables et effaçables.

Pour les éditer ou les supprimer :

1. Répétez les points 1 et 2 de la procédure de la section « Wallet : le portefeuille sécurisé » pour ouvrir la page Contenu de la boîte de dialogue Propriétés de Internet (ou Options).

2. Cliquez sur Adresses ou sur Paiements, selon que vous devez traiter une adresse ou les informations bancaires (figure 8-2).

3. Dans la boîte de dialogue Address Options ou la boîte de dialogue Payment Options, cliquez sur la carte à modifier ou à supprimer, puis sur Delete ou sur Edit selon que les informations doivent être supprimées ou modifiées. Si vous cliquez sur Edit, dans la boîte de dialogue Payment Options, une boîte de dialogue vous demande d'entrer le mot de passe de la carte bancaire. Dans ce cas, entrez l'information requise, puis cliquez sur OK.

4. Si vous cliquez sur Delete, Wallet vous demande de confirmer la suppression. Cliquez sur Oui..

Ou bien :

Si vous cliquez sur Edit, la boîte de dialogue Edit Address ou Edit Card apparaît (semblable à celle de la figure 8-3). Modifiez les informations, puis cliquez sur OK.

5. Dans la boîte de dialogue Address Options ou la boîte de dialogue Payment Options, cliquez sur Fermer. Validez vos choix, en cliquant sur OK dans la boîte de dialogue Propriétés de Internet (ou Options).

Des achats bien réels dans le monde virtuel

Chaque jour, de nouveaux magasins et catalogues naissent sur le Web. Certains sites donnent accès à de véritables galeries marchandes, comme vous allez le découvrir maintenant :

1. Lancez Internet Explorer, puis tapez **http://home.microsoft.com/best/ best.asp** dans la zone Adresse. La page Best of the Web de Microsoft Home apparaît alors (figure 8-4).

NOTE **Le bouton Le meilleur du Web permet uniquement de se connecter au Guide MSN (http://Leguide.fr.msn.com). Contrairement à ce qui a cours aux Etats-Unis, le commerce électronique est encore peu répandu sur l'Internet français. Les biens et services proposés depuis la page Best of the Web ne sont pour la plupart disponibles qu'en Amérique du nord. L'objectif de cet exercice est de vous familiariser avec ce genre de site.**

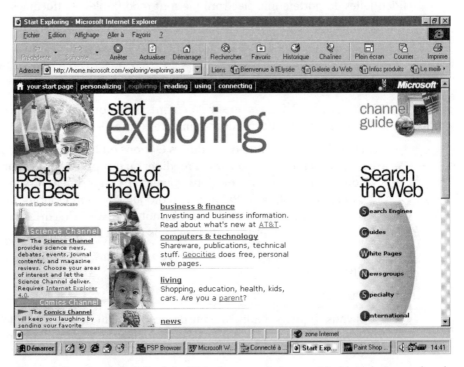

Figure 8-4 La page Best of the Web donne accès à une véritable galerie marchande.

2. Cliquez sur le lien living. La page associée apparaît.

3. Cliquez sur le lien The Plaza dans la partie inférieure de la page. Vous êtes connecté à la galerie marchande The Plaza. Si le lien n'existe plus, revenez à la page d'accueil, puis sélectionnez-en un autre.

La plupart des boutiques en ligne fonctionnent de la même façon. L'utilisateur place les produits et services qui l'intéressent dans son cabas. A tout moment, il peut afficher la somme due et, le cas échéant, annuler un ou plusieurs articles. S'il valide la transaction, le site affiche les modalités de livraison et lui demande de fournir coordonnées personnelles et bancaires (sauf lorsque le système Wallet a été adopté de part et d'autre). Mais attention ! Le shopping a beau être virtuel, les dépenses sont, elles, bien réelles !

Essayez avant d'acheter

Les logiciels disponibles sur l'Internet se divisent en trois catégories distinctes : les logiciels du *domaine public*, les *graticiels* (*freeware*, en anglais) et les *partagiciels* (*shareware*, en anglais). Gratuit, un logiciel du domaine public est diffusable et utilisable sans restrictions. Egalement gratuit, un graticiel est néanmoins exploitable sous certaines conditions. Enfin, l'utilisateur doit acquitter des droits à l'auteur du partagiciel, après une période d'essai gratuit (limitée à 30 jours, en général). Tout logiciel appartenant à l'une de ces catégories est soumis à la législation commerciale et au code de la propriété intellectuelle. Sa licence et la liste des copyrights figurent généralement dans un document annexe (appelé « readme.txt »).

Pour rechercher des logiciels sur l'Internet, rien de plus simple : cliquez sur le lien Logiciels (ou Software) dans la page d'accueil de n'importe quel moteur de recherche (voir chapitre 7). Pour télécharger les patches (programmes de correction) d'un logiciel, n'hésitez pas à visiter le site de l'éditeur. Cette solution est plus rapide et moins onéreuse que l'achat d'une mise à jour auprès d'un détaillant.

NOTE La plupart des ressources disponibles sur les sites de téléchargement sont compressées. En effet, cela permet d'économiser l'espace disque, côté serveur, et de raccourcir les durées de connexion, côté client. La compression de données (*zipping*, en anglais) s'appuie sur les travaux de Huffmann. Le plus célèbre des utilitaires de compression s'appelle PKZip. Les adjectifs *zippé* et *dézippé* signifient respectivement comprimé et décomprimé.

Trouver LE programme

Dans les exemples illustrés ci-après, nous allons rechercher, puis télécharger l'un des plus grands partagiciels de compression sous Windows, WinZip, sur le site Jumbo.

VOTRE ORDINATEUR EST-IL CAPABLE DE TÉLÉCHARGER DES FICHIERS ?

Pour le savoir, vérifiez deux paramètres dans le Panneau de configuration de Windows 95. L'un concerne les connexions Internet, l'autre l'attente entre appels.

1. Dans le Panneau de configuration, cliquez sur l'icône Internet. La boîte de dialogue Propriétés de Internet apparaît.

2. Cliquez sur la page Connexion.

3. Cliquez sur le bouton Paramètres de l'option Se connecter à Internet par modem. Examinez la valeur du paramètre Déconnecter si inactif pendant _ minutes. Si elle est inférieure à la durée théorique du téléchargement, votre ordinateur mettra fin à la session Internet avant la fin de l'opération. Vous pouvez soit désélectionner cette option, soit augmenter la durée d'inactivité.

4. Cliquez sur OK.

5. Si un délai d'attente a été défini, cliquez deux fois sur l'icône Modems. La boîte de dialogue Propriétés de Modem apparaît.

6. Cliquez sur le bouton Propriétés de numérotation. Une boîte de dialogue de même nom apparaît.

7. Examinez le paramètre Cet emplacement a une attente d'appel. Pour la désactiver, composer le __. Si vous téléchargez un fichier alors que cette option est active, la session Internet risque de prendre fin prématurément. Désélectionnez ce paramètre ou composez le code de désactivation d'attente d'appel (sur certains postes téléphoniques).

Procédez comme suit :

1. Ouvrez IE 4.

2. Tapez **www.jumbo.com** dans la zone Adresse, puis appuyez sur Entrée. La page d'accueil du site Jumbo apparaît (figure 8-5).

La plupart des sites de téléchargement proposent une option de recherche. Jumbo n'échappe pas à la règle.

Pour rechercher un logiciel sur un site Web :

1. Tapez le nom du fichier ou du programme (ici, **WinZip**) dans la zone de texte, puis cliquez sur le bouton de recherche (Search, par exemple). La boîte de dialogue Security Alert vous demande si vous souhaitez poursuivre l'opération. Cliquez sur Oui. Une page de résultats apparaît à l'écran (figure 8-6).

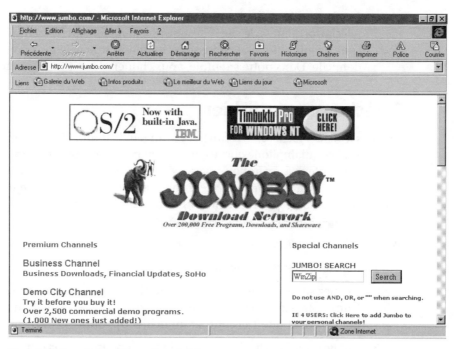

Figure 8-5   Page d'accueil de Jumbo.

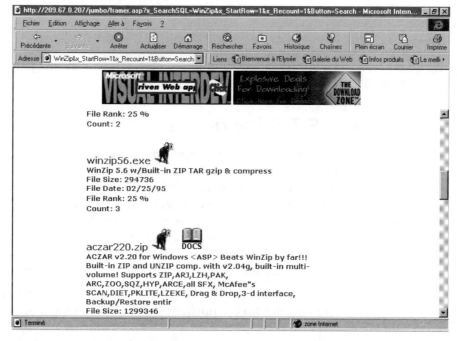

Figure 8-6   Les fichiers contenant le logiciel WinZip apparaissent à l'écran.

2. Parcourez-la à la recherche du fichier d'installation de WinZip. Cliquez sur le lien donnant accès à la page de téléchargement (ici, il s'agit d'une icône représentant un éléphant). Vous avez alors le choix entre plusieurs sites de téléchargement (si le site regroupe plusieurs serveurs disséminés sur une vaste zone géographique). Choisissez celui qui se trouve le plus près de votre domicile. Dans notre exemple, vous cliquerez sur WinZip 6.2 for Windows 95.

Télécharger un fichier

Une fois le fichier localisé, le récupérer est un jeu d'enfant. L'opération est appelée *téléchargement*, ce qui implique que le contenu du fichier est copié du serveur vers le disque dur de l'ordinateur. L'opération inverse s'appelle tout bêtement *envoi de fichier*. A l'origine, le terme français *téléchargement* couvrait un concept plus large : la réception et l'envoi de fichiers (respectivement *downloading* et *uploading*, en anglais). Avec le développement de l'Internet, il désigne essentiellement la réception de fichiers distants.

Pour télécharger un fichier :

1. Répétez l'exercice ci-avant.
2. Cliquez sur le lien donnant accès au site de téléchargement le plus proche. Dans notre exemple, Jumbo propose le lien United Kingdom (London). La boîte de dialogue Télécharger un fichier apparaît.
3. Cliquez sur OK. Une boîte de dialogue Enregistrer sous apparaît alors.
4. Sélectionnez le répertoire de réception, puis cliquez sur Enregistrer. L'encadré de message indique alors la progression du téléchargement.

Les sites de téléchargement garantissent que les fichiers sont dépourvus de virus connus. N'oubliez pas de créer un répertoire spécial de réception si vous devez télécharger des fichiers en provenance de sites mal protégés. Il sera ensuite plus aisé de les contrôler à l'aide de l'utilitaire antivirus.

Des sites FTP à l'ancienne

Sur le Web, les pages Web de téléchargement ont l'avantage d'être conviviales. Il suffit de cliquer sur des liens pour finalement recevoir le fichier convoité sur son ordinateur. Ces sites constituent souvent des interfaces entre des sites FTP et l'utilisateur. FTP désigne à la fois le protocole de transfert de fichier (*File Transfer Protocol*) et l'ensemble des sites spécialisés dans le stockage et la diffusion de fichiers. Se balader sur FTP donne un aperçu de ce qu'était naguère l'Internet. Les pages se composent de noms de fichiers et de répertoires organisés en arborescence, comme sous Windows. Pour télécharger un logiciel, il faut connaître son nom ou le fichier comprimé associé.

L'écran d'accueil d'un site FTP présente généralement les répertoires bin, incoming et pub. Ce dernier contient traditionnellement les fichiers disponibles en libre accès. Il suffit de cliquer sur l'icône qui leur est associée pour afficher leur liste détaillée (noms, extensions, taille, date de création, descriptifs...).

En l'absence de descriptions de fichiers, téléchargez le fichier d'index (généralement appelé index, readme ou description), puis ouvrez-le dans le Bloc-notes Windows.

Pour recevoir un fichier FTP, il suffit de cliquer deux fois sur son lien. La procédure est alors identique au téléchargement d'un fichier depuis un site Web.

Rien que des mots

Avant l'apparition du Web, l'information était diffusée au format texte exclusivement et consultable à l'aide d'utilitaires appelés *gophers* (du nom des Golden Gophers, équipe d'informaticiens de l'université du Minnesota qui développa le premier programme du genre). Les gophers tournaient sur des serveurs gophers reliés à l'Internet. Les documents étaient accessibles à l'aide de liens texte affichés dans des menus. Ce principe a été repris sur le Web avec les liens hypertextes et hypermédias.

L'ensemble des serveurs gophers constituait le *gopherespace*. Bien qu'ils aient été en majorité remplacés par des sites Web, les gophers sont encore quelques milliers, principalement aux Etats-Unis. Nous allons donc découvrir ensemble leurs richesses.

Pour rechercher des gophers :

1. Ouvrez Internet Explorer.

2. Tapez **www.yahoo.com/Computers_and_Internet/Internet/ Gopher/** dans la zone Adresse, puis appuyez sur Entrée. La page associée de Yahoo! Etats-Unis apparaît (figure 8-7).

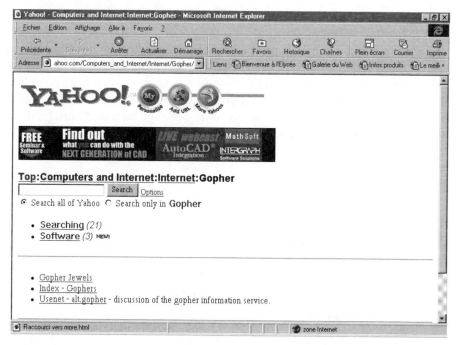

Figure 8-7 Rubrique Computers and Internet: Internet: Gopher dans Yahoo!.

Cette page comporte plusieurs liens : Searching, goph2html, Gopher Jewels et Index-Gophers. Gopher Jewels est renvoie à une collection de liens vers des ressources gophers indispensables. Il s'agit des meilleures informations du gopherespace. Le lien Index-Gophers permet d'afficher la liste des serveurs gophers existants.

Le lien Searching dirige l'internaute vers les liens Jughead et Veronica. Le premier renvoie à un programme de recherche de contenu, le deuxième au chargement de menus résidant sur des serveurs spécifiques. Enfin, goph2html est un site proposant outils et méthodes de conversion de gophers en pages HTML. Ceci prouve que le gopherspace est progressivement absorbé par le Web.

Cliquez sur le lien Gopher Jewels. Si l'aspect ludique vous attire sur l'Internet, vous serez surpris par le caractère sérieux et la richesse des gophers.

BONUS

Les rumeurs de l'Internet

Comme toute communauté, l'Internet véhicule rumeurs et canulars en tous genres. D'après une rumeur célèbre, il serait possible de prendre possession à distance de n'importe quel ordinateur, à l'insu de son propriétaire. De même, des réseaux clandestins (extraterrestres, dans certains cas) fomenteraient des complots visant à dominer le monde. Ou encore, les virus informatiques seraient diffusables par le courrier électronique. A la simple lecture d'un message bien particulier, l'utilisateur contaminerait ainsi son propre ordinateur. Tout ceci relève de la bêtise et de l'ignorance.

Les sites français consacrés au sujet sont malheureusement rares. Alors citons celui-ci :

```
http://www.geocities.com/SiliconValley/Pines/4762/hoax.htm
```

La plupart des sites traitant des rumeurs sont américains :

Don't Spread That Hoax!, de Charles Hymes :

```
http://www.nonprofit.net/hoax/hoax.html
```

AFU et Urban Legends Archive (AFU est l'abréviation du groupe de discussions alt.folklore.urban.) :

```
http://www.urbanlegends.com/
```

Internet Hoaxes (site d'une grande qualité) :

```
http://ciac.llnl.gov/ciac/CIACHoaxes.html
```

Patrick Crispen's Roadmap 96: Map09 - Spamming and Urban Legends :

```
http://www.mobiusweb.com/~mobius/Roadmap/map09.html
```

Computer Virus Myths, de Rob Rosenberger :

```
http://kumite.com/myths/
```

Page d'accueil du centre de recherche antivirus de Symantec :

```
http://www.symantec.com/avcenter/index.html
```

Page Yahoo! :

```
http://www.yahoo.com/Computers_and_Internet/
Security_and_Encryption/Viruses/
```

Résumé

Le commerce électronique est actuellement en plein essor. N'hésitez pas à dénicher biens et services dans des boutiques virtuelles et des galeries marchandes de l'Internet. Par ailleurs, IE 4 simplifie considérablement le téléchargement de fichiers, que ce soit sur le Web ou sur FTP. Il donne accès au gopherespace, constitué de serveurs gophers de documents, à vocation scolaire et universitaire. Dépourvues d'images, les ressources texte gophers sont plus rapides à télécharger que les pages Web.

8

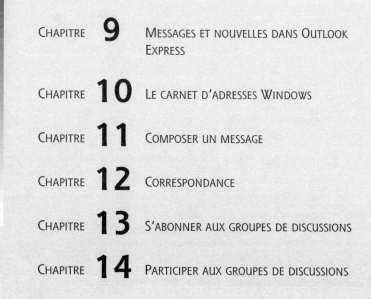

PARTIE III

COMMUNIQUER

CONTENU DE CETTE PARTIE :

Le courrier électronique (*e-mail*, en anglais) est devenu en quelques années un moyen de communication incontournable. Si vous n'êtes pas encore familiarisé avec ce média, Outlook Express est là pour vous aider à franchir le pas. Le courrier électronique permet en effet de joindre rapidement parents et amis. Mais surtout il se généralise dans et entre les entreprises. Outlook Express permet également d'accéder aux groupes de discussions. Grâce à ses fonctionnalités de messagerie, vous pourrez ainsi discuter de vos centres d'intérêt avec des internautes étrangers, poser des questions et, pourquoi pas, rencontrer le grand amour !

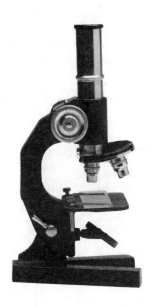

LE COURRIER ÉLECTRONIQUE FAIT GAGNER UN TEMPS PRÉCIEUX à l'utilisateur. Enveloppes et timbres sont superflus, et plus besoin de courir en toute hâte à la poste. La messagerie de votre ordinateur se compose d'un éditeur de texte et d'un module de réception et d'envoi des messages. Mais, pour que tout cela soit réalisable, vous devez préalablement fournir les informations suivantes à Internet Explorer :

* votre identité

* le chemin d'accès au logiciel de messagerie électronique

* le nom du dossier des messages sortants en attente

Pour en savoir plus, reportez-vous au manuel d'utilisation et à l'aide en ligne d'Outlook Express.

Options de messagerie

Le travail hors connexion est idéal pour les débutants, car il permet de préparer les messages en toute tranquillité sans payer de frais de téléphone ni monopoliser la ligne.

Travailler hors connexion

Pour utiliser la messagerie hors connexion, lancez préalablement le browser d'IE 4.

Procédez comme suit :

1. Cliquez sur l'icône Internet Explorer dans la barre Lancement rapide, à droite du bouton Démarrer, au niveau de la barre des tâches. Une session Internet commence.

2. Une fois la connexion établie avec votre fournisseur d'accès, cliquez sur **Fichier** (figure 9-1).

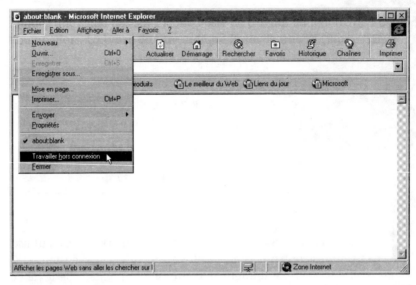

Figure 9-1   Définir le paramètre de travail hors connexion dans Internet Explorer.

3. Cliquez sur **Travailler hors connexion**. La marque de sélection ✔ apparaît à gauche de l'option. Le menu **Fichier** se referme.

4. Cliquez sur ☒ pour refermer Internet Explorer. Vous pouvez alors lancer le logiciel de courrier électronique d'IE 4 : Outlook Express. Si votre ordinateur ne tient pas compte de l'option Travailler hors connexion, il ne vous reste plus qu'à appuyer sur le bouton Annuler chaque fois qu'apparaît la boîte de dialogue de connexion.

Lancer Outlook Express

Outlook Express est un logiciel très convivial à condition d'être parfaitement configuré.

Pour lancer Outlook :

1. Cliquez sur l'icône Outlook Express dans la barre Lancement rapide, à droite du bouton Démarrer (figure 9-2).

Cliquez tout d'abord sur l'icône Outlook Express dans la barre Lancement rapide

Au besoin, cliquez sur le dossier Outlook Express pour le mettre en évidence

Enfin, cliquez sur OK

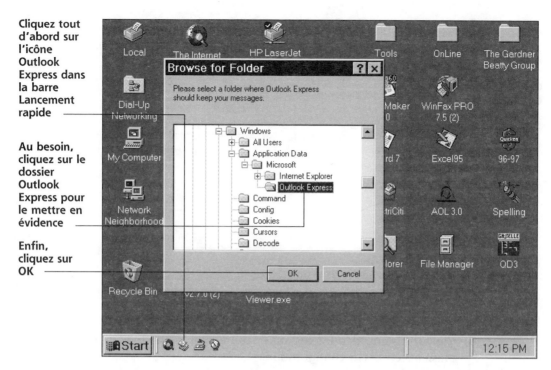

Figure 9-2   Lancement d'Outlook Express à partir de la barre Lancement rapide.

NOTE Lors de cette première session, Outlook Express vous demande de sélectionner un dossier de stockage des messages. Nous vous conseillons d'accepter le dossier par défaut (figure 9-2).

2. Cliquez sur OK. Outlook Express est ouvert.

Ma préférence à moi

Outlook Express vous demande de définir les chemins d'accès des boîtes d'envoi et de réception du courrier. En cas de doute, n'hésitez pas à demander les informations appropriées au service technique de votre fournisseur d'accès. Cette procédure obligatoire n'a lieu qu'une fois. Si le comportement du logiciel n'est pas conforme à l'exemple du livre, pas de panique : vous pouvez à tout moment modifier les options d'utilisation. Un même logiciel installé sur deux ordinateurs se comportera différemment sur l'un et sur l'autre. En effet, la configuration d'une machine est toujours unique et, en cela, influe directement sur le fonctionnement des logiciels installés. Quelle alchimie, l'informatique !

Pour définir les préférences de messagerie :

1. Cliquez sur **Outils** dans la barre de menus. Le menu Outils apparaît.

2. Cliquez sur **Comptes**. La boîte de dialogue Comptes Internet apparaît (figure 9-3).

3. Cliquez sur l'onglet Courrier.

4. Cliquez sur Ajouter. Un menu en cascade apparaît (figure 9-3).

Cliquez ici pour configurer le logiciel

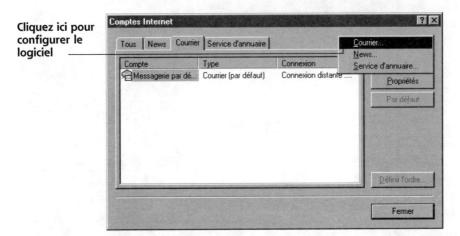

Figure 9-3   L'Assistant de connexion Internet va être lancé.

5. Cliquez sur Courrier. L'Assistant de connexion Internet va vous proposer plusieurs écrans de configuration.

6. Les informations à fournir sont les suivantes :

🟊 *Votre nom@md* – Tapez ici votre nom ou tout autre nom devant apparaître dans l'en-tête du message, puis cliquez sur Suivant.

🟊 *Adresse d'e-mail Internet @md* – Tapez ici votre adresse de courrier électronique, puis cliquez sur Suivant.

🟊 *Noms de serveurs de courrier électronique @md* – Tapez ici les noms des serveurs de courrier entrant (SMTP) et de courrier sortant (POP3) (figure 9-4). Ces informations sont disponibles auprès de votre fournisseur d'accès. Cliquez sur le bouton Suivant.

🟊 *Connexion à la messagerie Internet @md* – Tapez le nom du compte POP3 et le mot de passe. Ces informations sont disponibles auprès de votre fournisseur d'accès. Au besoin, cliquez sur l'option Se connecter avec l'authentification par mot de passe sécurisé. Appuyez sur Suivant.

🟊 *Nom convivial @md* – Il s'agit du nom identifiant la connexion en cours de configuration et qui s'affiche comme nom de compte à la fin de la procédure. Cliquez sur Suivant.

🟊 *Choisissez le type de connexion @md* – Cliquez sur l'option Connexion en utilisant une ligne téléphonique, sauf si votre ordinateur appartient à un réseau local (dans ce cas, prenez contact avec l'administrateur système) ou si vous préférez vous connecter manuellement. Cliquez sur Suivant.

※ *Connexion d'accès à distance @md* – Optez pour votre connexion habituelle, puis cliquez sur Suivant (figure 9-5). En cas de doute, prenez contact avec votre fournisseur d'accès Internet.

Tapez ici le nom du serveur de réception...

...et là le nom du serveur d'envoi

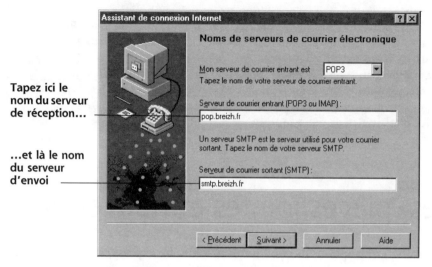

Figure 9-4   Noms des serveurs de messagerie.

NOTE   Evitez de modifier le type du serveur fourni par Internet Explorer (ici, POP3).

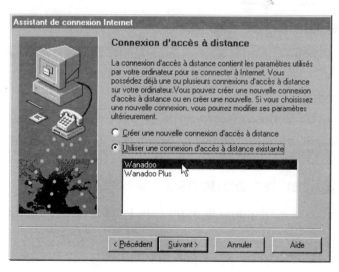

Figure 9-5   Sélectionner une connexion d'accès à distance.

7. Cliquez sur le bouton Terminer. C'est tout !

MODIFIER LES PARAMÈTRES DE CONNEXION

Le meilleur assistant n'est jamais à l'abri d'une erreur de configuration. Ainsi, même suivie pas à pas, la procédure de connexion du chapitre 11 risque d'échouer. Rassurez-vous : il est aisé de corriger de telles erreurs sans devoir lancer à nouveau l'assistant. Pour cela, ouvrez la boîte de dialogue Comptes Internet, puis cliquez deux fois sur la connexion à traiter (dans notre exemple, Wanadoo Plus). La boîte de dialogue Propriétés apparaît alors. Cliquez sur les pages d'onglet qui vous intéressent pour modifier le nom et/ou les numéros de port du serveur. En cas de doute, prenez contact avec le service d'assistance de votre fournisseur d'accès.

Messages, pièces jointes et nouvelles

Avec plus de cinquante options de configuration, Outlook Express est un programme riche et complexe. En cas d'hésitation, il vous suffit d'accepter les paramètres par défaut. L'objectif de la présente section est de vous familiariser avec les principales options d'Outlook Express.

Boîte de dialogue Options

Les options d'Outlook Express sont sélectionnables à partir de la boîte de dialogue Options.

Procédez comme suit :

1. Cliquez sur **Outils** dans la barre de menus. Un menu apparaît.
2. Cliquez sur **Options**. La boîte de dialogue Options apparaît (figure 9-6).

Personnaliser les options

Les conseils et les commentaires figurant dans le tableau ci-après sont donnés à titre indicatif.

Cliquez sur l'onglet de votre choix

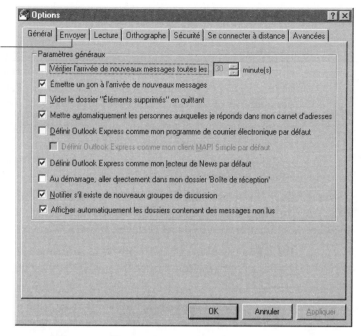

Figure 9-6   Boîte de dialogue Options.

TABLEAU 9-1   Personnaliser les options d'Outlook Express

Onglet	Remarques
GÉNÉRAL	Vous avez ici la possibilité de faire d'Outlook Express votre messagerie et/ou votre lecteur de nouvelles par défaut.
	Evitez de sélectionnez l'option Vérifier l'arrivée de nouveaux messages toutes les _minutes. En effet, pour vérifier le contenu de la boîte aux lettres, Outlook Express doit se connecter au fournisseur d'accès, suspendant ainsi toutes les tâches actives. Ne choisissez cette option que si votre ordinateur est connecté en permanence à l'Internet.
	Sélectionnez l'option Au démarrage, aller directement dans mon dossier Réception.
ENVOYER	Sélectionnez Texte brut pour les messages sortants. En effet, la plupart des destinataires disposant d'un autre logiciel risquent d'être gênés par la présence de codes HTML dans vos messages.
	Choisissez le marqueur permettant de distinguer le texte d'origine du reste du message.

TABLEAU 9-1   Personnaliser les options d'Outlook Express *(suite)*

Onglet	Remarques
LECTURE	Nous conseillons de conserver pour le moment les options par défaut. Vous pourrez ultérieurement les modifier. Pour en savoir plus, reportez-vous au chapitre 14.
ORTHOGRAPHE	Certaines options sont communes au vérificateur d'orthographe de Word. Dans l'encadré Lors de la vérification de l'orthographe, ignorer, cochez les options Texte d'origine d'une réponse ou d'un transfert et Adresses Internet.
SE CONNECTER À DISTANCE	La question est : doit-on ou non se connecter automatiquement lors du démarrage d'Outlook Express ? La réponse est : à vous de choisir, en fonction de vos goûts et de vos besoins.
SÉCURITÉ	Par défaut, le niveau de sécurité de la zone Internet est Moyen. Préférez l'option Haut. Protégez-vous : le monde de l'Internet est cruel !
	Si vous faites souvent des achats sur Internet (ou si vous êtes vaguement « parano »), définissez une identification numérique, ce qui évitera que des pirates informatiques détournent votre adresse e-mail. L'identification numérique sécurise les transactions entre client et commerçant. Cliquez sur Obtenir une identification numérique, puis laissez-vous guider par l'assistant.
AVANCÉES	Reportez-vous au tableau 13-1 du chapitre 13.

Imposer son style

Les styles et le papier à lettres permettent d'égayer messages et articles, à condition bien entendu que vos correspondants disposent de logiciels de courrier électronique compatibles. Dans le cas contraire, vous devrez vous contenter de messages plus conformistes. Pour modifier le look et le comportement des messages, il suffit d'aller faire un tour dans la boîte de dialogue Papier à lettres.

Procédez comme suit :

1. Cliquez sur **Outils** dans la barre de menus.

2. Cliquez sur **Papier à lettres**. La boîte de dialogue Papier à lettres apparaît (figure 9-7).

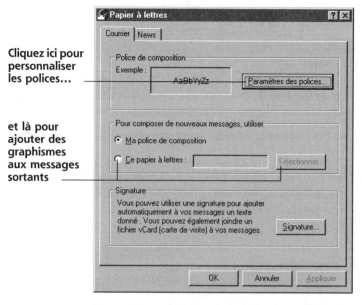

Cliquez ici pour personnaliser les polices...

et là pour ajouter des graphismes aux messages sortants

Figure 9-7   La boîte de dialogue Papier à lettres permet de personnaliser les messages sortants.

Pour personnaliser l'apparence des messages :

1. Cliquez sur le bouton Paramètres des polices. Vous pouvez alors changer de police ou modifier la taille et le style de la police existante. Pour valider vos sélections, cliquez sur OK. La boîte de dialogue Papier à lettres réapparaît.

2. Cliquez sur Ce papier à lettres. Le bouton Sélectionner est actif.

3. Cliquez sur ce bouton. Dans la boîte de dialogue Sélectionner le papier à lettres, choisissez le papier à lettres à appliquer comme arrière-plan des messages, puis cliquez sur OK.

4. Dans la boîte de dialogue Papier à lettres, cliquez sur l'onglet News. La page qui apparaît est similaire à la page Courrier.

5. Répétez les points 1 à 3 pour la police de caractères et le papier à lettres des messages de groupes de discussions.

À DÉCOUVRIR

DU PAPIER À LETTRES À VOTRE GRIFFE

Vous avez la possibilité d'associer un autre fichier .htm ou .html au papier à lettres. Pour cela, cliquez sur Parcourir, puis choisissez un fichier HTML dans l'arborescence des répertoires. Pour en savoir plus sur la création des papiers à lettres, reportez-vous au chapitre 19.

Signer ses messages

C'est bien la moindre des choses, surtout si votre adresse e-mail n'est guère explicite (JF@serveur.fr ou tarzan@jungle.com, par exemple). Pour cela, créez un fichier de signature à partir de la boîte de dialogue Papier à lettres. Les options disponibles sont les suivantes :

* L'option Texte donne accès à une zone de texte dans laquelle vous taperez la signature (figure 9-8).

* L'option Fichier permet de joindre le contenu d'un fichier à la fin de chaque message. Cliquez sur le bouton Parcourir, puis recherchez le fichier texte personnalisé qui vous intéresse. Bien entendu, ce dernier doit avoir été composé avant la sélection, à l'aide d'un éditeur comme le Bloc-Notes ou WordPad.

* L'option Carte de visite personnelle donne un aspect plus formel à vos messages. Pour en savoir plus sur le sujet, reportez-vous au chapitre 10.

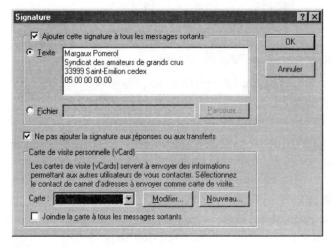

Figure 9-8   Options de signature.

Options d'affichage

Il est possible de personnaliser l'apparence d'Outlook Express, en modifiant certaines options dans la boîte de dialogue Propriétés de Disposition de la fenêtre (figure 9-9). Pour cela, cliquez sur Affichage, puis sur Disposition. Vous pouvez alors :

* Ajouter ou supprimer des boutons de la barre d'outils, modifier la position de cette dernière (en haut, en bas, à gauche ou à droite) et remplacer les boutons graphiques par des boutons texte.

* Modifier le contenu de la barre d'outils comme bon vous semble.

* Ajouter ou supprimer la barre Outlook, la barre d'outils Dossiers, la liste des dossiers et le conseil du jour.

* Personnaliser le volet de visualisation, de sorte que la liste des messages apparaisse à gauche ou au-dessus du contenu.

* Amusez-vous !

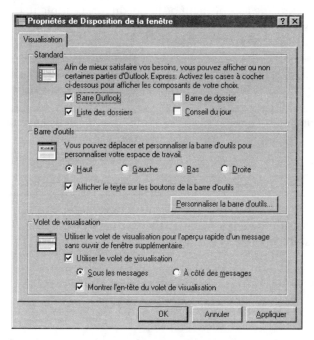

Figure 9-9   L'apparence d'Outlook Express est modifiable
dans cette boîte de dialogue.

ASTUCE   **Pour agrandir l'espace d'affichage des messages, effacez les libellés de la barre d'outils, les barres d'outils Dossier et Conseil du jour ainsi que la liste des dossiers.**

BONUS

Souriez... vous êtes branché

Comment s'appellent ces signes figurant à la fin de certaines phrases ? Ce sont des *smileys* ou *emoticons*. Un *smiley* (de l'anglais *smile* : sourire) est un symbole qui, utilisé dans un message, exprime le sentiment de l'expéditeur. Le tableau ci-après répertorie les smileys les plus courants.

TABLEAU 9-2   Les smileys les plus courants

Smiley	Sentiment	Smiley	Sentiment
:-)	bonne humeur	:-*	affection (l'astérisque représente un baiser sur la joue)
:-(	tristesse	X-(	fatigue extrême, dégoût (selon contexte)
:-D	joie	:-\	hésitation

 SUR LE WEB **Voici une sélection de sites Web consacrés aux smileys. Décidément, les Américains sont de grands enfants !**

http://www.atcom.co.at/atcom/smileys/

http://members.aol.com/bearpage/smileys.htm

http://www.cg.tuwien.ac.at/~helwig/smileys.html

Cette page génère des smileys de façon aléatoire :

http://www.goldendome.net/Tools/cgi-bin/smiley.cgi

Résumé

Vous venez de configurer Outlook Express pour envoyer et recevoir du courrier dans de bonnes conditions. Pour cela, vous avez défini les paramètres de gestion du courrier, une signature, la police de caractères et le format des messages ainsi que la disposition des composants du logiciel.

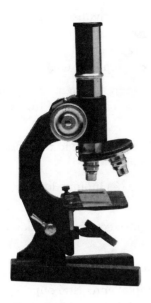

CHAPITRE 10

LE CARNET D'ADRESSES WINDOWS

CE QUE VOUS ALLEZ DÉCOUVRIR :

LE CARNET D'ADRESSES D'OUTLOOK EXPRESS permet d'insérer une ou plusieurs adresses de destinataires sans risque d'erreur de saisie. En effet, les adresses e-mail sont souvent longues, complexes et d'une syntaxe étrange.

Comprendre les adresses Internet

Pour envoyer un message à quelqu'un, vous devez connaître son adresse e-mail. A la différence des abonnés du téléphone, les internautes ne sont pas tous répertoriés dans les annuaires d'adresses e-mail.

Les cinq moteurs de recherche d'adresses e-mail les plus connus sont accessibles directement depuis Outlook Express et depuis le browser IE 4 :

Bigfoot : `http://www.bigfoot.com/`

Four 11 : `http://www.four11.com/`

InfoSpace : `http://www.infospace.com`

Switchboard : `http://www.switchboard.com/`

WhoWhere : `http://www.whowhere.com`

Même combinés les uns aux autres, ces répertoires ne pourraient rivaliser avec le bon vieil annuaire du téléphone ! Rechercher l'adresse d'une personne sur l'Internet est un véritable casse-tête. En effet, les moteurs susmentionnés ne répertorient pas les internautes selon les mêmes critères (zone géographique, nom de domaine, etc.).

Au premier abord, les adresses e-mail sont difficiles à comprendre. Derrière cette complexité se cache une syntaxe logique. Une adresse Internet se compose de trois éléments (`SophieGallois@imaginet.fr`, par exemple) :

* Le premier élément correspond au nom (ou au pseudonyme) de la personne ou de la société (JulesMaigret ou SoftInc, par exemple).

* Forme abrégée du mot *at* (*chez*, en français), l'arobase (@) indique la domiciliation de l'adresse (c'est-à-dire le serveur).

* La dernière partie correspond au nom du domaine (msn.com ou wanadoo.fr, par exemple).

Un nom de domaine se compose généralement de deux éléments :

* Le premier est un nom spécial (cyberhelp, par exemple) enregistré auprès de l'organisme d'attribution des noms de domaine du pays de résidence de la personne ou de la société ou le nom de domaine du fournisseur d'accès (WorlNet, AOL ou MSN, par exemple). Les droits d'utilisation d'un nom spécial de domaine sont reconduits tous les ans sur abonnement.

* Le type du domaine figure immédiatement après le point. Le tableau 10-1 dresse la liste des types de domaines les plus courants.

TABLEAU 10-1   Types de domaines

Extension	Type du domaine
COM	Commercial
EDU	Educatif
GOV	Gouvernemental
MIL	Militaire
NET	Réseau (*Networks*, en anglais)
ORG	Organisations non gouvernementales

 N O T E   **Les deux lettres du domaine sont parfois des abréviations de noms de pays : FR pour France, IT pour Italie, DE pour Deutschland (Allemagne), UK pour United Kingdom (Royaume-Uni), etc.**

Certaines adresses sont plus compliquées. Elles contiennent, par exemple, un caractère de soulignement (Victor_Noir@domaine.com). Par ailleurs, une entreprise peut avoir autant de noms de domaine que de serveurs. Toutefois, une ou deux parties du dernier élément de l'adresse doivent être communes à toutes les adresses e-mail des utilisateurs. Prenons deux adresses de l'université de Boston : `nom@acs.bu.edu` et `nom@crsa.bu.edu`. `crsa` et `acs` correspondent aux serveurs, `bu` à Boston University et *edu* au type du domaine.

Comment convertir l'adresse e-mail d'un abonné de America Online ou de Compuserve ? C'est simple. Procédez comme suit :

1. Tapez le nom qui apparaît à l'écran, le numéro d'identification ou l'ID utilisateur.

2. Adjoignez-lui le signe **@**.

3. Tapez ensuite le nom du service en ligne (Compuserve, par exemple), suivi d'un point (**.**)

4. Tapez **com** (ce qui identifie le service commercial).

Le tableau 10-2 fournit deux exemples d'adresses e-mail de service en ligne converties au format Internet.

TABLEAU 10-2 Exemples d'adresses de service en ligne converties au format Internet

Service en ligne	Adresse e-mail utilisable sur le service en ligne	Adresse après conversion
AMERICA ONLINE	`Write Bks`	`writebks@aol.com`
COMPUSERVE	`73540,675`	`73540.675@compuserve.com` (les majuscules, les minuscules et les combinaisons de lettres et de chiffres sont acceptées.)

Lors de la conversion au format Internet, la virgule d'une adresse CompuServe doit faire place au point. Par ailleurs, notez que les deux plus importants services en ligne américains permettent désormais aux abonnés de changer leur adresse numérique par une adresse texte. Ainsi, les adresses telles que `gbgroup@compuserve.com` seront de plus en plus courantes dans un proche avenir. D'autre part, l'espace figurant dans toute adresse AOL devrait être supprimée.

Si une adresse Internet est erronée, vous le saurez rapidement, en recevant un message ayant dans l'en-tête le mot « undeliverable » et décrivant le problème rencontré. Dans ce cas, tapez correctement l'adresse ou prenez contact avec votre correspondant si l'erreur porte sur le nom du domaine.

Attention à la syntaxe des adresses : remplacez les virgules indésirables par des points et supprimez les espaces superflues.

Le petit livre noir

Par souci d'économie, il est recommandé d'ouvrir le carnet d'adresses depuis Outlook Express et de gérer ses adresses hors connexion. A quoi bon se connecter à l'Internet pour des opérations purement locales ?

 VOIR AUSSI   **Outlook Express doit préalablement être configuré, comme indiqué dans le chapitre 9.**

Pour ouvrir le carnet d'adresses :

1. Cliquez sur l'icône Carnet d'adresses, dans la barre d'outils. La boîte de dialogue Carnet d'adresses apparaît. Comme vous pouvez le constater, il est préférable de l'agrandir (figure 10-1).

Cliquez ici pour agrandir la boîte de dialogue

Cliquez ici pour ouvrir le carnet d'adresses

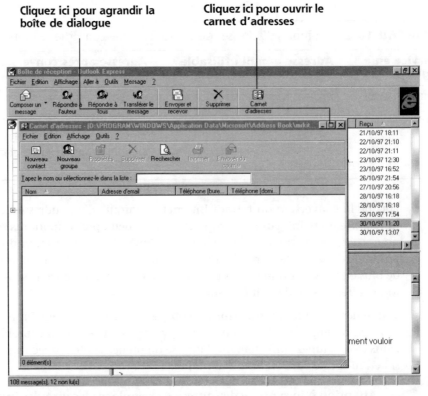

Figure 10-1   La boîte de dialogue Carnet d'adresses doit être agrandie.

2. Cliquez sur le bouton ⬜. La fenêtre est agrandie. Vous êtes prêt à entrer les premières adresses du carnet.

Les premières adresses

Pour être pleinement efficace et facile à utiliser, le carnet d'adresses doit être bien organisé.

Lors de l'ajout d'une adresse, une boîte de dialogue vide (Propriétés) apparaît. Cliquez sur Nouveau contact dans la barre d'outils pour commencer la saisie (figure 10-2).

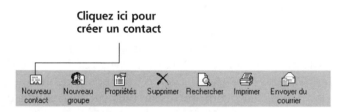

Figure 10-2 Une nouvelle adresse pour le carnet.

Il n'est pas obligatoire de remplir tous les champs de la boîte de dialogue pour une utilisation courante de l'adresse e-mail ou si vous disposez d'un autre carnet d'adresses, plus complet, comme Sidekick ou ACT.

Pour utiliser le carnet d'adresses dans le cadre strict du courrier électronique, il suffit d'ajouter les noms et prénoms du destinataire ainsi que son adresse e-mail. Procédez comme suit :

1. Tapez le prénom de la personne dans le champ Prénom (figure 10-3).

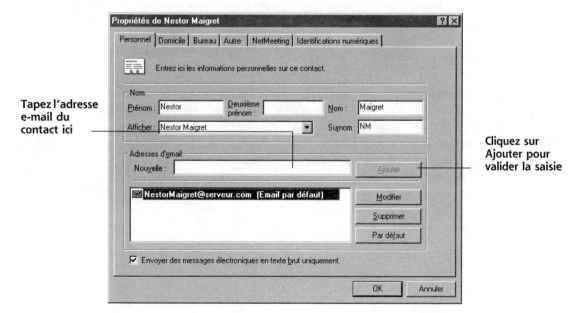

Figure 10-3 Saisie des coordonnées du contact.

2. Cliquez dans le champ Deuxième prénom si votre contact est anglo-saxon et qu'il vous a communiqué cette information. Tapez le deuxième prénom.

3. Appuyez sur la touche de tabulation pour placer le curseur dans le champ Nom. Tapez ici le patronyme du contact. Vous pouvez remarquer que les informations saisies apparaissent dans la zone déroulante Afficher ainsi que dans la barre de titre de la boîte de dialogue Propriétés.

4. Complétez les champs Adresses d'e-mail et Surnom.

5. Pour terminer, cliquez sur OK.

Cochez l'option Envoyer des messages électroniques en texte brut uniquement, sauf si vos correspondants possèdent un logiciel de courrier électronique capable de décoder, comme Outlook Express, le format HTML. Nous avons déjà parlé d'HTML (abréviation de *HyperText Markup Language*). Il s'agit d'un langage de marquage utilisé dans le formatage des pages Web. Pour en savoir plus sur la création d'un document HTML, reportez-vous au chapitre 19. Préférez les messages en texte brut, faciles à lire et à modifier dans n'importe quel éditeur ou logiciel de courrier électronique actuel.

NOTE Vous pouvez ajouter autant de contacts que vous le souhaitez. Pour cela, cliquez sur le bouton Ajouter. Si vous créez un contact ayant plusieurs adresses e-mail, cliquez sur le bouton Par défaut pour l'adresse que vous utiliserez le plus souvent (figure 10-3).

Lors de la composition d'un message, vous avez la possibilité de sélectionner directement le surnom du destinataire. Pour cela, cliquez sur le triangle ▼ à droite de la zone d'affichage, puis sur le surnom voulu. L'information apparaît dans la colonne. C'est tout : le surnom apparaît dans le carnet d'adresses et dans la zone A : du message.

À DÉCOUVRIR

MON CORRESPONDANT PORTE UN SURNOM ?

Dans le jargon Internet, un surnom n'est pas à proprement parler un sobriquet. Il s'agit en fait d'un « raccourci » convivial associé à l'adresse e-mail d'un destinataire. Ainsi, il suffit de cliquer sur le surnom du destinataire (Commande_fleurs, par exemple) pour qu'Outlook Express insère automatiquement l'adresse correspondante (FlowerCorp@serv.uk) dans l'en-tête du message. Vous gagnez du temps et vos messages sont plus conviviaux.

Editer un contact

Pour éditer une adresse, vous devez ouvrir le carnet d'adresses, puis les propriétés du destinataire.

VOIR AUSSI **Si le carnet d'adresses est fermé, répétez la procédure ci-dessus.**

Procédez comme suit :

1. Cliquez sur le destinataire dont vous souhaitez éditer l'adresse.

2. Cliquez sur le bouton Propriétés dans la barre d'outils. Les informations associées au contact apparaissent dans la boîte de dialogue Propriétés.

3. Cliquez sur Editer. L'adresse e-mail du contact est entourée de pointillés, comme le montre la figure 10-4.

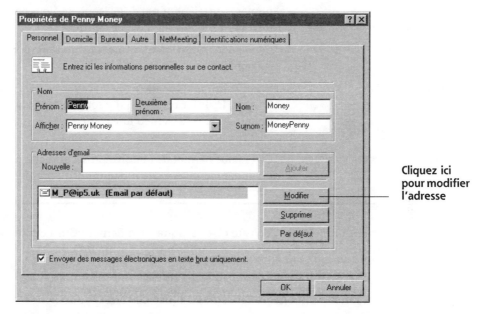

Cliquez ici pour modifier l'adresse

Figure 10-4   Le bouton Editer permet de modifier l'adresse e-mail du contact.

4. Modifiez l'adresse.

5. Cliquez sur OK pour valider les informations.

NOTE **Avec Windows 95 et NT, le menu Edition a fait place à l'option Propriétés dans les opérations de modification de ressources. Convivial, n'est-ce pas ? Les informaticiens se seraient-ils transformés subitement en agents immobiliers ?**

Téléphone, fax, domicile, anniversaire...

Son adresse est consignée dans la page Personnelle de la boîte de dialogue Propriétés. Vous pouvez désormais inonder la boîte aux lettres de votre *boys' band* favori ! Avec Outlook Express, vous allez encore plus loin : les cinq autres pages permettent de stocker des tonnes d'informations sur votre contact (tableau 10-3).

TABLEAU 10-3 Pages du carnet d'adresses

Page	Commentaires
DOMICILE	Tapez ici l'adresse et les numéros de téléphone et de télécopieur privés. Au besoin, indiquez l'URL personnelle du contact.
BUREAU	Cette page contient les informations strictement professionnelles du contact : nom et adresse de la société, numéros de téléphone et de télécopieur. Vous pouvez également indiquer l'URL du site Web de l'entreprise.
AUTRES	Cette page peut contenir toute information supplémentaire sur le contact.
NETMEETING	Evitez de compléter cette page si vous travaillez hors connexion. En effet, les informations qui y sont portées transitent par l'Internet dans le cadre d'une conférence en ligne (voir chapitre 15).
IDENTIFICATIONS NUMÉRIQUES	Cette page permet de renforcer la sécurité des messages, par ajout des identifications numériques à l'adresse de l'expéditeur et/ou à celle du destinataire.

Qu'est-ce qu'une carte de visite électronique ? Un fichier vCard contenant l'ensemble des informations confidentielles d'un contact (nom, prénom, adresse e-mail, téléphone, etc.) extraites du carnet d'adresses. Associé aux identifications numériques, le format vCard garantit pleinement la sécurité des messages sensibles, même si certaines entreprises sont encore réticentes à l'idée de correspondre *via* l'Internet !

Pour créer et joindre votre carte professionnelle aux messages :

1. Entrez vos coordonnées personnelles dans le carnet d'adresses (voir plus haut).

2. Cliquez sur votre nom dans la liste des adresses.

3. Cliquez sur **Fichier ➡ Exporter ➡ Cartes de visite**.

4. Enregistrez la carte dans un dossier (Windows ou autre).

5. Sélectionnez **Outils ➡ Papier à lettres**. La boîte de dialogue Papier à lettres apparaît. Cliquez sur Signature. La boîte de dialogue Signature apparaît (figure 10-5).

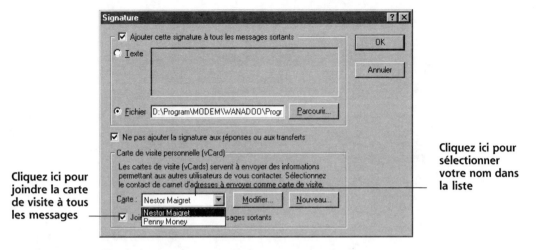

Cliquez ici pour joindre la carte de visite à tous les messages

Cliquez ici pour sélectionner votre nom dans la liste

Figure 10-5 Une carte de visite peut être adjointe à tous vos messages.

VOIR
AUSSI

Pour créer une signature, reportez-vous au chapitre 9.

6. Cochez la case Joindre la carte à tous les messages sortants. La marque de sélection ✔ apparaît alors devant l'option.

7. Cliquez sur le triangle noir ▼ à droite de la zone déroulante Carte. Sélectionnez ensuite votre nom.

8. Cliquez sur OK dans cette fenêtre, puis dans la boîte de dialogue Papier à lettres. Votre carte de visite sera désormais jointe à tous les messages sortants.

Importer un carnet d'adresses

Vous venez d'opter pour Outlook Express. Il y a quelques semaines encore, vous gériez le courrier électronique avec Eudora, Netscape ou les versions précédentes d'Internet Explorer. Il serait dommage de devoir créer un carnet d'adresses alors que vous en possédez un ! Outlook Express permet d'importer toute liste d'adresses enregistrée au format texte délimité par des virgules (CSV).

Pour importer un carnet d'adresses d'un autre logiciel de courrier électronique :

1. Ouvrez le carnet d'adresses Windows. Cliquez ensuite sur **Fichier ➡ Importer ➡ Carnet d'adresses**. La boîte de dialogue représentée dans la figure 10-6 apparaît.

2. Cliquez sur le nom du carnet d'adresses à traiter. Outlook Express recherche alors le fichier correspondant sur le disque dur, puis l'importe instantanément.

3. Cliquez sur le bouton Fermer. C'est terminé !

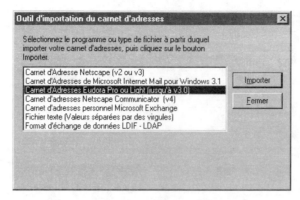

Figure 10-6   Importer un carnet d'adresses.

Rechercher un internaute... et le trouver !

Rechercher l'adresse e-mail d'une personne est un jeu d'enfant dans Outlook Express.

Procédez comme suit :

1. Cliquez sur **Edition ➡ Rechercher des personnes**. La boîte de dialogue Rechercher des personnes apparaît (figure 10-7).

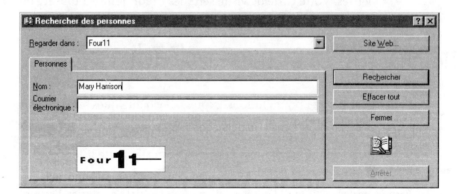

Figure 10-7   Rechercher une adresse sur l'Internet.

2. Dans la liste déroulante Regarder dans :, cliquez sur le nom du moteur de recherche (Four11, par exemple).

3. Tapez le nom de l'internaute, dans le champ Nom.

4. Cliquez sur Rechercher, et... croisez les doigts !

5. En cas d'échec, répétez l'opération avec les autres moteurs de recherche. Patience est mère de toutes les vertus.

Un message pour dix

Vous souhaitez envoyer un message (recette de cuisine, faire-part de mariage, bonne blague, etc.) à tous vos amis. Mais le courage vous manque, à l'idée de taper dix adresses... Ne renoncez pas ! La solution consiste à utiliser une liste de publipostage. Les adresses sont regroupées sous un nom intégré à l'en-tête du message. Outlook Express se charge ensuite d'envoyer un exemplaire du message à chaque membre de la liste.

Créée dans le carnet d'adresses, une liste de publipostage permet de regrouper plusieurs adresses.

Pour créer une liste de publipostage :

1. Cliquez sur l'icône Nouveau groupe, dans la barre d'outils du carnet d'adresses. Une boîte de dialogue Propriétés semblable à celle de la figure 10-8 apparaît alors.

Cliquez ici pour ajouter des membres à la liste

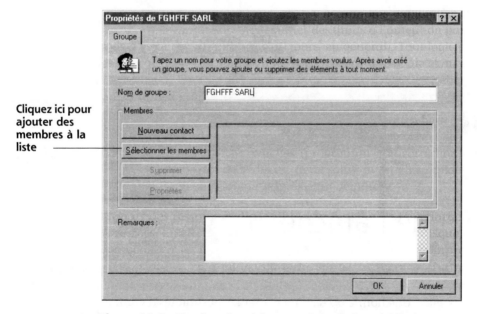

Figure 10-8   Une liste de publipostage ? Quelle bonne idée !

2. Tapez le nom de la liste (si possible un libellé ayant un rapport avec les destinataires ou l'objet de l'envoi).

3. Cliquez sur le bouton Sélectionner les membres.

4. Dans la boîte de dialogue Sélectionner les membres du groupe, cliquez sur le nom qui vous intéresse.

5. Cliquez sur le bouton Sélectionner. Le contact est ajouté à la liste.

6. Répétez les points 1 à 5 pour chaque contact à ajouter.

7. Cliquez sur OK dans les deux boîtes de dialogue. Le nom du groupe apparaît dans la liste d'adresses. Vous êtes prêt à lancer votre premier mailing !

NOTE   Il est possible de modifier le nom de la liste et/ou d'ajouter ou de supprimer des noms. Pour cela, il suffit de sélectionner l'entrée qui vous intéresse, puis de cliquer sur le bouton Propriétés dans la barre d'outils. Pour envoyer un message à tous ses membres, cliquez sur le nom du groupe, au lieu de sélectionner un à un les destinataires.

Et encore...

L'apparence du carnet d'adresses ne vous plaît pas ? Pas de problème !

Pour la modifier :

1. Cliquez sur le menu **Affichage**.

2. Sélectionnez l'option qui vous intéresse.

3. Génial !

BONUS

En haut de l'affiche

Vous rêvez d'écrire à Richard Gere et à Julia Roberts ? Voici deux sites Web consacrés aux stars de Hollywood. Vous saurez tout de l'actualité des stars et pourrez correspondre avec elles. Une bonne occasion de tester les possibilités d'Outlook Express !

L'actualité du show-biz

Vous souhaitez vous exprimer avec d'autres utilisateurs ? Le site Web de Mr. Showbiz est un vaste forum entre internautes et observateurs privilégiés des vedettes du cinéma et de la télévision. Vous avez également la possibilité de recevoir dans votre boîte aux lettres toutes sortes d'informations sur le monde du spectacle.

Pour vous abonner gratuitement à ce site :

1. Tapez `http://www.mrshowbiz.com` dans la zone Adresse d'Internet Explorer.

2. Cliquez sur Sign me up!

3. Complétez le formulaire d'inscription, en indiquant vos centres d'intérêt (cinéma, télévision, etc.).

4. Entrez un mot de passe dans la zone Type of word. Sélectionnez un mot de passe de remplacement au cas où vous oublieriez le vôtre. Pour cela, cliquez sur le triangle ▼, puis sur le mot de passe qui vous intéresse.

5. Cliquez sur Complete Registration. Attendez quelques dizaines de secondes : vous êtes membre du site.

Les potins de Hollywood

Quand l'anniversaire de Sharon Stone a-t-il lieu ? Quelle est l'adresse du fan club de Stallone ? Pour le savoir, inscrivez-vous au Celeb Club (`http://www.celeb-site.com/index.html`) ! Vous recevrez gratuitement et en exclusivité des informations sur des centaines de célébrités. Pour cela, il suffit de remplir un formulaire en ligne. Un mot de passe vous sera adressé par mail un ou deux jours après.

Procédez comme suit :

1. Tapez `http://www.celebsite.com/index.html` dans la zone Adresse de Internet Explorer.

2. Dans la page d'accueil du site, cliquez sur Join The Club (angle inférieur droit de l'écran). La page Join CelebSite apparaît.

3. Ouvrez le formulaire d'inscription, en cliquant sur ▼ dans l'angle inférieur droit de la page.

4. Complétez les champs proposés, puis cliquez sur le bouton Complete Registration. Dans la partie inférieure de la page de confirmation, cliquez sur le lien Go to our premium area now. Vous avez ainsi accès à l'espace réservé aux membres du club.

5. Vous allez recevoir ID et mot de passe d'ici peu.

Bon voyage à Beverly Hills !

Résumé

Ce chapitre vous a présenté les caractéristiques principales du courrier électronique : syntaxe des adresses e-mail, ajout de contacts dans le carnet d'adresses et création d'une liste de publipostage (permettant d'envoyer un même message à plusieurs personnes).

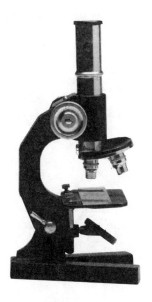

COMPOSER UN MESSAGE

CE QUE VOUS ALLEZ DÉCOUVRIR :

RÉDIGER LE MESSAGE **189**

JOINDRE UN FICHIER AU MESSAGE **194**

ENREGISTRER LE MESSAGE DANS LE DOSSIER BROUILLONS **195**

ENVOYER LE MESSAGE **196**

Vous vous rendez compte ? Sans quitter votre bureau, vous pouvez désormais envoyer des messages n'importe où dans le monde (à condition bien entendu que les destinataires aient une adresse e-mail). Avec l'essor d'Internet, on assiste à un renouveau de la correspondance entre amis, parents et collègues. Mais ne vous méprenez pas : les messages sont également plus courts que les lettres d'antan.

Je prends ma plume...

Si vous êtes pressé et désireux de faire des économies, répondez hors connexion aux messages reçus. Pourquoi monopoliser la ligne téléphonique ? En ce moment, quelqu'un essaie peut-être de vous joindre. Si vous venez de lire les deux chapitres précédents, vous savez qu'Outlook Express n'est de toute façon pas connecté à l'Internet.

VOIR AUSSI Pour en savoir plus sur le travail hors connexion, reportez-vous au chapitre 9.

Jetez-vous à l'eau !

Quelques clics et vous voilà dans la boîte de dialogue Nouveau message !

Procédez comme suit :

   1. Cliquez sur l'icône 🖼 dans la barre Lancement rapide.

2. Dans Outlook Express, cliquez sur le bouton Composer un message (figure 11-1). La boîte de dialogue Nouveau message apparaît.

Cliquez ici pour rédiger le nouveau message

Figure 11-1 Ouvrir la boîte de dialogue Nouveau message.

Un message : pour qui ?

Vous avez la possibilité d'envoyer le message à un destinataire principal et à des destinataires secondaires en copie conforme et/ou en copie conforme invisible. Pour cela, vous disposez de deux méthodes : la souris et le clavier.

Méthode 1 : la souris

Pour sélectionner la ou les adresses :

1. Cliquez sur le symbole 🔳 à droite du champ A :. La boîte de dialogue Sélectionner les destinataires apparaît. Il s'agit d'une vue différente du carnet d'adresses. Vous pouvez également cliquer sur le bouton Carnet d'adresses (figure 11-2). La même boîte de dialogue apparaît.

Pour sélectionner une adresse, cliquez ici...

... ou là !

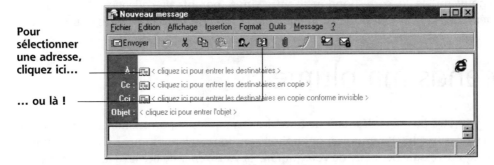

Figure 11-2 Ouvrir le carnet d'adresses.

2. Sélectionnez le nom du destinataire.

NOTE Vous pouvez également cliquer deux fois sur le nom du destinataire (qui s'affiche aussitôt dans la section Destinataires du message).

3. Cliquez sur le bouton A :. Le nom du destinataire apparaît dans le champ A : de la section Destinataires du message (figure 11-3).

Cliquez ici pour ajouter un nom dans le champ A : —————

Cliquez ici pour ajouter un nom dans le champ Cc : —————

Cliquez ici pour ajouter un nom dans le champ Cci : —————

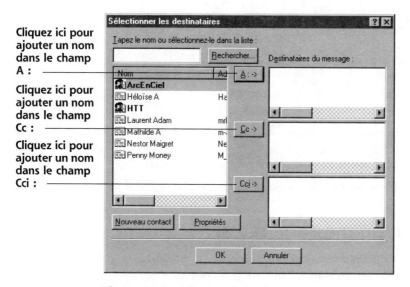

Figure 11-3 Sélectionner les destinataires.

4. Cliquez sur le nom du destinataire auquel vous souhaitez adresser une copie conforme du message.

5. Cliquez sur le bouton Cc :. L'adresse du destinataire apparaît à droite, dans le champ Cc :.

6. Cliquez sur le nom du destinataire auquel vous souhaitez adresser une copie conforme invisible.

7. Cliquez sur le bouton Cci :. L'adresse du destinataire apparaît à droite, dans le champ Cci :.

NOTE **Le nom du destinataire figurant en copie conforme invisible est dissimulé au destinataire principal ainsi qu'aux destinataires en copie conforme.**

8. Cliquez sur OK. C'est tout !

Méthode 2 : le clavier

Vous pouvez également taper les adresses directement dans les champs de la boîte de dialogue Nouveau message. Procédez comme suit :

1. Cliquez sur <cliquez ici pour entrer les destinataires>. Un curseur clignotant apparaît alors dans une zone de saisie (figure 11-4).

2. Tapez l'adresse e-mail du destinataire principal.

3. Le cas échéant, répétez les points 1 et 2 pour les champs Cc : et Cci :.

Cliquez ici, puis
tapez
l'adresse
e-mail

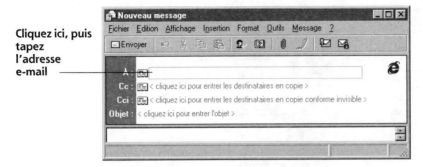

Figure 11-4   Taper une adresse e-mail.

Les règles d'un message réussi

Il est temps de définir l'objet du message. Sachez qu'un message doit atteindre son objectif : intéresser le destinataire et aller droit à l'essentiel.

Règle n°1 : Intéresser le destinataire

Taper un titre clair et précis augmente les chances que le message soit lu par ses destinataires. Ceci est particulièrement vrai si vous adressez un message professionnel. Las de recevoir des dizaines de messages publicitaires par semaine, certains internautes effacent en effet le contenu de leur boîte aux lettres sans même en prendre connaissance. Il y a quelques semaines, cette mésaventure nous est arrivée. Un message d'inscription à un séminaire a été détruit par l'organisateur !

Dans l'exemple ci-après (figure 11-5), le champ Objet contient « RV au Sud-Ouest - le 12/09 à midi », car tous les destinataires du message *adorent* ce restaurant. Ils n'oublieront sans doute pas la date du rendez-vous !

Règle n°2 : Aller droit au but

Le courrier électronique s'adresse à des personnes souvent stressées. D'un coup d'œil à la boîte aux lettres, le destinataire doit distinguer les messages urgents des autres (figure 11-5). Le message quant à lui doit être court et précis !

 SUR LE WEB **Pour en savoir plus sur la correspondance privée et professionnelle de l'Internet, n'hésitez pas à visiter les sites américains suivants :**

Lettres et messages pour débutants

`http://www.webfoot.com/advice/e-mail.top.html`

Savoir-vivre sur le Net

http://www.augsburg.edu/library/aib/mailmanners.html

http://www.albury.net.au/new-users/netiquet.htm

http://www.netpath.net/~gwicker/e-mail.htm

Correspondance professionnelle internationale

http://www.wp.com/fredfish/Netiq.html

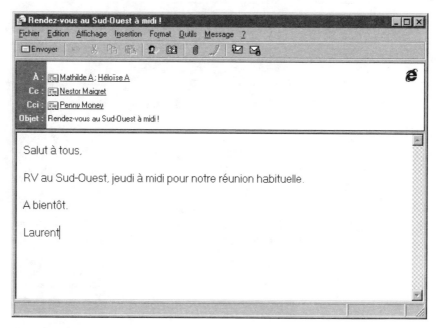

Figure 11-5   Règle n° 2 : un titre accrocheur et un message de quelques lignes.

Attention à l'hortograffe !

N'oubliez pas qu'un message efficace ne comporte pas de fautes d'orthographe. Quelques clics de souris, et Outlook Express vous proposera la forme correcte des mots erronés. Pour cela, sélectionnez Outils ➡ Orthographe.

NOUVEAU   Le vérificateur d'orthographe est une nouvelle fonctionnalité d'IE 4.

TOUJOURS PLUS COURT !

Vous correspondez avec des internautes américains ? Vous ne comprenez pas ce que signifient ces abréviations mystérieuses de plus en plus fréquentes dans les messages ? Reportez-vous au tableau 11-1 !

TABLEAU 11-1 Les clés du mystère

Abréviation	Expression	Equivalent français
ASAP	As soon as possible	Le plus vite possible
BTW	By the way	A propos
FWIW	For what it's worth	Prends-le pour ce que ça vaut
FYI	For your information	Pour information
GD&R	Grinning, ducking, and running	Dur, dur !
GMTA	Great minds think alike	Les grands esprits se rencontrent
IMHO	In my humble opinion	A mon humble avis
OBTW	Oh, by the way	Oh, à propos
TNX	Thanks	Merci
TTFN	Ta-ta for now	Salut
TTYS	Talk to you soon	A bientôt
WB	Welcome back	Bonne rentrée

Joindre un fichier

Le message a une portée limitée. Comment envoyer le bilan de l'année à votre directeur ou la photo du petit dernier à vos amis ? En y joignant la feuille de calcul ou le fichier graphique correspondant. Un véritable jeu d'enfant dans Outlook Express !

Pour joindre un fichier au message :

1. Cliquez sur **Insertion** ➡ **Pièce jointe** (ou sur le bouton représentant un trombone, dans la barre d'outils). La boîte de dialogue Insérer une pièce jointe apparaît.

2. Entrez (ou sélectionnez) le nom du fichier, puis cliquez sur Joindre (figure 11-6).

Entrez ici le nom du fichier qui vous intéresse

Cliquez ici pour le joindre au message

Figure 11-6 Insérer une pièce jointe au message.

11

Le dossier Brouillons

Il permet de stocker temporairement tout message, avec ou sans pièce jointe, nécessitant une rédaction élaborée. L'utilisateur peut ainsi apporter des modifications au texte en toute quiétude, sans risquer d'envoyer un message incomplet (figure 11-7).

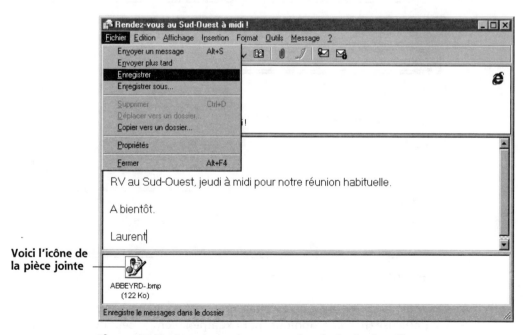

Voici l'icône de la pièce jointe

Figure 11-7 Enregistrer un message dans le dossier Brouillons.

Pour enregistrer un message dans le dossier Brouillons :

1. Cliquez sur **Fichier ➡ Enregistrer**. Une boîte de dialogue apparaît.

2. Cliquez sur OK. Le message est enregistré dans le dossier Brouillons.

ASTUCE Le volume du dossier Brouillons n'est pas limité par Outlook Express. Une fois terminé, chaque message peut être envoyé individuellement. Par ailleurs, il est possible de recevoir tous les messages dans ce dossier, en vue de rédiger les réponses ultérieurement. En effet, le bouton Envoyer et recevoir est disponible dans la barre d'outils lorsque le dossier Brouillons est ouvert.

C'est parti !

Envoyer un message depuis Outlook Express est chose aisée.

Procédez comme suit :

1. Cliquez sur le bouton Envoyer, sur la gauche de la barre d'outils (figure 11-8).

Cliquez ici pour envoyer le message

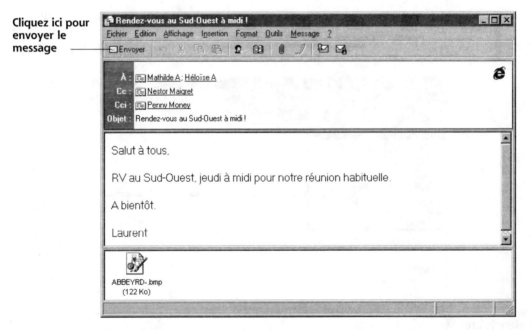

Figure 11-8 Envoyer un message.

2. Patientez quelques instants. Si le message comporte une pièce jointe volumineuse (fichier graphique, par exemple), l'envoi peut durer plusieurs minutes. Tous les messages figurant dans la boîte d'envoi sont envoyés en une seule opération.

3. N'oubliez pas de fermer la session Internet après l'envoi. Pour cela, cliquer sur le bouton Déconnecter, dans l'encadré de connexion. Vous pouvez alors continuer à travailler hors connexion (figure 11-9).

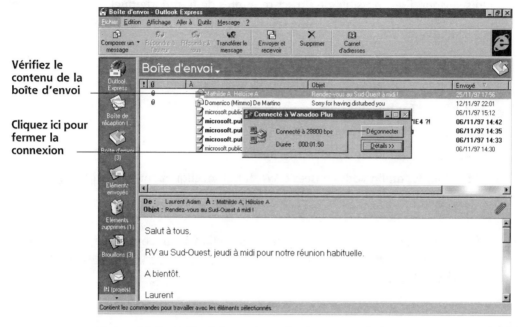

Figure 11-9 Veillez à fermer la session Internet après l'envoi.

BONUS

L'Assemblée nationale en direct

Avec un ordinateur et un modem, vous pouvez assister aux séances de l'Assemblée nationale (http://www.assemblee-nat.fr/index2.htm). Plusieurs rubriques sont proposées : l'ordre du jour de l'Assemblée nationale, les comptes-rendus d'audience, les textes adoptés ainsi que la liste des députés (avec numéro de téléphone, jours de permanence, adresse e-mail, etc.). Par ailleurs, ce site Web comporte des liens vers d'autres assemblées (Afrique du Sud, Canada, Belgique, entre autres).

Aux Etats-Unis, les rapports entre élus et citoyens sont plus directs qu'en Europe. Les adresses e-mail du président, des ministères, des sénateurs et des gouverneurs sont accessibles à tous.

Mais surtout, il est possible de s'inscrire auprès de n'importe quel organisme d'Etat pour recevoir *via* l'Internet journaux et bulletins d'information. Certaines ambassades délivrent même leurs visas par mail.

Pour recevoir le bulletin de votre ambassade ou de votre consulat :

1. Connectez-vous à Yahoo! (`http://www.yahoo.com`).

2. Tapez **Embassies** dans la zone de recherche.

3. Cliquez sur le bouton Search.

4. Parcourez la liste des sites (liens).

5. Pour les ambassades basées à Washington, cliquez sur <u>Regional: U.S. States: Washington, D.C.: Government: Foreign Embassies</u>.

   ou

   Pour les consulats dans les autres Etats, cliquez sur <u>Government: Embassies and Consulates: United States: Foreign Embassies and Consulates in the United States</u>.

Résumé

Ce chapitre vous a présenté les principales fonctionnalités d'Outlook Express, les deux règles à suivre pour que vos messages atteignent leur objectif et la liste des abréviations américaines les plus courantes dans le courrier électronique. En outre, vous avez appris à enregistrer vos messages dans le dossier Brouillons. Dans le chapitre 12, vous allez découvrir les fonctionnalités avancées du Book Title: Discover Internet Explorer 4

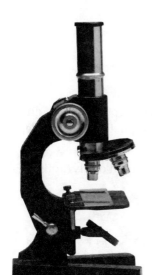

CORRESPONDANCE

CE QUE VOUS ALLEZ DÉCOUVRIR :

VOUS AVEZ ENVOYÉ DU COURRIER DANS LE CYBERESPACE. Attendez-vous à recevoir des réponses ! Les fonctionnalités de rédaction et d'envoi du courrier ont beau être simplifiées, il est toujours nécessaire de lire, trier, enregistrer, voire supprimer les messages entrants. Grâce aux filtres, vous pouvez diriger vers un dossier de votre choix tout message émanant d'un expéditeur particulier. Le flux des messages est ainsi canalisé dès son entrée sur votre ordinateur. Pour répondre, rien de plus simple : quelques clics de souris, et le tour est joué !

Répondre à un message entrant est une procédure similaire dans la partie messagerie et dans la partie groupes de nouvelles d'Outlook Express. Pour en savoir plus, reportez-vous au chapitre 14.

Lire le courrier

Avant de lire le courrier, il convient de télécharger le contenu de la boîte aux lettres. Pour cela, vous devez vous connecter à l'Internet. A quel moment ? Tout dépend des paramètres de configuration d'IE 4. Vous devez ouvrir une session IP avant de lancer Outlook Express ou bien la connexion s'effectue à partir de la messagerie. L'ouverture de la boîte de réception est fonction des paramètres d'Outlook Express. Par défaut, la fenêtre principale du logiciel apparaît. Cliquez alors sur l'icône Boîte de réception, dans le volet gauche d'Outlook Express.

Recevoir les messages

Le bouton Envoyer et recevoir permet de charger les messages de la boîte aux lettres du serveur et d'expédier le courrier présent dans la Boîte d'envoi.

Pour recevoir les messages :

1. Ouvrez Outlook Express, puis allez dans la Boîte de réception (quelle que soit la configuration du logiciel). Vous pouvez constater qu'elle comporte déjà la lettre de l'équipe de développement Microsoft.

2. Cliquez sur le bouton Envoyer et recevoir, dans la barre d'outils (figure 12-1).

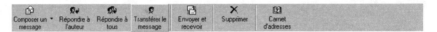

Figure 12-1   Le bouton Envoyer et recevoir permet de télécharger les nouveaux messages.

3. Si l'ordinateur est connecté à l'Internet, un encadré semblable à celui de la figure 12-2 apparaît à l'écran. Si la connexion a lieu depuis Outlook Express, une boîte de dialogue de connexion apparaît dans la partie supérieure dudit encadré. Vous êtes invité à entrer vos nom et mot de passe de messagerie. Le chargement des messages commence alors (figure 12-2).

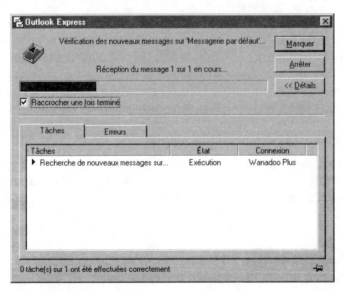

Figure 12-2   Le nombre de messages et la progression du chargement figurent dans cet encadré.

4. Pour lire les messages hors connexion, cliquez sur Raccrocher une fois terminé. Vous pouvez également rester en ligne.

5. Au besoin, cliquez sur le bouton ☒, dans l'angle supérieur droit de l'encadré. Le contenu de la Boîte de réception est alors visible.

Modifier la disposition

Par défaut, la fenêtre Boîte de réception est fractionnée en deux volets (sauf si bien entendu vous avez modifié les options d'affichage). Le volet supérieur comporte la liste des messages, le volet inférieur donnant un aperçu du message mis en évidence. Ainsi, il suffit de cliquer sur un autre message pour prévisualiser son contenu.

ASTUCE   **Pour ouvrir un message, cliquez deux fois sur sa description (appelée *en-tête*).**

Pour agrandir ou réduire l'un ou l'autre volet, il suffit de faire glisser la ligne de séparation. Suivant la même technique, vous pouvez également modifier la largeur des colonnes de la liste et la taille de la police d'affichage du message.

Procédez comme suit :

1. Pour modifier les tailles respectives des volets, placez la souris sur la ligne de division et, sans relâcher le bouton de la souris, faites glisser la ligne de division vers le haut ou le bas (figure 12-3).

2. Pour modifier la largeur d'une colonne de la liste, placez le pointeur sur la ligne de division correspondante (celle de la colonne Objet, dans notre exemple), puis faites-la glisser vers la droite ou la gauche.

Glisser-déplacer permet de modifier la largeur d'une colonne...

... ou la hauteur d'un volet

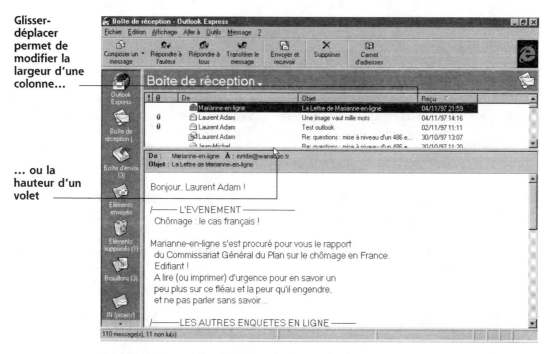

Figure 12-3   Mobiles, les lignes de division facilitent le dimensionnement des volets et des colonnes.

3. Pour modifier la taille de la police d'affichage du message, cliquez sur **Affichage**, puis sur Polices. Cliquez sur la taille qui vous intéresse, dans le menu qui apparaît. La modification est implémentée instantanément dans le volet d'aperçu du message.

D'un coup d'œil

Les icônes figurant devant les en-têtes correspondent aux caractéristiques des messages (priorité, pièce jointe, style...), comme le montre le tableau 12-1.

TABLEAU 12-1 Icônes de la boîte de réception

Icône	Signification
!	La priorité la plus élevée a été attribuée au message par l'expéditeur.
↓	La priorité la plus basse a été attribuée au message par l'expéditeur.
0	Le message comporte une pièce jointe.
✉	Le message n'a pas été lu (son en-tête apparaît en caractères gras).
✉	Le message a été lu (son en-tête apparaît en texte normal).

Trier les messages

Le courrier arrive dans la boîte de réception, se mêlant parfois aux autres messages. La sélection des messages entrants n'est ensuite guère aisée. Pas de panique : vous avez la possibilité de trier le contenu de la boîte de réception.

Les deux méthodes de tri du courrier sont les suivantes :

✳ Méthode n°1: cliquez sur l'un des en-têtes de colonne pour modifier l'ordre de tri. Si vous cliquez sur l'en-tête de la colonne Reçu, le signe ▲ apparaît, et les messages sont classés par ordre chronologique croissant. En cliquant une nouvelle fois sur cet en-tête, le signe ▼ apparaît, indiquant que les messages sont classés par ordre chronologique décroissant (figure 12-4).

Figure 12-4 Cliquez sur l'en-tête de la colonne Reçu pour trier les messages par dates.

✳ Méthode n°2 : cliquez sur **Affichage** ➡ **Trier par**, puis sélectionnez le critère de tri.

« Chouette ! 10 millions de dollars ! »

Lorsque Ed McMahon vous a annoncé que vous gagneriez peut-être, sacré veinard, 10 millions de dollars en répondant avant le 1er avril minuit, vous avez sans doute renvoyé aussitôt le formulaire de participation. Fort heureusement, répondre à un message est chose aisée dans Outlook Express.

Procédez comme suit :

1. Cliquez sur le message.

2. Cliquez sur le bouton Répondre à l'auteur. La boîte de dialogue Composer un message apparaît à l'écran. Vous pouvez constater que les champs A : et Objet : sont déjà complétés.

3. Vous pouvez alors :

   ✳ Ajouter des noms sur les lignes A : et/ou Cc :, en cliquant sur les icônes représentant une fiche adresse. Dans la boîte de dialogue Sélectionner les destinataires, choisissez les adresses qui vous intéressent (voir chapitre 10).

   ✳ Sélectionner un niveau de priorité, en cliquant sur l'icône timbre dans l'angle supérieur droit de l'encadré de réponse.

   ✳ Ajouter une carte de visite à la réponse, comme indiqué dans le chapitre 10. Au besoin, ouvrez le fichier VCF pour modifier son contenu.

   ✳ Copier ou non l'original dans la réponse. En examinant la figure 12-5, vous pouvez remarquer une icône dans le volet inférieur du message. Ceci indique que vous avez choisi de ne pas copier l'original dans la réponse (ce que nous vous recommandons vivement de faire). Cela évite que le destinataire reçoive toute pièce jointe au message d'origine.

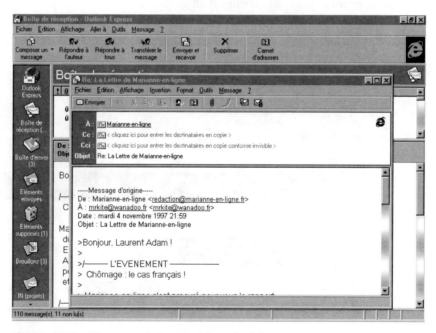

Figure 12-5 Cliquez sur le bouton Répondre à l'auteur.

4. Rédigez la réponse puis envoyez-la tout de suite ou ultérieurement (voir chapitre 11). Si vous avez opté pour la vérification orthographique, le message ne sera dirigé vers la Boîte d'envoi qu'après cette opération.

N O T E *Si vous avez reçu le message dans le cadre d'un publipostage, vous avez la possibilité d'adresser une réponse à tous les destinataires. Pour cela, cliquez sur Répondre à tous. Outlook Express se charge de compléter les champs A : et Cc : avec les adresses figurant respectivement dans les champs De : et Cc : du message d'origine.*

Faut-il copier l'original ?

Evitez de copier le message d'origine dans une réponse. Cela alourdit le contenu et augmente les temps d'envoi et de réception. En revanche, nous vous encourageons à copier certains passages de l'original dans le nouveau message afin de les commenter. Malheureusement, Outlook Express empêche cette opération. Nous verrons comment contourner la difficulté.

Il est préférable de copier certains passages du texte d'origine dans une réponse.

Pour copier un passage du message d'origine :

1. Faites glisser le pointeur de la souris sur le texte, comme vous le feriez dans un logiciel de traitement de texte (figure 12-6).

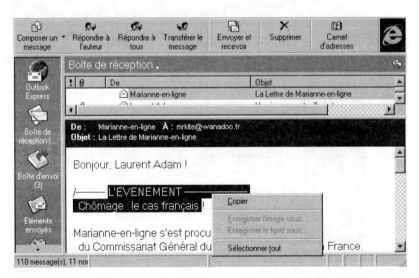

Figure 12-6   Ne copiez que le texte à commenter dans la réponse.

2. Cliquez-droit sur le texte mis en évidence, puis sélectionnez **Copier** dans le menu contextuel.

3. Cliquez sur le bouton Répondre à l'auteur.

4. L'encadré de réponse apparaît. Cliquez-droit dans la partie message, puis cliquez sur Coller.

5. Insérez à la main un chevron (>) devant chaque ligne (figure 12-7). Si le passage est assez long, préférez le style italique aux chevrons.

> > d'auditions disponibles, pour comprendre autrement
> > le fonctionnement d'un procès d'Assises.
> >   − DES CE WEEK-END, LA SUITE DES AUDITIONS −
> > Les Forums en ligne : On annonce le retour prochain
> > du forum "Cannabis" et l'ouverture du forum Immigration.
> > Les archives de toutes les enquêtes précédentes

Figure 12-7   Placez le signe > devant chaque ligne du texte d'origine.

6. Pour copier un autre passage, réduisez la taille de l'encadré de réponse, en appuyant sur le bouton ■. Répétez les points 1 et 2, puis rouvrez l'encadré de réponse pour y coller le texte.

« J'ai gagné à la loterie australienne ! »

Comment faire parvenir la bonne nouvelle à vos parents et amis ? En transférant le message à leurs adresses e-mail ! Le texte original est inclus dans la réponse, immédiatement après le corps du message.

Pour faire suivre un message à une autre personne :

1. Cliquez sur le bouton Transférer le message, alors que le message d'origine figure à l'écran. Une fenêtre Composer un message apparaît à l'écran. Vous pouvez remarquer que le champ Objet est complété et que le texte d'origine est inséré en totalité dans le volet de saisie (figure 12-8).

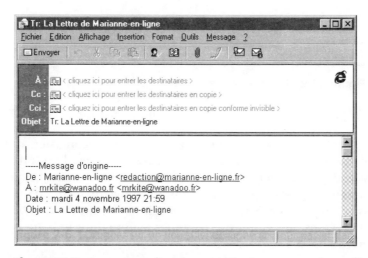

Figure 12-8   Le message d'origine est intégré au message à transférer

2. Tapez les adresses dans les champs appropriés. Au besoin, modifiez le champ Objet, selon la procédure d'édition habituelle.

3. Tapez votre message au dessus du libellé « Message d'origine », puis envoyez-le. Si le message d'origine comporte une pièce jointe, celle-ci apparaîtra dans le troisième volet (figure 12-5). Le destinataire recevra le message d'origine avec le fichier joint.

Archiver les messages

Outlook Express s'adapte à vos habitudes de travail, en matière d'organisation notamment. Ainsi, vous pouvez librement copier et/ou déplacer le courrier vers un dossier d'archivage.

Pour déplacer un message vers un dossier spécial :

1. Cliquez-droit sur l'en-tête du message dans le volet supérieur, puis cliquez sur **Déplacer vers** dans le menu contextuel. La boîte de dialogue Déplacer apparaît (figure 12-9).

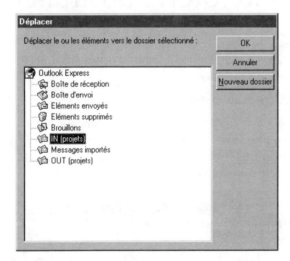

Figure 12-9   Déplacer un message vers un dossier spécial.

2. Cliquez sur le dossier cible, puis sur OK. Le message est déplacé vers ce dossier.

N O T E   Pour copier un message, procédez de la même façon. Alors que la boîte de dialogue Déplacer (ou Copier) est affichée, vous avez la possibilité de créer un dossier de destination. Pour créer un dossier sur la racine, cliquez sur le libellé « Outlook Express », puis sur le bouton Nouveau dossier. Pour créer un sous-dossier, cliquez sur le dossier qui vous intéresse, puis sur le bouton Nouveau dossier. Dans l'un et l'autre cas, tapez le nom dans la boîte de dialogue Nouveau dossier.

Ouvrir et gérer des pièces jointes

Un trombone devant l'en-tête du message indique que ce dernier comporte une pièce jointe, c'est-à-dire un fichier texte (document ou feuille de calcul, par exemple) ou une image. S'il s'agit d'une image, Outlook Express l'affiche directement dans le corps du message. En revanche, il faut ouvrir les autres types de fichiers.

Pour visualiser et enregistrer une pièce jointe :

1. Cliquez sur l'en-tête du message dans le volet supérieur de l'encadré. Le texte apparaît dans le volet d'aperçu.

2. Cliquez sur l'icône trombone devant l'en-tête (figure 12-10). Le nom et le type du fichier s'affichent à l'écran. Dans notre exemple, une icône graphique indique que le fichier contient une image (.gif). S'il s'agissait d'un document texte, une icône représentant une enveloppe ouverte figurerait devant l'en-tête du message.

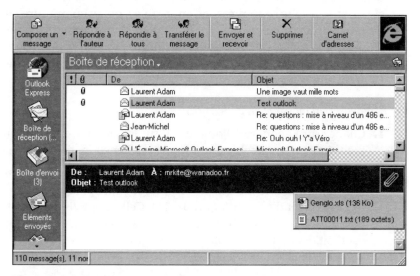

Figure 12-10   Cliquez sur le trombone, puis sur le libellé pour visualiser ou enregistrer la pièce jointe.

3. Cliquez sur le libellé. L'encadré Avertir de l'ouverture d'une pièce jointe apparaît. Vous pouvez constater que l'option L'enregistrer sur disque est sélectionnée par défaut.

4. Cliquez sur OK. Une boîte de dialogue Enregistrer sous apparaît. Vérifiez que le type sélectionné par défaut correspond bien au type de la pièce jointe.

VOIR AUSSI   **Pour en savoir plus sur l'affichage et l'enregistrement de graphismes, reportez-vous au chapitre 14.**

Du texte... enrichi !

Vous avez la possibilité d'écrire les messages en HTML, c'est-à-dire de leur apporter des enrichissements (caractères gras, soulignement, couleurs...), des listes à puces ou numérotées, des images, voire des liens hypertexte vers des sites Web. Voilà pour la bonne nouvelle ! La mauvaise nouvelle est que les logiciels incapables d'interpréter le langage HTML affichent pêle-mêle marqueurs et texte dans le corps du message. Nous vous recommandons d'opter pour le texte brut, sauf si votre destinataire possède Outlook Express. Vérifiez l'option de formatage dans la page Envoyer de la boîte de dialogue Options. En sélectionnant Texte brut, vous pouvez toujours introduire des codes HTML dans vos messages.

ASTUCE   **N'oubliez pas de cocher l'option Répondre aux messages en utilisant le format d'origine, dans la page Général de la boîte de dialogue Options. Si le message d'origine comporte des enrichissements, vous pourrez également en utiliser dans la réponse. Un message écrit en HTML a une taille quatre fois supérieure à celle d'un message en texte, ce qui est à prendre en compte pour l'espace disque nécessaire et la durée de téléchargement si vous envisagez de transférer le message à plusieurs destinataires. Notez que vous pouvez à tout moment composer des messages en HTML, que cette option de la page Général soit sélectionnée ou non.**

Pour composer un message en texte enrichi :

1. Cliquez sur Répondre à l'auteur (ou sur le bouton Composer un message). La procédure est applicable à n'importe quel encadré de saisie de message.

2. Cliquez sur **Format** dans la barre de menu, puis sur l'option **Texte enrichi (HTML)**. Une barre d'outils de formatage s'intercale alors entre le volet d'entête et le volet d'aperçu (figure 12-11). Celle-ci est visible en totalité si vous agrandissez la fenêtre. Nous n'étudierons pas pour le moment les outils qu'elle contient. Pour en savoir plus, reportez-vous au chapitre 19.

Figure 12-11   Barre de formatage des messages HTML.

Le grand ménage

Il faut parfois supprimer certains messages, en particulier les fameux *junks* qui remplissent votre boîte aux lettres plusieurs fois par semaine.

Procédez comme suit :

1. Mettez en évidence le ou les messages à traiter.

2. Cliquez-droit sur la sélection, puis cliquez sur **Supprimer**. Le message est envoyé vers la corbeille Eléments supprimés.

3. Cliquez-droit sur l'icône Eléments supprimés, puis cliquez sur **Vider le dossier**. Pour vérifier le contenu de la corbeille, cliquez sur l'icône. La liste des messages supprimés (mais encore disponibles) apparaît. Vider le dossier revient à effacer *physiquement* les messages du disque dur. Il est possible de déplacer (ou de copier) un message de la corbeille vers un autre dossier.

Oh non ! pas *lui* !

Il est aisé de déplacer des messages vers un dossier spécifique pour archivage ou suppression ultérieure. Pourquoi répéter plusieurs fois par semaine la même opération alors qu'il suffit de définir un filtre de réception dont l'effet est identique ? Ainsi, les messages qui vous intéressent sont copiés vers un dossier d'archivage, et les autres vont droit à la corbeille. Vous pouvez également supprimer les messages émanant de certaines personnes directement sur le serveur.

Réguler le trafic

Un filtre est comparable à une déviation installée sur une route. Certains messages empruntent un itinéraire de délestage, alors que d'autres vont droit dans le dossier de réception par défaut.

Pour créer un filtre de réception du courrier :

1. Cliquez sur **Outils ➡ Gestionnaire de la boîte de réception**. La boîte de dialogue Gestionnaire de la boîte de réception apparaît.

2. Si vous ouvrez ce gestionnaire pour la première fois, seul le bouton Ajouter est disponible. Cliquez sur ce dernier. La boîte de dialogue Propriétés apparaît (figure 12-12).

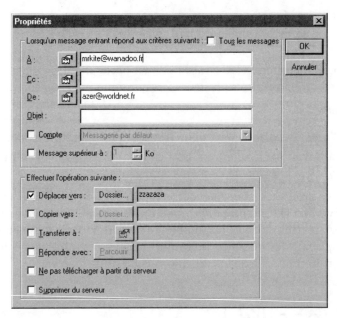

Figure 12-12 Un filtre permet de diriger certains messages vers un dossier spécifique.

3. Le courrier envoyé à l'utilisateur habituel d'Outlook Express par la liste de publipostage SoftDev sera déplacé dès réception vers le dossier Develop. Il est possible de compléter le champ De : avec une ou plusieurs adresses e-mail du Carnet d'adresses. Sélectionnez les éléments à prendre en compte dans les critères de filtrage.

4. Cliquez sur OK.

Un barrage filtrant

Le filtre est créé. Vous pouvez tout de suite l'appliquer aux messages de la Boîte de réception.

Procédez comme suit :

1. Dans la boîte de dialogue Gestionnaire de la boîte de réception, sélectionnez le filtre qui vous intéresse.

2. Cliquez sur **Appliquer à**. La boîte de dialogue Sélectionner un dossier apparaît.

3. Cliquez sur l'icône de la boîte de réception.

4. Cliquez sur OK.

Ça marche ?

Vérifiez l'efficacité du filtre. Pour cela, ouvrez le dossier de destination des messages (figure 12-13) suivant l'une ou l'autre technique ci-après :

✳ Cliquez sur l'icône du dossier dans la barre Outlook.

ou

✳ Cliquez sur le bouton Boîte de réception, puis cliquez sur le dossier approprié dans la liste.

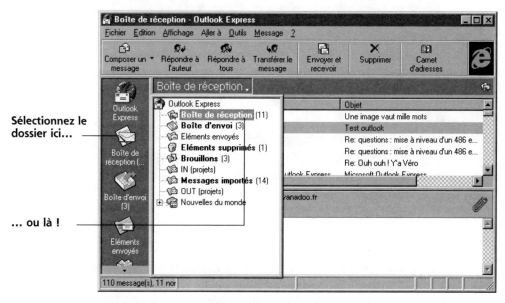

Sélectionnez le dossier ici...

... ou là !

Figure 12-13 Le dossier de transfert peut être ouvert selon deux techniques distinctes.

BONUS

Deux comptes pour le prix d'un

Outlook Express accepte plusieurs comptes de messagerie ou de groupe de nouvelles. Par exemple, vous disposez d'une adresse e-mail privée et d'une adresse e-mail professionnelle. Dans ce cas, il est possible de définir un filtre de réception, capable d'identifier l'expéditeur et l'objet des messages et de les diriger vers des dossiers distincts.

Pour créer un deuxième compte :

1. Ouvrez Outlook Express.

2. Cliquez sur **Outils**, puis sur **Comptes**. La boîte de dialogue Comptes Internet apparaît (figure 12-14).

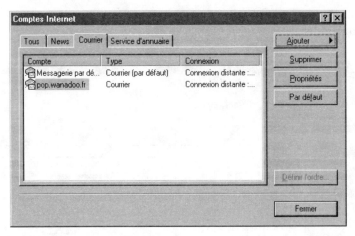

Figure 12-14   Cliquez sur Outils ➡ Comptes pour créer plusieurs comptes de messagerie.

3. Cliquez sur l'onglet Courrier.

4. Cliquez sur Ajouter, puis sur Courrier. L'assistant de connexion Internet apparaît. Suivez la procédure proposée. Pour valider les informations, cliquez sur Terminer, dans la dernière boîte de dialogue.

Résumé

Comment ? Vous ne possédez pas encore d'adresse e-mail ? Vous n'êtes pas dans le coup ! Le courrier électronique touche de plus en plus de personnes, entreprises et particuliers à travers le monde. On assiste depuis quelques années au grand retour de l'écrit. Mais ne vous méprenez pas : les messages sont courts et distribués en quelques minutes d'un point à un autre par les lignes téléphoniques. D'un clic de souris, vous pouvez répondre aux messages, faire suivre le courrier, adresser des messages à plusieurs destinataires, trier et filtrer les messages à mesure qu'ils parviennent dans la boîte de réception !

CHAPITRE 13

S'ABONNER AUX GROUPES DE NOUVELLES

CE QUE VOUS ALLEZ DÉCOUVRIR :

L ES NEWSGROUPS REMPORTENT UN FRANC SUCCÈS auprès du public. Ils désignent à la fois les groupes de discussion, les nouvelles du réseau Usenet, les nouvelles du Net et les nouvelles de l'Internet.

Le terme « nouvelles » n'est guère approprié, il est vrai, car les newsgroups ne délivrent pas d'actualités, comme la presse ou la radio. Une nouvelle est un article traitant d'un sujet « actuel » : de la petite annonce à la recherche de documentation en passant par les techniques de conservation des fleurs séchées. Les newsgroups sont des groupes de discussion ou des forums dans lesquels les internautes échangent des messages sur des sujets variés. Il est quasiment impossible de recenser exactement les groupes de nouvelles, tant ils sont nombreux à apparaître chaque jour à travers le monde. On peut raisonnablement estimer leur nombre à 22 000. Chaque groupe de nouvelles traite d'un sujet plus ou moins spécialisé. Les sujets traités sont tellement nombreux qu'il serait étonnant qu'il n'y en ait pas au moins un qui vous intéresse !

Comme l'adresse e-mail d'un internaute, l'adresse d'un groupe de nouvelles peut être ajoutée dans le carnet d'adresses Windows. Vous pouvez également rechercher le nom du groupe en fonction du sujet qu'il traite, puis l'insérer dans la liste. Outre les fonctionnalités de recherche de Internet Explorer, vous découvrirez un site Web capable d'effectuer des recherches sur plus de 15 000 groupes et d'extraire les messages correspondant aux critères de sélection.

VOIR AUSSI Si vous n'êtes pas encore familiarisé avec la gestion du courrier dans Outlook Express, reportez-vous aux chapitres 9 à 11. Les procédures qu'ils décrivent concernent pour la plupart les messages et les articles de newsgroups.

Allons-y !

Avant de pouvoir envoyer et recevoir du courrier, vous avez dû fournir le nom du serveur de messages à Outlook Express (chapitre 9). De même, vous devez définir le nom du serveur de nouvelles pour avoir accès au monde fascinant de Usenet !

Outlook Express est personnalisable !

Tout d'abord, lancez Outlook Express, en cliquant sur l'icône associée dans la barre Lancement rapide. L'apparence de l'interface varie selon qu'une connexion Internet est active ou non. Comme vous le savez, Outlook Express est entièrement personnalisable. Vous avez opté pour un lancement hors connexion ou pour une connexion automatique à l'ouverture ? La barre Outlook apparaît-elle ? Vous avez créé des dossiers d'envoi et de réception adaptés à vos besoins ? Votre configuration risque donc d'être différente de l'interface représentée dans les figures de ce chapitre.

Le serveur de nouvelles

Ne vous inquiétez pas : les paramètres de connexion sont définis à l'aide d'un assistant. Vous devez néanmoins connaître le nom du serveur de nouvelles (NNTP). Le cas échéant, prenez contact avec le service technique de votre fournisseur d'accès Internet.

Pour spécifier le nom du serveur de nouvelles :

1. Cliquez sur **Outils**, puis sur **Comptes**. La boîte de dialogue Comptes Internet apparaît.

2. Cliquez sur l'onglet News.

3. Cliquez sur le bouton Ajouter, puis sur **News** (figure 13-1). La boîte de dialogue Assistant de connexion Internet apparaît.

4. Complétez les champs figurant dans chaque boîte de dialogue de l'assistant, puis cliquez sur Suivant. Entrez les informations suivantes :

    ✳ *Votre nom@md* – Tapez ici votre nom ou tout autre nom devant apparaître dans l'en-tête du message.

    ✳ *Adresse d'e-mail Internet @md* – Tapez ici votre adresse de courrier électronique.

    ✳ *Noms de serveurs de news @md* – Tapez ici les noms du serveur de nouvelles. Au besoin, demandez identificateur et mot de passe si le serveur de nouvelles est à accès limité.

    ✳ *Nom convivial @md* – Il s'agit du nom identifiant la connexion en cours de configuration et qui s'affiche comme nom de compte à la fin de la procédure. Tapez **News** ou **Nouvelles**, par exemple.

※ *Choisissez le type de connexion* @md – Cliquez sur l'option Connexion en utilisant une ligne téléphonique sauf si votre ordinateur appartient à un réseau local (dans ce cas, prenez contact avec l'administrateur système) ou si vous préférez vous connecter manuellement.

※ *Connexion d'accès à distance* @md – Optez pour votre connexion habituelle, puis cliquez sur Suivant. En cas de doute, prenez contact avec votre fournisseur d'accès Internet.

※ Bravo ! Cliquez sur Terminer.

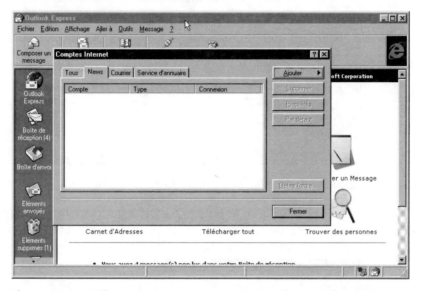

Figure 13-1 Définissez le nom du serveur de nouvelles avant la première session Usenet.

13

5. La boîte de dialogue Comptes Internet réapparaît. Le nom du serveur de nouvelles figure désormais dans la page des news.

6. Refermez la boîte de dialogue Comptes Internet. Outlook Express vous invite alors à télécharger les groupes de nouvelles. Cliquez sur Oui.

ASTUCE **Le téléchargement des groupes prend quelques minutes. Pour reporter cette opération, cliquez sur Non. En effet, vous pouvez à tout moment cliquer sur le menu Aller à, puis sur l'option News. L'encadré de téléchargement apparaît à nouveau. Cliquez sur Oui. Pour en savoir plus, reportez-vous à la section ci-après.**

L'embarras du choix

Les newsgroups sont répartis sur des milliers de sites et serveurs à travers le monde. Ils résident sur toutes sortes de serveurs, de l'ordinateur personnel jusqu'au grand système capable de gérer des milliers de groupes. Les newsgroups auxquels vous avez accès sont fonction des liens répertoriés (généralement, de l'ordre de plusieurs milliers) par le serveur de votre fournisseur Internet.

Figure 13-2   La liste des groupes est consultable après téléchargement.

Vous êtes prêt pour la grande aventure ! Quelques conseils sur les conventions de savoir-vivre de l'Internet et vous pourrez rédiger messages et articles.

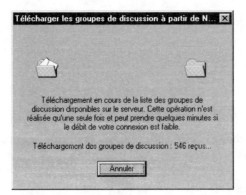

Figure 13-3   Téléchargement des groupes de nouvelles.

Il existe plus de 22 000 groupes de nouvelles dans le monde.

Lors du téléchargement des groupes de discussion, l'encadré représenté par la figure 13-3 apparaît. La durée de l'opération varie selon le débit de votre modem. Si vous êtes bon public, vous serez sans doute amusé par le vol des pages de gauche à droite ! Profitez-en pour vous reposer, lire, boire un café... A tout de suite ! Ah ? Vous voilà de retour. Vous pouvez constater que les noms des groupes apparaissent dans une liste et que celle-ci est relativement longue. Mais cette liste ne permet pas de consulter les articles des newsgroups. Pour cela, il convient en effet de prendre un ou plusieurs abonnements.

Les articles des newsgroups « cohabitent » avec le courrier électronique dans Outlook Express. En effet, les fonctionnalités de messagerie permettent aux internautes d'un même groupe de communiquer entre eux. Toutefois, les messages et les articles d'un newsgroup sont de natures différentes, car les premiers s'adressent à des particuliers, alors que les seconds peuvent être consultés librement par le groupe (on dit qu'ils sont « postés »).

Outlook Express peut être lancé à tout moment, quelles que soient les applications actives.

NOTE Une session Internet doit être ouverte sur votre ordinateur. Si tel n'est pas le cas, réalisez l'exercice ci-après. Dans l'encadré de connexion, entrez vos identificateur et mot de passe de connexion.

Pour ouvrir Outlook Express :

1. Cliquez sur l'icône 🔲 dans la barre Lancement rapide.

2. Dans Outlook Express, vous pouvez opter pour l'une ou l'autre technique d'ouverture du lecteur de nouvelles (figure 13-4).

Cliquez sur le menu Aller à

Cliquez sur l'icône dans la barre Outlook

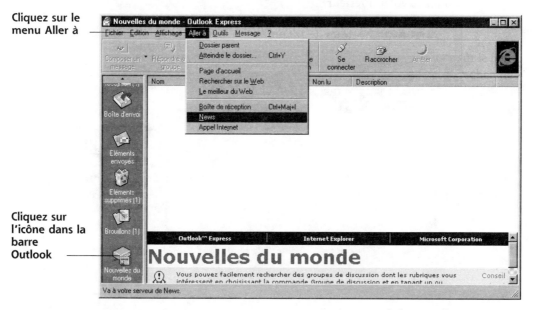

Figure 13-4 Les groupes de nouvelles sont accessibles de deux façons distinctes.

✳ Cliquez sur l'icône des groupes de nouvelles dans la barre Outlook. Au besoin, faites défiler le contenu de la liste. Dans notre exemple, l'icône a pour nom Nouvelles du monde (voir chapitre 9).

✳ Cliquez sur **Aller à**, puis sur **News**.

Outlook Express remarque que vous n'êtes encore inscrit à aucun groupe ! A la question affichée dans l'encadré, répondez Oui.

Sélectionner un groupe

Parmi les 22 000 newsgroups, il y en a certainement un ou plusieurs qui traitent de vos centres d'intérêt. Il est impossible de les télécharger en totalité, certains groupes étant inconnus du serveur de nouvelles, d'autres trop « exotiques ». Si vous n'êtes pas encore familiarisé avec Usenet, vous vous demandez sans doute quel groupe choisir.

Vous avez la possibilité de taper directement l'adresse du newsgroup. Dans notre exemple, il s'agit d'un forum américain sur la photo animalière (alt.binaries.pictures.animals). Ses participants proposent de superbes clichés.

Vous connaissez le nom du groupe. Pour vous y abonner :

1. Tapez l'adresse dans la zone de texte Afficher les groupes qui contiennent (figure 13-5). Au bout de quelques secondes, le nom du newsgroup apparaît dans le volet inférieur.

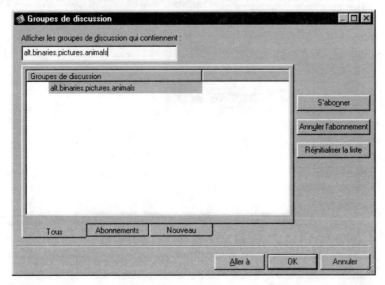

Figure 13-5 Tapez l'adresse du newsgroup, puis cliquez sur le bouton S'abonner.

2. Sélectionnez ce nom.

3. Cliquez sur le bouton S'abonner. Une icône représentant un journal apparaît devant le nom du groupe. C'est simple !

4. Pour rechercher un groupe en fonction du sujet (voir la section ci-après), mettez le titre en évidence dans la zone de texte, puis effacez-le.

Rechercher un groupe en fonction du sujet traité

En parcourant la liste, vous pouvez constater que les noms de newsgroups sont classés par en-tête (« alt » pour *alternative*, « comp » pour *computer*, « rec » pour *recreation* et « soc » pour *sociology* et *psychology*). Comment savoir de quoi traitent ces groupes ? Les noms de groupe ne sont en effet guère explicites. Pour pallier cet inconvénient, vous avez la possibilité de rechercher un groupe en fonction du sujet traité.

Procédez comme suit :

1. Cliquez sur Tous, dans la boîte de dialogue Groupes de discussion.

2. Tapez un sujet dans la zone de texte Afficher les groupes qui contiennent (figure 13-6). La liste des newsgroups correspondants apparaît dans le volet inférieur de la boîte de dialogue.

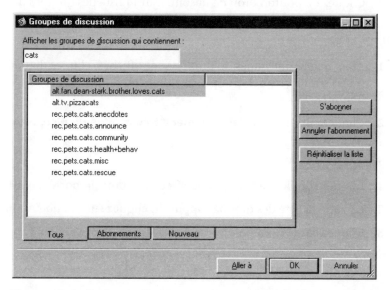

Figure 13-6   Recherchez les groupes de nouvelles à l'aide d'un mot-clé.

3. Cliquez sur le groupe qui vous intéresse, puis sur le bouton S'abonner. Le nombre de groupes auquel vous pouvez vous abonner est illimité mais, pour éviter de télécharger plusieurs centaines de messages, il est préférable de

choisir un ou deux newsgroups pour un même sujet. Si vous n'appréciez pas un groupe, annulez votre abonnement et sélectionnez-en un autre.

4. Pour faire une recherche sur un autre sujet, effacez la zone Afficher les groupes qui contiennent, puis répétez le premier point de la procédure.

5. Cliquez sur l'onglet Abonnements. La liste des groupes auxquels vous êtes inscrit apparaît.

6. Cliquez sur OK pour valider vos choix. Les abonnements apparaissent alors dans la boîte de dialogue des groupes de nouvelles.

Effacer un groupe

Cette section s'adresse à tous ceux qui connaissent bien les forums de discussion et souhaitent, pour une raison ou une autre, supprimer un groupe de la liste des abonnements. La résiliation d'un abonnement est chose aisée et peut s'effectuer suivant trois techniques différentes.

Méthode n° 1 :

1. Si le dossier des groupes de nouvelles ne figure pas à l'écran, cliquez sur le bouton des groupes de nouvelles dans la barre Outlook ou sur **Aller à ➡ News**.

2. Cliquez du bouton droit de la souris sur la liste des groupes (figure 13-7), puis cliquez sur **Annuler l'abonnement à ce groupe de discussion**.

Méthode n° 2 :

1. Alors que les messages du groupe sont affichés, cliquez du bouton droit de la souris sur l'icône des groupes de nouvelles dans la barre des dossiers (voir figure 13-7).

2. Cliquez sur **Annuler l'abonnement à ce groupe de discussion** dans le menu contextuel.

Méthode n° 3 :

1. Cliquez sur l'icône Groupes de discussion dans la barre d'outils.

2. Lorsque la liste des groupes apparaît, cliquez sur la page Abonnements.

3. Cliquez sur le nom du groupe à effacer, puis sur **Annuler l'abonnement**.

ESSAYER C'EST S'ABONNER

Familiarisé avec les news, vous avez pour habitude de cliquer sur le bouton Aller à, dans la boîte de dialogue Groupes de discussion après avoir tapé un mot-clé dans la zone de recherche. Les messages du groupe sélectionné apparaissent à l'écran.

Le sujet vous séduit. Pourquoi ne pas vous abonner ? Procédez comme suit :

1. Cliquez du bouton droit de la souris sur l'icône Groupes de discussion dans la barre des dossiers.

2. Cliquez sur **S'abonner à ce groupe de discussion**. Si la barre des dossiers est masquée, cliquez sur **Outils** ➡ **S'abonner à ce groupe de discussion**.

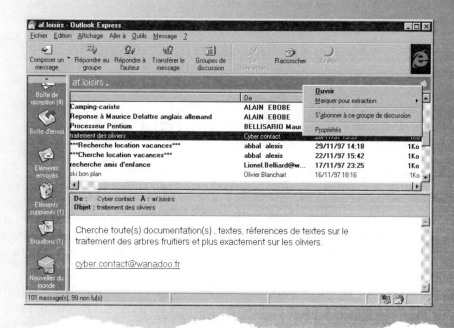

13

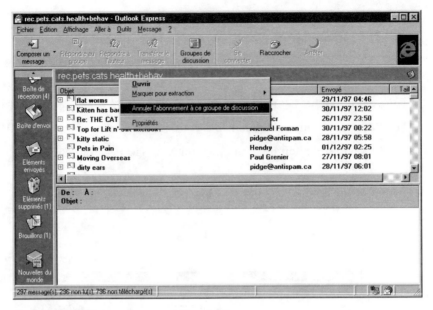

Figure 13-7 L'abonnement va être résilié.

Plus qu'un mot, une façon d'être

La « nétiquette » désigne l'ensemble des conventions de bienséance régissant le comportement des internautes dans le réseau. Tout internaute qui ne respecte pas ces règles reçoit immédiatement des *flames*, c'est-à-dire des messages véhéments émanant d'autres internautes en colère. Certains participants se contentent d'adresser des reproches ironiques ; d'autres tiennent des propos grossiers et insultants, violant à leur tour les principes élémentaires de civisme et de tolérance. Voici quelques conseils à méditer :

* Par essence, les articles des newsgroups sont publics. Evitez de tenir des propos blessants ou agressifs. Protégés par l'éloignement de leur bureau, certains utilisateurs considèrent les groupes de nouvelles comme de véritables lieux de défoulement verbal. Le cyberespace est une communauté. Ne changez pas de comportement parce que vous voyagez sur un espace de liberté. Soyez agréable avec les autres internautes.

* Faites preuve de précision. L'objet d'un message doit être clair et concis.

* Les messages s'adressent au plus grand nombre. Evitez d'insérer texte enrichi et codes HTML qui rendent le corps du message illisible sur la plupart des lecteurs de news. Pour mettre un mot ou un passage en relief, préférez les symboles du clavier (astérisques et guillemets, par exemple).

✳ Usez des majuscules avec parcimonie (pour mettre un mot en évidence, par exemple). En effet, un message en lettres capitales peut être assimilé à un *flame* visant le groupe ou un internaute.

✳ Lors d'une conversation, le ton de la voix et les expressions du visage comptent autant que les propos. Sur Usenet, en revanche, seuls les mots véhiculent le message. Il arrive que des traits d'humour soient considérés comme des sarcasmes. C'est pourquoi les internautes sont de plus en plus nombreux à utiliser des smileys, ces combinaisons de caractères de ponctuation qui expriment le sentiment de l'auteur du message (voir chapitre 9).

VOIR AUSSI **Pour en savoir plus sur les smileys, reportez-vous au bonus du chapitre 9.**

✳ Lorsque vous citez un internaute, indiquez clairement son nom (par exemple, « Dans son article du 24 mars, Jacques Durand dit : »). Pensez à vos lecteurs : ne leur infligez pas le message d'origine en totalité. Seuls les mots et les paragraphes intéressants seront recopiés. Vous contribuerez également à alléger le trafic du réseau.

✳ Vos messages ne doivent pas être anonymes : signez-les !

✳ Joignez votre adresse e-mail à la fin des messages. En effet, certains serveurs de news omettent de fournir cette information, rendant difficiles les recherches de messages par auteur. Pour créer une signature, reportez-vous au chapitre 9.

BONUS

13

Promenade sur un serveur de nouvelles

Vous vous demandez encore à quel groupe vous abonner ? Ce bonus s'adresse à vous ! La liste des groupes de discussion présents dans Outlook Express dépend directement de la liste des groupes récensés par votre fournisseur d'accès. Vous pouvez lui demander d'ajouter des adresses non répertoriées. Il y a peu de chances que votre requête aboutisse car l'hébergement d'un newsgroup est très onéreux. De même, l'ajout d'une adresse sur votre ordinateur individuel implique un abonnement payant au newsgroup.

Heureusement, il est possible de consulter des newsgroups à partir de sites Web spécialisés. Vous pouvez effectuer des recherches par mot clé et participer aux discussions sans être abonné. Avec AltaVista, DejaNews fait partie des moteurs de recherche Usenet les plus performants. Dans l'exemple ci-après, nous avons recherché tous les messages contenant le mot « jardinage » (figure 13-8). Il va sans dire que les investigations ont été effectuées sur des newsgroups francophones.

Pour accéder à DejaNews :

1. Cliquez sur l'icône Démarrer Internet Explorer, dans la barre Lancement rapide.

2. Tapez `http://www.dejanews.com` dans la zone Adresse. Un formulaire de recherche apparaît à l'écran (figure 13-8).

3. Dans la zone de recherche, tapez les critères de sélection (**jardinage**, par exemple). Vous avez également la possibilité d'effectuer une recherche plus poussée (*Power Search*) et de définir un filtre de recherche (*Search Filter*).

4. Cliquez sur **Find**. La liste des messages apparaît (figure 13-9).

5. Cliquez sur l'intitulé hypertexte du message qui vous intéresse. DejaNews affiche le message comme si vous le consultiez sur Outlook Express.

6. Vous avez la possibilité de répondre à ce message (s'il n'est pas trop ancien) ou d'écrire directement à son auteur.

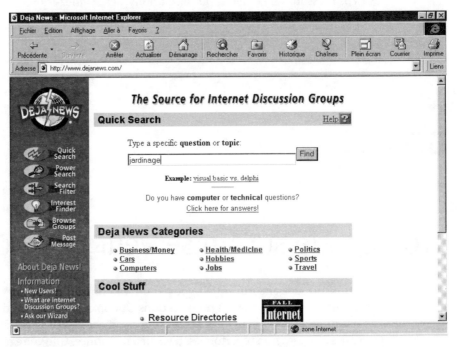

Figure 13-8   Recherche de groupes sur DejaNews.

7. L'option Power Search permet d'effectuer des recherches selon des critères plus poussés.

8. Sélectionnez l'option Search Filter pour rechercher tous les articles émis par un internaute particulier (votre amie Marie, par exemple).

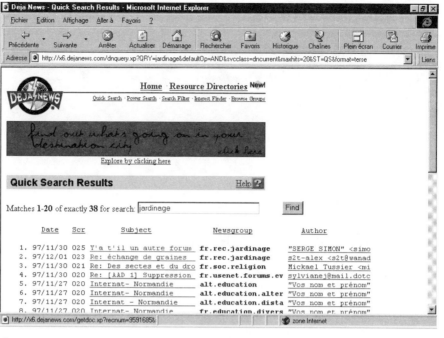

Figure 13-9 Les liens hypertexte renvoient aux articles de newsgroups.

Résumé

Dans ce chapitre, vous avez appris à télécharger la liste des newsgroups disponibles sur le serveur de votre fournisseur d'accès Internet. Vous vous êtes également abonné à certains d'entre eux, soit en tapant leur adresse, soit en les sélectionnant dans la liste. Outre les conventions de bienséance de l'Internet, ce chapitre vous a présenté un site Web de recherche de newsgroups.

Le chapitre 14 vous montrera comment participer aux newsgroups, poster des articles, répondre à l'auteur d'un message et télécharger un fichier graphique à partir d'un groupe de nouvelles.

13

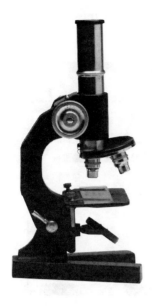

CHAPITRE 14

PARTICIPER AUX GROUPES DE NOUVELLES

Ce que vous allez découvrir :

CERTAINS GROUPES DE NOUVELLES comportent des milliers de messages qu'il serait bien impossible de lire en totalité. Internet Explorer facilite la gestion des messages (ordre de tri, marquage de *threads*, etc.). C'est ce que vous allez découvrir dans ce chapitre.

Dernières nouvelles !

Si vous venez de lire les précédents chapitres, vous disposez d'au moins un abonnement à un groupe de nouvelles.

Les groupes de nouvelles ont une structure hiérarchique en arborescence, comme les répertoires de Windows. Les branches sont plus connues sous le nom de *threads*. Un internaute poste un article, un autre lui répond, créant ainsi un thread. Un internaute qui répond au message de deuxième niveau crée un thread de troisième niveau.

Pour ouvrir un newsgroup (vous devez avoir lancé Outlook Express) :

1. Si la liste des newsgroups ne figure pas à l'écran, cliquez sur le bouton dans la barre Outlook. Le dossier des newsgroups apparaît, comme représenté dans la figure 14-1. Le nombre total de messages et le nombre de messages non lus figurent après le nom du groupe.

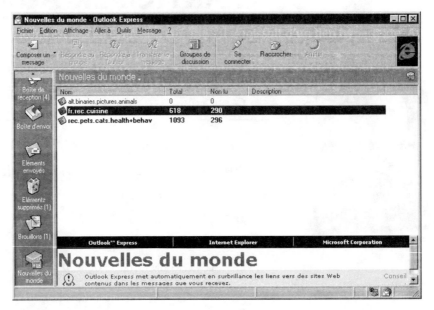

Figure 14-1   Cliquez deux fois sur le newsgroup à lire.

2. Cliquez deux fois sur le newsgroup à lire. En fonction du nombre de messages, le téléchargement peut durer de quelques dizaines de secondes à quelques minutes.

Une double personnalité

Lors de l'ouverture du newsgroup, le volet supérieur contient les threads, le volet inférieur le message mis en évidence. Pour dimensionner l'un ou l'autre volet, cliquez sur la ligne de séparation. Le signe + en face d'un message indique que ce dernier comporte une ou plusieurs réponses. Vous pouvez constater que l'expéditeur, le newsgroup et l'objet figurent dans le volet inférieur.

Pour lire un message :

1. Parcourez la liste des messages dans le volet supérieur (figure 14-2). Lorsqu'un message vous intéresse, cliquez sur son objet. Le corps du message apparaît dans le volet inférieur.

2. Un message précédé du signe + comporte des réponses. Cliquez sur ce signe pour ouvrir la liste et, le cas échéant, cliquez sur la réponse qui vous intéresse.

 NOTE   Les messages non lus apparaissent en caractères gras, les autres dans une police normale. L'icône associée à un message non lu représente une page tronquée, alors que celle d'un message lu représente une page entière.

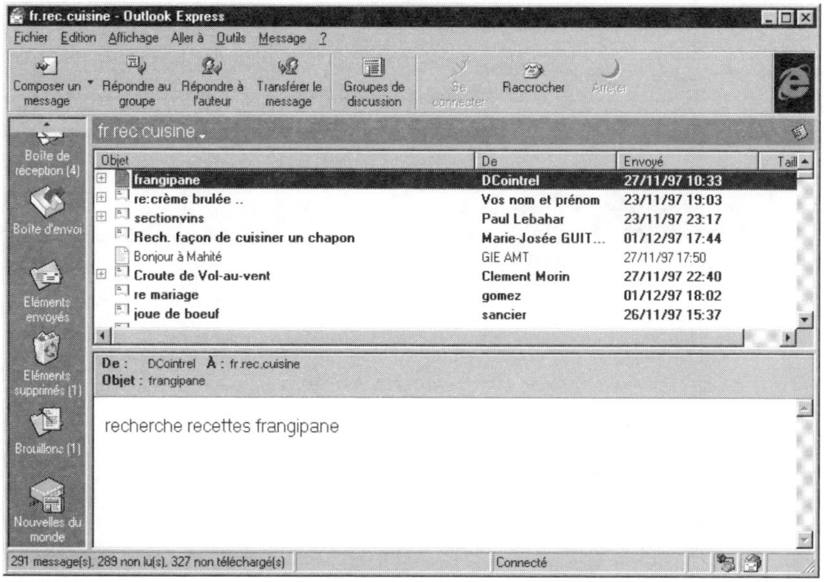

Figure 14-2 Cliquez sur le message dans le volet supérieur et lisez-le dans le volet inférieur.

Chacun sa fenêtre

Si vous en avez assez de consulter le message dans le volet inférieur, vous pouvez l'afficher dans une fenêtre séparée.

Procédez comme suit :

1. Cliquez deux fois sur l'objet du message, dans le volet supérieur. Le message apparaît dans une fenêtre distincte (figure 14-3).

2. Cliquez sur le bouton ▢ pour afficher le message dans une fenêtre agrandie.

3. Pour quitter cette fenêtre, cliquez sur ✖. Vous voilà revenu dans la liste des messages.

À DÉCOUVRIR

USENET EN DIAPORAMA !

Vous avez la possibilité d'afficher les messages dans une fenêtre agrandie. Inutile d'effacer la fenêtre active pour visualiser le message suivant. Il suffit de sélectionner **Affichage ➡ Suivant** pour afficher le message suivant dans la fenêtre. Pour parcourir la liste, vous pouvez également utiliser les flèches de direction ainsi que les raccourcis clavier du tableau 14-1.

14

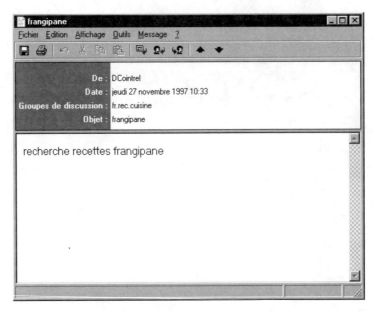

Figure 14-3   Pour afficher un message dans une fenêtre séparée, cliquez deux fois sur son objet dans le volet supérieur.

TABLEAU 14-1   Raccourcis clavier pour afficher les messages dans une fenêtre agrandie

Pour afficher	Tapez sur
LE MESSAGE SUIVANT	Ctrl+>
LE MESSAGE PRÉCÉDENT	Ctrl+<
LE MESSAGE SUIVANT NON LU	Ctrl+U
LE THREAD SUIVANT NON LU	Ctrl+Maj+U

L'article a disparu !

Les articles sont détruits après avoir séjourné plusieurs semaines sur le serveur. Si vous tentez d'ouvrir un message de votre liste alors qu'il a été supprimé du newsgroup, un message apparaît. Cliquez sur OK, et consultez un autre message.

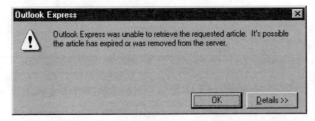

Figure 14-4   La durée de vie d'un message varie d'un newsgroup à un autre.

Qui est le Chevalier masqué ?

Certains internautes postent des articles sous des pseudonymes (Tarzan ou Jojo la Terreur, par exemple) sans indiquer d'adresses e-mail de retour. *A priori*, il est impossible de répondre à l'auteur d'un tel message. Le champ A : de la boîte de dialogue Composer un message comporte le pseudonyme de l'internaute (Barbarella, par exemple) au lieu de son adresse e-mail (`BertheDugenou@msn.com`). Il existe un moyen d'afficher cette information, cependant.

Procédez comme suit :

1. Cliquez du bouton droit de la souris sur l'en-tête du message, puis cliquez sur **Propriétés** dans le menu contextuel.

2. Dans la boîte de dialogue qui apparaît, cliquez sur la page Détails. L'adresse e-mail de l'auteur du message doit y figurer, à condition bien entendu qu'il n'ait pas fourni un faux nom pour brouiller les pistes.

Pour protéger votre intimité et votre adresse e-mail, reportez-vous à la note ci-après.

À DÉCOUVRIR

« GAGNEZ 100 000 FRANCS »

Qu'est-ce que le *spamming* ? Il s'agit d'une technique d'extraction d'adresses e-mail menée sur les newsgroups, les groupes de conversation, les sites Web, etc., dans un but publicitaire et commercial. Vous avez sans doute déjà reçu des messages annonçant que maigrir de 10 kg en deux jours, c'est possible ou que vous pouvez gagner 10 000 dollars par jour en vous arrêtant de travailler. Comment sortir des griffes de ces entreprises malhonnêtes ? En rendant votre adresse e-mail inexploitable, par l'ajout d'un suffixe (« nospam », par exemple). Il suffit ensuite d'indiquer dans la signature électronique la partie à supprimer dans l'adresse pour permettre les réponses. Par exemple : « Pour me répondre, supprimez *nospam* dans l'adresse de retour ».

Pour ajouter un faux suffixe à votre adresse e-mail :

1. Cliquez sur **Outils** ➡ **Comptes**. La boîte de dialogue Comptes Internet apparaît.

2. Cliquez sur l'onglet News.

3. Cliquez sur **Propriétés**. La boîte de dialogue Propriétés des newsgroups apparaît.

4. Dans la page Général, modifiez les informations personnelles (en particulier l'adresse e-mail).

5. Dans votre signature, n'oubliez pas d'indiquer quelle partie de votre adresse e-mail doit être supprimée ou modifiée, afin de pouvoir recevoir des réponses à vos messages.

14

Mettre son grain de sel

Une conversation est intéressante lorsque l'on intervient. Il en est ainsi des news-groups également. Répondez à toute question pour laquelle vous avez une solution ou un conseil à donner. Envoyez vos questions... Vous pouvez également ajouter une phrase qui relancera un débat engagé entre plusieurs personnes.

En jargon d'internaute, envoyer un message se dit poster un article. Vous avez le choix entre poster un nouvel article ou répondre à un article déjà posté. Dans ce cas, vous pouvez répondre sur le newsgroup ou directement à l'auteur du message. Le courrier des newsgroups ne se distingue pas du courrier électronique conventionnel, du moins dans ses principales caractéristiques. Au besoin, reportez-vous aux chapitres 11 et 12 si certains points vous paraissent obscurs.

Rédiger un article

Supposons que le newsgroup rec.food.cooking ne comporte pas de message concernant le cassoulet de Carcassonne, qui est votre recette préférée. Vous décidez donc de créer un thread sur ce sujet.

Pour poster un article sur un sujet de votre choix :

1. Cliquez sur le bouton Composer un message. Peu importe qu'un message soit sélectionné lors de cette opération. Un encadré Nouveau message apparaît à l'écran. Le nom du newsgroup figure dans la zone A :. Il vous reste à taper le titre du message dans la zone Objet :.

2. Tapez l'objet du message (**Rech recette du cassoulet de Carcassonne**, par exemple).

3. Tapez le corps du message.

Adresser une réponse au groupe

Mettre son nez dans le courrier des gens est impoli dans la vie réelle. Sur Usenet, lire les messages, c'est prendre une part active au débat. Parcourir l'ensemble des messages est un excellent moyen de prendre connaissance des sujets traités et de l'ambiance du newsgroup. Cela détermine directement le ton que vous devrez adopter dans les réponses publiques.

Pour répondre à un message et le poster sur le newsgroup :

1. Alors que le message d'origine figure à l'écran, cliquez sur Répondre au groupe. La boîte de dialogue qui apparaît a pour objet « Re: *objet du message d'origine* ».

2. Tapez votre réponse, puis envoyez le message.

Pour joindre le message d'origine à la réponse, sélectionnez **Outils** ➡ **Options**, puis cliquez sur l'option Inclure le message dans la réponse, dans la page Envoyer. Pour en savoir plus sur la boîte de dialogue Options, reportez-vous au chapitre 13.

Répondre à l'auteur d'un article

Il est parfois préférable de répondre à l'auteur d'un message plutôt qu'au groupe dans son ensemble. Par exemple, Maria a perdu la recette du poulet yassa et demande qu'on la lui adresse personnellement. Une réponse directe à l'auteur d'un message permet de lui faire part personnellement d'un désaccord. Il ne faut pas en effet que le newsgroup devienne un lieu de réglements de compte. Vous risqueriez de déclencher la guerre (une *flame war,* comme disent les Américains). Les conflits sont inutiles car ils ne font pas évoluer le débat. Dans la vie réelle, il est rare que deux personnes expriment leur désaccord en public.

> **Les messages adressés au newsgroup sont pacifiques et constructifs. Tout refus ou désaccord doit être adressé directement à l'auteur du message incriminé.**

Pour répondre à l'auteur d'un message :

1. Alors que le message d'origine est sélectionné, cliquez sur Répondre à l'auteur. Une boîte de dialogue Composer un message apparaît. Le nom de l'auteur et l'objet du message figurent respectivement dans les zones A : et Objet :.

2. Tapez le message, puis envoyez-le.

Transférer un article

La recette du lapin aux cèpes est délicieuse. Vous voulez l'adresser à votre sœur, qui, elle, n'est pas abonnée au groupe ? Il suffit de faire suivre le message à son adresse e-mail.

Pour transférer un message de newsgroup :

1. Alors que le message est sélectionné, cliquez sur le bouton Transférer le message. La zone Objet de la boîte de dialogue Composer un message est déjà complétée, le message d'origine figure quant à lui dans la partie inférieure de l'encadré (figure 14-5).

2. Entrez le nom du destinataire.

3. Le cas échéant, modifiez l'objet du message.

4. Tapez une ou deux phrases d'introduction au-dessus du message d'origine (de sorte que votre sœur sache qui envoie la recette !).

5. Le cas échéant, modifiez le message d'origine.

14

6. Envoyez votre message.

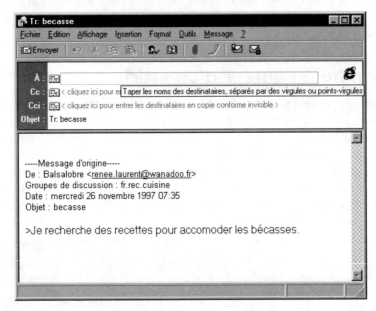

Figure 14-5 Transférer un message de newsgroup permet de le faire suivre à n'importe quelle adresse e-mail.

Trier les messages

Les options de tri sont nombreuses. Il est intéressant de classer les articles par noms d'utilisateur lorsque l'on est abonné au groupe depuis quelque temps. Pourquoi ne pas rechercher les messages en fonction de leur date ? Cette section traite des différentes méthodes de tri. Testez chacune d'elles et observez les effets sur l'affichage de la liste. Par défaut, les messages sont triés par threads. Notez également qu'une méthode de tri reste active d'une session à une autre.

ASTUCE **Outlook Express trie les expéditeurs en fonction de l'ordre prénom et nom. Par exemple, le nom Jane Smith est trié sur J (non sur S).**

Il existe deux façons de choisir un ordre de tri :

* Cliquez sur Affichage, puis sur Trier par. Sélectionnez la méthode de tri qui vous intéresse.

* Cliquez sur l'en-tête de colonne correspondant à la méthode de tri visée. Par exemple, cliquez sur la colonne Envoyé. Le triangle ▼ indique que les messages sont classés par ordre chronologique décroissant. Le triangle ▲ correspond à l'ordre contraire, les messages les plus anciens apparaissant en début de liste.

Marquer plus vite que son ombre

Il existe plusieurs façons de marquer un message. Un message lu peut être marqué comme non lu et *vice versa*. Pourquoi ? C'est ce que vous allez découvrir. Il est également possible de marquer un message pour téléchargement ultérieur.

Oui, mais... non !

Vous avez lu le message mais vous le marquez non lu. Ainsi, Outlook Express le conservera plus longtemps dans la liste. Un message ainsi marqué apparaît à nouveau en caractères gras. Toutefois, l'icône représentant une page tronquée ne lui est pas attribuée.

Pour marquer un message comme non lu, cliquez du bouton droit de la souris sur le titre, puis cliquez sur Marquer comme non lu(s) dans le menu contextuel.

Non, mais... oui !

Un message est marqué comme lu une fois qu'il a été consulté, ne serait-ce que quelques secondes. Comment marquer des messages non lus comme lus sans devoir les ouvrir un par un ? En fait, il est possible de traiter plusieurs messages simultanément. Vous pouvez ensuite configurer Outlook Express de sorte que seuls les messages non lus apparaissent à l'écran.

Pour marquer un ou plusieurs messages comme lus :

1. Cliquez sur le message à traiter. Pour marquer plusieurs messages (figure 14-6), optez pour les procédures de sélection Windows standard :

   ✳ Cliquez sur le premier élément.

   ✳ Appuyez sur la touche Maj et, sans la relâcher, cliquez sur le dernier élément à traiter. Tous les éléments compris dans cet intervalle sont mis en évidence.

   ✳ Pour définir une sélection discontinue d'éléments, cliquez sur le premier message. Celui-ci est mis en évidence. Appuyez sur la touche Ctrl et, tout en la maintenant enfoncée, cliquez sur l'élément suivant. Celui-ci est également mis en évidence. Procédez ainsi pour tous les éléments à traiter.

2. Cliquez du bouton droit de la souris sur le message mis en évidence, puis cliquez sur Marquer comme lu(s), dans le menu contextuel. Si les messages ne sont plus en évidence lorsque vous cliquez du bouton droit de la souris sur la liste, c'est que le pointeur de souris n'est sans doute pas placé sur le premier élément de la liste. Dans ce cas, répétez la procédure de sélection.

14

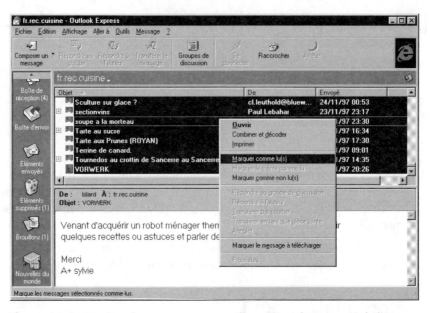

Figure 14-6 Marquer les messages comme lus permet de raccourcir la liste.

Priorité aux messages non lus

Par défaut, Outlook Express affiche tous les messages, y compris ceux qui sont marqués comme lus. Pour afficher uniquement les messages non lus :

1. Cliquez sur **Affichage** dans la barre de menus.

2. Cliquez ensuite sur **Affichage en cours ➡ Messages non lus**. Seuls les messages non lus apparaissent dans la liste.

Consulter un autre groupe

A tout moment, vous pouvez cliquer sur le bouton Groupes de discussion dans la barre Outlook pour revenir dans la liste des newsgroups. Il vous suffit alors de cliquer deux fois sur celui qui vous intéresse pour le consulter. Stop ! Il existe une méthode plus rapide pour y parvenir. La barre des dossiers comporte en effet la boîte de réception, la boîte d'envoi, vos dossiers personnels et les groupes auxquels vous êtes abonné.

Pour ouvrir un dossier dans Outlook Express :

1. Cliquez sur la flèche dirigée vers le bas, à droite du nom du groupe. Ce dernier est mis en évidence dans la liste des dossiers (figure 14-7).

2. Basculez dans un autre groupe, en cliquant sur son nom.

Cliquez ici

Cliquez sur un dossier

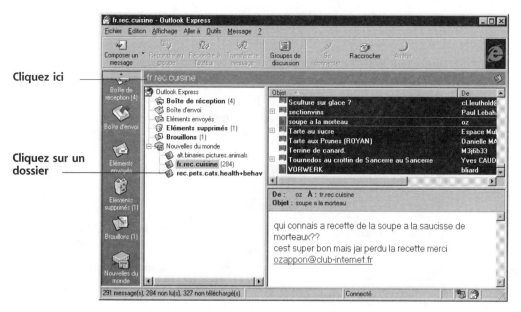

Figure 14-7 Vous pouvez à tout moment ouvrir un autre dossier dans Outlook Express.

Imprimer un message

Pour imprimer un message, cliquez du bouton droit de la souris sur son intitulé, puis cliquez sur Imprimer dans le menu contextuel. Malheureusement, Outlook Express ne fournit que le corps du message. Les informations de l'en-tête (nom, adresse e-mail...) n'apparaissent pas à l'impression. Pour connaître l'adresse de l'expéditeur du message, reportez-vous à la section « Qui est le Chevalier masqué ? ».

Enregistrer un message

Les groupes de nouvelles sont des sources inépuisables d'informations. Comment conserver les messages, sinon en les archivant ? Pour cela, vous pouvez les enregistrer dans un dossier ou dans le format texte.

Dans un dossier

Rien n'est plus facile que d'enregistrer un message dans Outlook Express. Il suffit de le faire glisser vers le dossier approprié. Pour créer un dossier, cliquez sur **Fichier ➡ Dossier ➡ Nouveau dossier**.

Pour enregistrer un message dans un dossier :

1. Cliquez sur le message qui vous intéresse.

2. Cliquez sur la flèche figurant au pied de la barre Outlook. Cliquez sur le dossier de destination.

3. Faites glisser l'icône du message du volet supérieur vers le dossier de la barre Outlook. Le signe + est associé au pointeur de la souris lors du déplacement (figure 14-8).

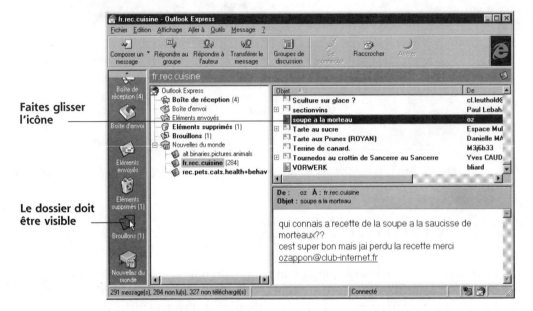

Figure 14-8   Faites glisser le message vers le dossier de destination.

4. Cliquez sur le dossier pour consulter son contenu.

 ASTUCE   **Vous pouvez également cliquer sur Edition ➡ Copier vers un dossier, puis sélectionnez le dossier de destination.**

Au format texte

La technique que vous venez de découvrir est pratique mais présente deux inconvénients : Outlook Express doit être en ligne et ouvert pour que vous puissiez lire le message. Heureusement, vous avez la possibilité d'enregistrer tout message au format texte, puis de le consulter à l'aide d'un logiciel de traitement de texte.

Pour enregistrer un message au format texte :

1. Cliquez sur le message à traiter.

2. Cliquez sur **Fichier ➡ Enregistrer sous**. La boîte de dialogue Enregistrer sous apparaît (figure 14-9). Le dossier par défaut est le répertoire de Outlook Express ou de Windows.

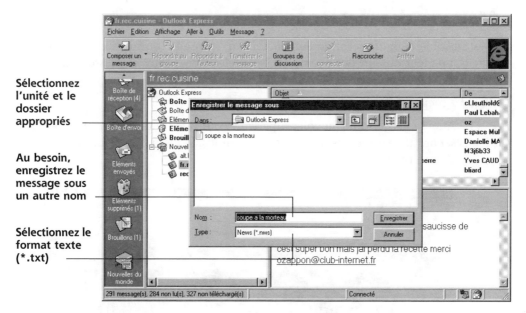

Sélectionnez l'unité et le dossier appropriés

Au besoin, enregistrez le message sous un autre nom

Sélectionnez le format texte (*.txt)

Figure 14-9 Enregistrer un message de newsgroup au format texte permet de l'ouvrir ensuite dans un logiciel de traitement de texte.

3. Cliquez sur la flèche dirigée vers le bas, à droite de la zone Enregistrer dans, puis parcourez l'arborescence de l'unité.

4. Au besoin, tapez un autre nom dans la zone de texte Fichier.

5. Cliquez sur la zone déroulante des types de fichiers, puis cliquez sur Fichiers texte (*.txt).

6. Cliquez sur le bouton Enregistrer. Vous pouvez ensuite ouvrir le fichier dans un logiciel de traitement de texte, en veillant à sélectionner le format approprié, ou en cliquant deux fois sur son nom à partir de l'Explorateur Windows ou de Poste de travail (dans ce cas, le message apparaît dans le Bloc-Notes).

Lire les articles hors connexion

Supposons que vous soyez en déplacement professionnel ou, mieux, en vacances. Certes, vous disposez d'un ordinateur portable mais vous renoncez aux sessions Internet. Vous n'avez pas le temps et comment pourriez-vous télécharger des messages depuis l'aéroport ? Rassurez-vous : il est possible de télécharger le newsgroup en totalité (entêtes et contenu) pour une consultation hors connexion. Même à bord d'un avion au-dessus de l'Atlantique, vous serez « connecté » à Usenet. La consultation n'est toutefois possible qu'après marquage et téléchargement des messages. Rien n'est magique !

Marquer des messages, puis...

Il est possible de marquer uniquement certains messages ou suites de messages (en fonction de leur auteur, par exemple). Pour télécharger tous les messages, reportez-vous à la section ci-après.

Procédez comme suit :

1. Augmentez la taille du volet supérieur. Pour cela, faites glisser la ligne de séparation vers le bas. Les messages sont visiblement plus nombreux (figure 14-10).

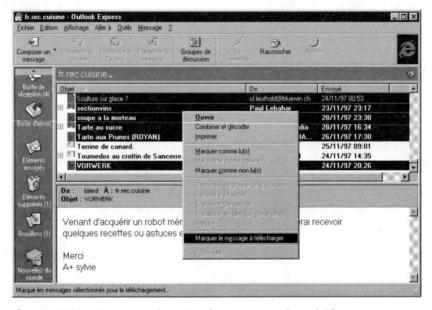

Figure 14-10   Marquez uniquement les messages mis en évidence.

2. Mettez en évidence les messages à télécharger. Reportez-vous aux procédures de la section « Marquer plus vite que son ombre ».

3. Cliquez du bouton droit de la souris sur les messages, puis sélectionnez **Marquer le message à télécharger**. On distingue un message à télécharger d'un message ordinaire à la flèche dirigée vers le bas figurant devant son intitulé.

ASTUCE   **Si vous décidez de ne pas télécharger le message ou le newsgroup, sélectionnez le ou les éléments à traiter. Cliquez ensuite sur le menu Outils, puis sur Marquer pour extraction ➡ Annuler les marques.**

...les télécharger !

Un message n'est consultable que si le corps du texte est chargé sur l'ordinateur, bien entendu. Outlook Express télécharge uniquement les en-têtes des messages sélectionnés.

Pour télécharger les messages :

1. Alors que le newsgroup est présent à l'écran, cliquez sur **Outils ➡ Télécharger ce groupe de discussion**. La boîte de dialogue de téléchargement apparaît alors (figure 14-11).

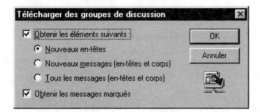

Figure 14-11   Personnalisez le téléchargement des messages.

2. Si vous avez marqué des messages, la case Obtenir les messages marqués figure dans la partie inférieure de la boîte de dialogue.

3. Cliquez sur Obtenir les éléments suivants.

4. Cliquez sur l'option appropriée. Reportez-vous à la section « Les en-têtes d'abord », ci-après. Si vous sélectionnez Tous les messages (en-têtes et corps) alors que le newsgroup est volumineux, le téléchargement risque de durer plusieurs minutes.

5. Cliquez sur OK. La progression de l'opération est représentée à l'écran. Cliquez sur Arrêter pour stopper le processus.

6. Pour fermer la boîte de dialogue, cliquez sur le bouton ☒.

Marquer tous les groupes

Vous venez d'apprendre à marquer des messages pour les télécharger. Pourquoi ne pas télécharger les groupes auxquels vous êtes abonné ? L'efficacité prime tout.

Procédez comme suit :

1. Allez dans le dossier contenant tous les newsgroups. Cliquez sur le bouton Groupes de discussion dans la barre des dossiers (figure 14-7) ou cliquez sur l'icône des newsgroups dans la barre Outlook.

2. Appuyez sur la touche Ctrl et, sans la relâcher, cliquez sur les newsgroups qui vous intéressent. Les groupes sélectionnés sont mis en évidence.

3. Cliquez du bouton droit de la souris sur la sélection. Cliquez sur **Marquer pour extraction** ➡ **Nouveaux messages** (ou sur toute autre option). Une flèche de téléchargement apparaît devant chaque message traité.

4. Cliquez sur **Outils** ➡ **Télécharger tout**. Le téléchargement commence : sa progression s'affiche dans un encadré Outlook Express.

LES EN-TÊTES D'ABORD

Par défaut, Outlook Express télécharge 300 en-têtes de message à la fois. Qu'est-ce qu'un en-tête ? Il s'agit de l'ensemble des informations relatives à un message : objet, auteur, taille et date de création. L'en-tête ne contient pas le corps du message. C'est pourquoi il est plus rapide de télécharger les en-têtes avant le contenu. La liste des messages qui apparaît dans le volet supérieur de Outlook Express regroupe seulement les en-têtes. Lorsque vous cliquez sur le titre du message, le logiciel marque une courte pause, puis extrait le contenu depuis le serveur de news. L'opération ne dure que quelques secondes, car la plupart des messages sont courts et ne contiennent que du texte. En revanche, l'internaute doit s'armer de patience lorsque les articles comportent des graphismes, voire des pièces jointes. Il est inutile de télécharger la totalité d'un newsgroup pour consultation, sauf si vous souhaitez lire les articles hors connexion.

Si le newsgroup comporte quelque 1 000 messages, il y a peu de chances qu'Outlook Express les télécharge tous.

❋ Pour extraire les en-têtes en totalité, cliquez sur **Outils**, puis sur **Obtenir les 300 en-têtes suivants**.

Lire dans une chaise longue

Les messages sont téléchargés. Partez tranquille : vous pourrez les consulter au calme dans l'avion.

Pour lire les messages hors connexion :

1. Lancez Outlook Express. Le cas échéant, annulez la connexion automatique à l'Internet.

2. Cliquez sur l'icône des newsgroups dans la barre Outlook, puis cliquez deux fois sur le groupe à consulter.

3. Le cas échéant, annulez à nouveau la connexion. Outlook Express tente de se connecter à l'Internet à la moindre occasion.

4. Lisez les messages.

Personnaliser les options

La boîte de dialogue Options comporte les paramètres de configuration des news-groups. Vous allez maintenant personnaliser ces options. Pour ce faire, cliquez sur **Outils ➡ Options**, puis sur l'onglet Lecture (figure 14-12).

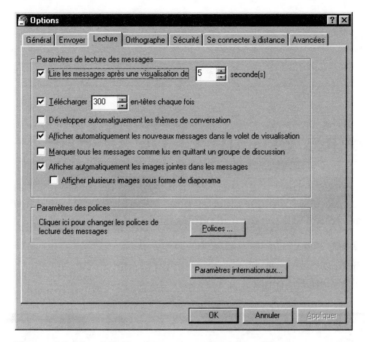

Figure 14-12   La page Lecture permet de modifier les paramètres de consultation des newsgroups.

Voici les options qui vous sont proposées :

* Nous vous conseillons de conserver la durée de cinq secondes à l'issue de laquelle le message apparaît.

* Le cas échéant, augmentez le nombre d'en-têtes à télécharger. La nouvelle valeur est prise en compte dans le menu Outils (géniaux, ces programmeurs !). Si vous désélectionnez cette option, Outlook Express chargera tous les en-têtes disponibles à chaque ouverture de session.

* Vous pouvez développer automatiquement les threads (pour éviter de cliquer sur le signe + figurant devant certains messages).

* Vous pouvez marquer comme lus tous les messages en quittant le groupe. Ainsi, lors de la prochaine session, seuls les nouveaux messages apparaîtront dans la liste. Mais, les messages non lus de la session précédente seront indisponibles.

❉ Afficher automatiquement les images jointes dans les messages vous évite de devoir télécharger les messages. Ne vous occupez pas de l'option diaporama, sauf si les messages contiennent plusieurs images jointes.

❉ Au besoin, modifiez la police et la taille des caractères.

BONUS

Des images en direct de Usenet

Outlook Express permet d'afficher des images dans les messages. Il est inutile de télécharger les pièces graphiques jointes pour les visualiser. Vous pouvez enregistrer le graphisme, voire l'utiliser comme papier peint.

Pour enregistrer une image dans un fichier :

1. Cliquez sur un message contenant un graphisme. Ce dernier apparaît dans le volet d'aperçu (figure 14-13).

Figure 14-13   Cliquez sur le trombone identifiant un message à pièce jointe graphique.

2. Cliquez sur le trombone. Une étiquette vous indique le nom, le type et la taille du fichier.

3. Cliquez sur cette étiquette. Outlook Express vous signale que le message comporte une pièce jointe (figure 14-14).

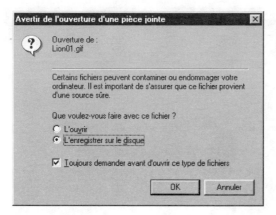

Figure 14-14 Outlook Express vous signale que le message contient une image.

4. Cliquez sur Ouvrir, puis sur OK. L'image apparaît dans le volet d'aperçu. Il est alors possible de l'afficher dans sa taille réelle.

Pour enregistrer l'image sur votre ordinateur, procédez comme suit :

1. Cliquez du bouton droit de la souris sur l'image.

2. Cliquez sur **Enregistrer l'image sous** dans le menu contextuel (figure 14-15). La boîte de dialogue Enregistrer sous apparaît. Notez que cette procédure peut s'appliquer à l'enregistrement d'images Web.

3. Sélectionnez l'unité et le dossier de stockage, puis cliquez sur OK.

14

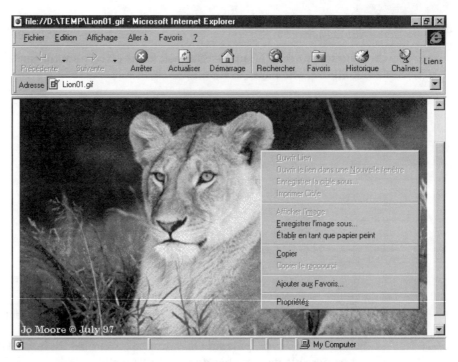

Figure 14-15 L'image peut être enregistrée sur disque dur.

Résumé

La vie est si facile, moyennant un peu d'organisation. Ainsi, les messages de news-groups peuvent être classés selon des critères différents, en fonction de vos besoins. Il est également possible de marquer des messages et des threads comme lus ou non lus, et se contenter de lire les articles d'un newsgroup sans nécessairement y participer. En postant des messages, en échangeant des idées et en aidant les autres utilisateurs, vous contribuez pleinement à la vie du groupe de nouvelles.

Dans ces trois chapitres, vous allez apprendre à utiliser NetMeeting. Ce logiciel, intégré à IE 4, permet de mener des conférences en ligne. Envolés les problèmes de courrier et de délai de réflexion ! Les intervenants réagissent en direct, expriment leur opinion, échangent idées et fichiers sur l'Internet.

NetMeeting permet d'établir une liaison audio et, si les ordinateurs sont dotés de caméras, une liaison vidéo. Le module Conversation est comparable aux options de conférence des services en ligne MSN et AOL. Par ailleurs, le Tableau blanc donne la possibilité aux intervenants de partager textes et images. Lors d'une téléconférence, vous pouvez également échanger des fichiers et visiter des sites Web. Vous devez d'abord installer NetMeeting et préparer la première conférence. Nous étudierons ensuite le fonctionnement du logiciel.

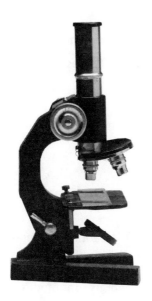

CHAPITRE 15

PRÉPARER UNE TÉLÉCONFÉRENCE

CE QUE VOUS ALLEZ DÉCOUVRIR :

L ES PUBLICITÉS AMÉRICAINES SONT PEUPLÉES de jeunes femmes en pantoufles qui travaillent à la maison, envoient leur courrier, participent à des téléconférences. Avec Microsoft NetMeeting, ce rêve devient réalité. Les pantoufles sont facultatives.

Avec Microsoft NetMeeting, la téléconférence est à portée de clavier. Vous pouvez discuter en temps réel avec vos interlocuteurs, échanger documents et graphismes *via* le Tableau blanc, télécharger des fichiers, surfer en groupe sur le Web et acheminer son et image sur l'Internet. Vous n'avez plus besoin de composer le numéro de téléphone de votre interlocuteur : il suffit de connaître son adresse. Peu importe qu'il habite en face de chez vous ou à Tahiti. Seule la connexion entre votre domicile et le fournisseur d'accès est facturée.

Bien entendu, NetMeeting est vraiment efficace lorsque chaque intervenant peut dialoguer à l'aide d'un micro. Pour fonctionner, le logiciel n'impose pas de connexion audio. De même, les vidéoconférences nécessitent du matériel que la plupart des internautes ne possèdent pas encore.

Vite ! Une conférence sur le Net

Vous dites : « On la fait cette téléconférence ? » Ne soyez pas si pressé. Avant de pouvoir lancer NetMeeting depuis Internet Explorer ou Outlook Express, il convient de définir les paramètres de téléconférence. Bien entendu, le logiciel doit être déjà installé sur le disque dur de votre ordinateur. Dans le cas contraire, reportez-vous au bonus du chapitre 3. Une fois NetMeeting installé, réalisez la procédure ci-après.

Pour configurer NetMeeting :

1. Connectez-vous à l'Internet manuellement ou en mode automatique.

2. Pour lancer le logiciel depuis Internet Explorer ou Outlook Express, cliquez sur **Aller à ➡ Appel Internet**.

   ou

   Cliquez sur **Démarrer** dans la barre des tâches, puis sur **Programmes ➡ Microsoft NetMeeting**.

3. L'Assistant Microsoft NetMeeting s'exécute.

Heureusement, il y a l'assistant

L'assistant NetMeeting affiche des informations générales sur les fonctionnalités du logiciel et sur les options à configurer (figure 15-1). Lorsque deux options vous sont proposées, choisissez l'option par défaut, excepté pour la connexion au serveur de répertoires au démarrage. Ne vous inquiétez pas : toutes les options sont modifiables ultérieurement.

Figure 15-1   L'Assistant Microsoft NetMeeting vous aide à configurer le logiciel.

L'assistant vous invite à :

✳ Sélectionner un serveur d'annuaire d'utilisateurs de l'Internet. Dans cette page, vous devez définir le serveur d'annuaire DLS sur lequel votre adresse e-mail sera enregistrée et qui vous permettra d'entrer en contact avec d'autres personnes. Acceptez la valeur par défaut. Si vous êtes enregistré sur un autre serveur, sélectionnez-le dans la liste déroulante. Désélectionnez l'option Se connecter à un serveur d'annuaire au démarrage de NetMeeting. Vous comprendrez plus tard l'utilité de cette action.

✳ Entrer vos nom, adresse e-mail et autres informations personnelles.

* Sélectionner une catégorie d'annuaire.

* Régler les paramètres audio du modem, ainsi que ceux de la carte son et du microphone. Si votre ordinateur n'est pas doté de ces périphériques multimédias, l'assistant affiche directement la dernière page. Notez qu'il est possible d'utiliser le module de conversation, le Tableau blanc, le module de partage et d'échange de fichiers sans disposer de carte son.

* Sélectionner la caméra vidéo (si l'ordinateur en est doté).

L'Assistant NetMeeting se referme et le logiciel démarre (figure 15-2).

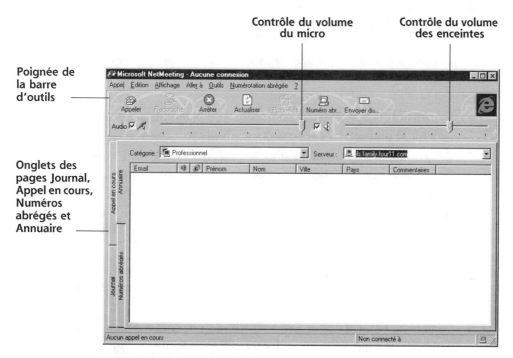

Figure 15-2 La fenêtre de Microsoft NetMeeting.

Check-list des options

La fenêtre NetMeeting (figure 15-2) présente les options suivantes :

* Les poignées de la barre d'outils, qui permettent de changer la disposition de la barre d'outils et de la barre de réglage du volume.

* Les curseurs de réglage du volume du micro et des enceintes qui permettent par un mouvement de gauche à droite de régler le son en entrée et en sortie.

* Les onglets donnant accès aux pages Journal (historique des appels précédents), Appel en cours, Numéros abrégés et Annuaire (extrait depuis un serveur).

Lors de son premier lancement, NetMeeting commence par se connecter à l'Internet. Si vous avez opté pour un serveur de démarrage, le logiciel extrait directement les adresses de l'annuaire associé. Nous vous conseillons de désélectionner cette option car ; 1) il est inutile de télécharger plusieurs centaines d'adresses à chaque session NetMeeting ; 2) il est parfois nécessaire de modifier la configuration avant d'établir une communication. En effet, vous devrez désactiver les options multimédias pour certaines conférences. Il est nécessaire de désélectionner certaines autres options, au démarrage de NetMeeting, dont l'assistant d'installation ne tient pas compte.

Pour vérifier les options de configuration :

1. Cliquez sur **Outils** ➡ **Options**. La page Général apparaît au premier plan de la boîte de dialogue Options. Parmi toutes ces options, comment déterminer celles qui doivent être activées :

   ✴ Exécuter au démarrage de Windows...: cette option permet de lancer NetMeeting lors de l'ouverture de Windows. A utiliser uniquement si l'ordinateur est dédié aux conférences.

   ✴ Afficher l'onglet Numéros abrégés... : page des numéros abrégés ; utile pour la plupart des connexions.

   ✴ Accepter automatiquement les appels entrants... : évite qu'un encadré de message s'affiche chaque fois qu'un intervenant souhaite se joindre au groupe.

   ✴ Afficher l'icône de l'Intel Connection Adviser... : option quasi indispensable, car elle lance le contrôle des connexions automatiques et fournit une aide sur les incidents de connexion.

2. Cliquez sur l'onglet Informations personnelles : cette page permet de gérer les informations personnelles dans certains annuaires. Vous avez ainsi la possibilité de modifier ou de supprimer votre adresse.

3. Cliquez sur l'onglet Appel. Dans cette page, vous allez sélectionner les options d'appel, selon que vous souhaitez ou non vous connecter automatiquement à un annuaire et que votre nom y soit répertorié. Cliquez dans l'encadré Numéros abrégés, puis définissez les options associées. Le cas échéant, cliquez sur les options Se connecter au serveur d'annuaire au démarrage de NetMeeting, Actualiser le contenu de l'annuaire au démarrage de NetMeeting et/ou Actualiser la liste des numéros abrégés au démarrage de NetMeeting, pour qu'elles ne soient plus prises en compte.

4. Cliquez sur l'onglet Audio. Cette page comporte l'option Activer le mode duplex intégral..., permettant de parler et d'écouter simultanément (comme avec le téléphone). En cas de problème d'émission/réception lors d'une conférence, reportez-vous à l'aide en ligne de l'Intel Connection Advisor.

5. Cliquez sur l'onglet Vidéo. Cette option est intéressante si les autres intervenants et vous disposez d'une caméra vidéo. Pour la désélectionner, cliquez dans les cases figurant sous « Envoyer et recevoir de la vidéo ».

15

6. Evitez de modifier les paramètres par défaut relatifs aux protocoles. Pour valider ou annuler les modifications effectuées dans la boîte de dialogue Options, cliquez sur OK ou sur Annuler.

Qu'y a-t-il au menu ?

Les options figurant dans les menus du logiciel dépendent des paramètres sélectionnés dans la boîte de dialogue Options. Il s'agit des options de menu suivantes :

* **Appel ➡ Ne pas déranger** : vous avez sélectionné l'option « Accepter automatiquement les appels entrants, mais ne souhaitez pas être dérangé lors de cette réunion.

* **Appel ➡ Connexion à...** : vous avez désélectionné l'option Se connecter à un serveur d'annuaire..., mais souhaitez créer un journal pour cette réunion. Si l'ordinateur n'est pas connecté à l'Internet, NetMeeting ouvre la session en tenant compte de cette option.

* **Appel ➡ Modifier les informations personnelles** : cette option modifie les informations vous concernant dans l'annuaire.

* **Affichage ➡ Actualiser** : vous avez désélectionné l'option Actualiser la liste des numéros abrégés..., dans la page Numéros abrégés. Si l'ordinateur n'est pas connecté à l'Internet , NetMeeting ouvre la session en tenant compte de cette option.

* **Affichage ➡ Actualiser** : vous avez désélectionné l'option Actualiser le contenu de l'annuaire..., dans la page Annuaire. Si l'ordinateur n'est pas connecté à l'Internet, NetMeeting ouvre la session en tenant compte de cette option.

Pour mettre à jour l'annuaire ou la liste des numéros abrégés, vous pouvez également cliquer sur le bouton Actualiser dans la barre d'outils. Vous êtes maintenant prêt à organiser votre première réunion.

La première réunion

Avant toute chose, convenez d'une date et d'une heure avec les participants. En effet, chacun devra avoir ouvert une session Internet quelques minutes avant le rendez-vous. Vous allez maintenant apprendre à appeler un interlocuteur depuis NetMeeting, puis à lancer le logiciel à partir d'une application IE 4.

Joindre un interlocuteur depuis NetMeeting...

Pour établir une connexion depuis la page Annuaire :

1. Cliquez sur **Appel** ➡ **Connexion à...** pour vous connecter à un serveur d'annuaire de l'Internet.

2. Cliquez sur l'onglet Annuaire. La page apparaît au premier plan (figure 15-3).

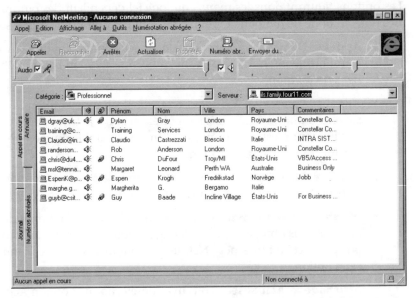

Figure 15-3 Page Annuaire de la fenêtre principale de Microsoft NetMeeting.

3. Cliquez sur la colonne qui va définir l'ordre de tri des messages. Par exemple, pour classer les messages sur le prénom par ordre alphabétique, cliquez sur la colonne Prénom.

4. Cliquez deux fois sur l'adresse de la personne à contacter. NetMeeting tente de se connecter.

Pour vous connecter depuis la page Numéros abrégés ou la page Journal :

1. Cliquez sur l'onglet correspondant.

2. Cliquez deux fois sur l'adresse de la personne. NetMeeting établit la connexion.

La boîte de dialogue Nouvel appel permet d'appeler un internaute en fonction de son adresse e-mail ou de l'adresse IP (pour *Internet Protocol*) de son ordinateur.

NOTE Une adresse IP est une adresse numérique Internet affectée de façon permanente à un ordinateur. Elle se révèle particulièrement utile dans les connexions entre deux ordinateurs d'entreprise. Une adresse IP se présente sous la forme 000.000.000.000 et permet d'indiquer un port spécifique du

15

réseau. Rares sont les fournisseurs Internet qui attribuent des adresses IP aux particuliers. En revanche, ils définissent un nombre fixe d'adresses IP affectées *en dynamique*. Ainsi, une adresse IP est associée à l'ordinateur tant que la session Internet est active. Elle est à nouveau disponible après déconnexion du PC. Cette solution est simple et peu onéreuse.

Pour établir un appel automatique :

1. Cliquez sur le bouton Appeler ou cliquer sur **Appel ➡ Nouvel appel**. La boîte de dialogue Nouvel appel apparaît (figure 15-4).

Figure 15-4 Boîte de dialogue Nouvel appel.

2. Dans la zone Adresse, tapez l'adresse e-mail ou l'adresse IP de votre interlocuteur.

3. Cliquez sur Appeler. NetMeeting tente alors de se connecter à l'adresse indiquée.

Joindre un interlocuteur hors de NetMeeting

NetMeeting peut être lancé depuis le carnet d'adresses Windows ou la boîte de dialogue Exécuter.

Pour lancer NetMeeting depuis le carnet d'adresses :

1. Ouvrez le carnet d'adresses.

2. Cliquez sur l'adresse de la personne à appeler.

3. Cliquez sur le bouton Propriétés. La boîte de dialogue Propriétés apparaît (figure 15-5).

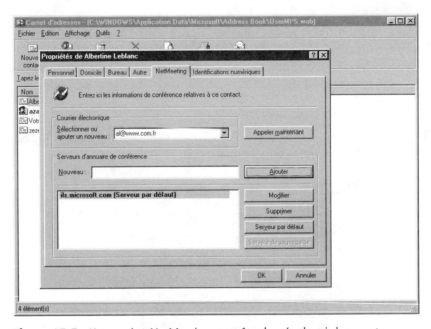

Figure 15-5   Une session NetMeeting peut être lancée depuis le carnet
d'adresses Windows.

4. Cliquez sur l'onglet NetMeeting.

5. Dans la liste déroulante Sélectionner ou ajouter un nouveau, cliquez sur l'adresse de votre interlocuteur.

6. Sélectionnez le serveur d'annuaire ou tapez le serveur de la personne, dans la zone Nouveau. Cliquez sur Ajouter.

7. Cliquez sur le bouton Appeler maintenant. NetMeeting tente d'établir la connexion.

Pour lancer NetMeeting depuis la boîte de dialogue Exécuter :

1. Cliquez sur Démarrer. Dans le menu Démarrer, sélectionnez **Exécuter**.

2. Tapez **callto:** suivi du nom du serveur d'annuaire de la personne et de son adresse e-mail, puis appuyez sur Entrée. Exemple : **callto:uls.microsoft.com/Untel@blablablabla.com**. NetMeeting établit la connexion.

Accepter ou refuser un appel

Si vous n'avez pas sélectionné Accepter automatiquement les appels, une boîte de dialogue apparaît à chaque réception d'appel. Cliquez sur Accepter ou sur Ignorer, selon que vous souhaitez ou non commencer une réunion. L'interlocuteur reçoit alors un message indiquant votre décision. Le même message de refus apparaît que vous refusiez l'appel ou que l'ordinateur ne soit pas connecté à ce moment-là.

15

Laisser un message

Si votre appel est refusé (pour une raison ou une autre), vous avez la possibilité de laisser un message au destinataire (figure 15-6). Bien entendu, cela n'est pas obligatoire mais vous permet de bénéficier des fonctionnalités du courrier électronique.

Pour laisser un message :

1. Cliquez sur Oui dans la boîte de dialogue vous informant que l'appel est refusé. Un formulaire contenant le nom du destinataire, l'objet et un message générique apparaît à l'écran (figure 15-6).

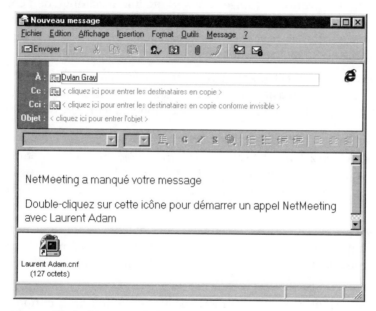

Figure 15-6 Message générique en cas de refus de l'appel.

2. Cliquez sur l'icône Envoyer, dans la barre d'outils ou sur **Fichier ➡ Envoyer**. Une boîte de dialogue Outlook Express vous informe que le message a été envoyé.

BONUS

Réunions de famille

NetMeeting permet de réunir des familles éloignées de plusieurs centaines de kilomètres et de faire des économies notables sur les factures de téléphone. Les lettres doivent être écrites à l'avance et copiées dans le module d'échange de fichiers ou dans le module Conversation. Quant aux photos, elles auront été préalablement numérisées et enregistrées dans le Tableau blanc. Il est également possible de partager une application, telle qu'un logiciel de généalogie.

N'oubliez pas que les éléments doivent être prêts à l'avance, car NetMeeting est déjà actif sur les PC des participants avant le début de la réunion. Pour vous en assurer, vous pouvez joindre les intéressés par téléphone ou leur adresser un message e-mail.

Pour organiser une réunion de famille sur l'Internet :

1. Convenez d'une date et d'une heure en téléphonant aux participants ou en leur adressant un message. Si vous résidez dans des zones géographiques distantes de plusieurs milliers de kilomètres, tenez compte des décalages horaires.

2. Ecrivez et enregistrez les lettres en format texte dans le Bloc-notes ou dans tout autre logiciel de traitement de texte. Ainsi, elles seront compatibles avec les modules Conversation et Echange de fichiers. Choisissez un répertoire facile à localiser pour tous les participants.

3. Si vous disposez d'un numériseur, traitez les images à partager dans le Tableau blanc. Dans le cas contraire, vous pouvez également faire numériser les images par une entreprise spécialisée. N'oubliez pas de copier les fichiers graphiques sur le disque dur de l'ordinateur avant la réunion. Il est judicieux de les enregistrer dans le même répertoire que les lettres (point 2).

4. Pour une réunion réussie, lisez attentivement les deux chapitres suivants !

Résumé

Les options de configuration de NetMeeting permettent de contrôler de façon satisfaisante le comportement du logiciel lors des téléconférences. Quelques clics de souris et une réunion peut être lancée à partir de NetMeeting, d'Outlook Express ou du Carnet d'adresses Windows.

CHAPITRE 16

CONVERSER ET UTILISER LE TABLEAU BLANC

CE QUE VOUS ALLEZ DÉCOUVRIR :

IL EST TEMPS D'ORGANISER UNE RÉUNION. Si vous disposez d'un micro et d'une carte, vous avez la possibilité de converser avec une personne à la fois. De même, vous ne pouvez pas afficher plusieurs fenêtres vidéo simultanément, quel que soit le nombre de participants. Pour passer d'une personne à une autre, il suffit de cliquer sur Basculer. Bien entendu, une caméra peut filmer deux personnes assises devant le même ordinateur. Dans ce cas, vous pouvez parler à chacune d'elles. En revanche, NetMeeting est incapable de traiter plusieurs canaux audio et vidéo. Le plus intéressant est que vous pouvez recevoir le signal vidéo d'autres intervenants, même si vous n'êtes pas doté de caméra.

NetMeeting est également un excellent moyen de mener une réunion de travail avec échange de messages texte et de fichiers. Le présent chapitre traite des options Conversation et Tableau blanc, disponibles dans toutes les configurations, multimédias ou non. Pour réaliser les exercices, vous devez avoir configuré NetMeeting selon les indications du chapitre 15. Vous êtes connecté ? Alors, en avant pour une conversation devant le Tableau blanc.

Une conversation entre amis

L'option Conversation est comparable aux outils de conversation de services en ligne comme America Online. Le texte tapé au clavier apparaît en temps réel sur l'écran de chaque participant. Avec NetMeeting, il est possible d'enregistrer la conversation dans un fichier si elle comporte des informations importantes.

ASTUCE   Il est possible de converser à l'aide de l'utilitaire Microsoft Chat, fourni avec IE 4. Vous avez le choix entre engager une conversation ou participer à une conversation menée par d'autres internautes.

Vous êtes prêt à discuter. Bien entendu, votre ordinateur est connecté à l'Internet et vous êtes en contact avec les autres participants. Si la fenêtre Appel en cours n'apparaît pas au premier plan, cliquez sur l'onglet de même nom.

Pour converser via NetMeeting :

1. Cliquez sur le bouton Conversation dans la fenêtre Conversation (figure 16-1). La fenêtre Sans titre - Conversation apparaît. Si le bouton Conversation est invisible à l'écran, la fenêtre Appel en cours n'est pas active.

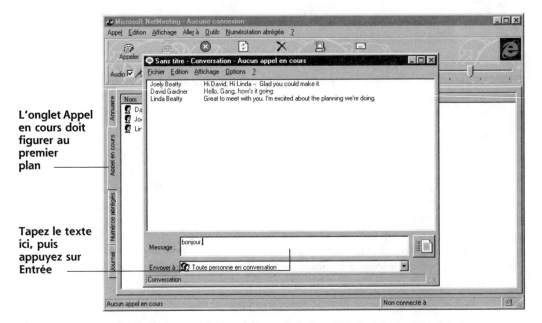

L'onglet Appel en cours doit figurer au premier plan

Tapez le texte ici, puis appuyez sur Entrée

Figure 16-1   NetMeeting permet de converser avec plusieurs personnes.

2. Dimensionnez la fenêtre Conversation de sorte qu'elle occupe le plus grand espace possible à l'écran.

3. Tapez le message dans l'encadré inférieur. Le texte doit être entré « au kilomètre » : les retours chariot s'insèrent automatiquement. Aussi évitez de taper sur la touche Entrée en fin de ligne, car cela reviendrait à envoyer un message incomplet.

4. Appuyez sur Entrée ou cliquez sur le bouton représentant une page, à droite du cadre de saisie. Le message apparaît dans le cadre supérieur, accompagné de votre nom. Chacun peut alors en prendre connaissance.

NOTE Pour enregistrer tout ou partie d'une conversation, cliquez sur **Fichier** ➡ **Enregistrer sous**, dans la barre de menus de la fenêtre Conversation. Les fichiers de conversation sont enregistrés en format texte, ce qui permet de les ouvrir dans n'importe quel éditeur.

Chuchotements

Durant votre enfance, lorsque vous chuchotiez quelques mots à l'oreille d'un petit camarade, il y avait parfois un adulte pour vous interdire de faire des « messes basses ». Avec NetMeeting, vous avez désormais le droit de faire des confidences à un participant sans que les autres en soient informés. L'intéressé reçoit un message devant lequel figure la mention « privé » (figure 16-2).

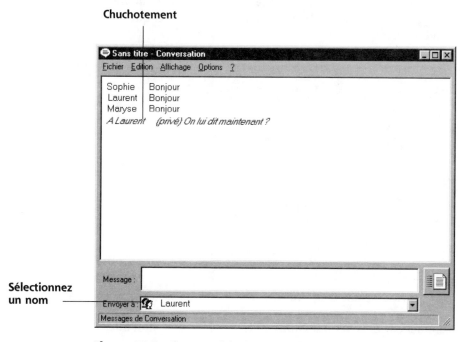

Figure 16-2 Il est possible d'envoyer des messages confidentiels.

Pour envoyer un message confidentiel :

1. Cliquez sur la flèche de la zone de liste déroulante de la fenêtre Conversation.

2. Cliquez sur le nom de l'intéressé.

3. Tapez le message, puis envoyez-le. La mention « privé » apparaît devant le texte. L'opération elle-même est dissimulé aux autres participants. Le destinataire reçoit le message précédé de l'intitulé « de nom (privé) bla bla bla ».

Ce soir, je reçois

Eh oui, l'heure est venue d'inviter vos amis à cette réunion. Avec NetMeeting, vous n'êtes pas tenu d'offrir des rafraîchissements. Mais votre sens de l'hospitalité vous conduit à envoyer des cartons d'invitation... par courrier électronique !

Vous êtes conviés...

Demander une réponse à l'invitation que vous adressez à vos amis permet de savoir qui participera à la réunion.

Pour envoyer une invitation électronique :

1. Alors que NetMeeting est connecté à un serveur d'annuaire, cliquez sur **Appel**, puis sur **Créer un numéro abrégé**. La boîte de dialogue Ajout d'un numéro abrégé apparaît (figure 16-3). Vous pouvez constater que votre adresse y figure déjà.

Figure 16-3 Envoyez un formulaire de réponse aux personnes conviées à la réunion.

2. Cliquez sur Envoyer par courrier électronique. L'option est sélectionnée.

3. Cliquez sur OK. Au bout de quelques secondes, la fenêtre Nouveau message apparaît dans le volet inférieur. En cliquant sur cette icône, les participants se connectent directement à votre adresse. Tapez le message. N'oubliez pas d'ouvrir une session NetMeeting quelques minutes avant le début de la réunion.

ASTUCE **Cliquer sur Enregistrer sur le bureau permet de placer un raccourci de numéro abrégé sur le bureau actif. Pour afficher la fenêtre Composer un message, il suffit ensuite de cliquer du bouton droit de la souris sur cette icône, puis de sélectionner Envoyer à@ -->Destinataire.**

Se joindre à une réunion

Cette opération est aisée. Il suffit de cliquer sur l'icône représentant l'organisateur de la réunion. NetMeeting vous demande si vous souhaitez prendre contact avec cette personne. Cliquez sur Oui et exprimez-vous !

Le Tableau blanc

16

Il s'agit d'un espace partagé par les participants d'une téléconférence. Il permet de soumettre idées et croquis, que chacun peut compléter ou modifier.

Si vous êtes familiarisé avec Microsoft Paint ou Paintbrush, le Tableau blanc n'a plus de secrets pour vous. Dans le cas contraire, vous vous initierez rapidement à ses fonctionnalités. Rien n'est insurmontable !

 ASTUCE **Vous avez la possibilité d'utiliser le Tableau blanc hors connexion. Testez ses options, ouvrez un fichier graphique, tapez quelques idées et enregistrez votre travail.**

Pour ouvrir le Tableau blanc :

1. Cliquez sur l'onglet Appel en cours.
2. Cliquez sur l'icône Tableau blanc, dans la barre d'outils. Si elle ne figure pas à l'écran, la fenêtre Appel en cours n'est pas active. NetMeeting recherche les tableaux blancs des participants, puis affiche le vôtre.
3. Cliquez sur le bouton Agrandissement. Le Tableau blanc occupe la totalité de l'écran.

Devenir un cyber-Picasso

Les outils graphiques du Tableau blanc sont rudimentaires. Inutile d'être doué en dessin : l'essentiel est de savoir tracer quelques formes élémentaires (figure 16-4). La palette de couleurs et l'option d'épaisseur de trait n'apparaissent qu'en fonction de l'outil sélectionné.

L'encadré comporte les éléments suivants :

* La barre de titre indique le nombre de participants. Si vous travaillez hors connexion, elle indique (élégamment) « Pas en communication ».
* Les quinze icônes représentent les outils du Tableau blanc dont les noms apparaissent également dans le menu Outils. Bien entendu, il est plus aisé d'utiliser la palette d'outils que d'appeler les outils les uns après les autres dans le menu (voir tableau 16-1).
* Les quatre épaisseurs de trait ne sont disponibles qu'avec les outils permettant de tracer des lignes.

✳ La palette de couleurs n'est associée qu'aux outils de dessin et d'écriture.

✳ Le bouton + permet d'ajouter des pages.

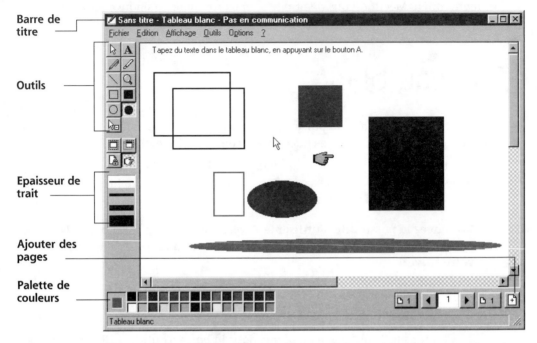

Figure 16-4 Le Tableau blanc est l'espace où les participants partagent leurs i dées par écrit.

Tous ces outils ! Pour quoi faire ?

Avant de vous servir des outils, notez que :

✳ Les outils sont sélectionnables un à un. Un outil reste actif tant que vous n'avez pas cliqué sur un autre. Attention de ne pas effacer un croquis avec la gomme alors que vous souhaitiez utiliser le stylet, par exemple.

✳ La plupart des outils sont associés aux options de couleur et d'épaisseur de ligne. Ainsi, il est possible de tracer un rectangle à bords minces ou à bords épais et de lui adjoindre l'une des 28 couleurs disponibles (figure 16-4). Vous pouvez indifféremment choisir une épaisseur de trait et couleur avant ou après avoir sélectionné un outil. Ces options restent actives tant que vous ne cliquez pas sur un autre outil.

✳ Le Tableau blanc ne comporte pas d'option d'annulation. Pour effacer un élément, vous disposez de la gomme (voir tableau 16-1).

Le tableau ci-après décrit les outils du Tableau blanc. Pour connaître le nom d'un outil, il suffit de laisser quelques instants le pointeur sur le bouton correspondant. Une info-bulle apparaît. Par ailleurs, si le Tableau blanc est surchargé de notes et de croquis, cliquez sur **Edition ➡ Effacer une page**.

TABLEAU 16-1 Outils du Tableau blanc

Outil	Nom	Mode d'emploi
	Sélecteur	Il permet de sélectionner les éléments figurant dans l'espace partagé, comme une phrase ou une forme. L'élément sélectionné est entouré de pointillés. Vous pouvez alors déplacer ou modifier sa couleur, d'un clic dans la palette.
	Texte	Cliquez sur le bouton. Le pointeur prend la forme d'un I. Cliquez à l'endroit où doit commencer la phrase. Un encadré en pointillés apparaît dans le Tableau blanc. Le bouton Options de police s'affiche à droite de la palette de couleurs. Vous pouvez ainsi sélectionner une police et une casse. Pour arrêter la saisie, cliquez sur un autre outil ou hors de l'encadré en pointillés. Pour éditer le texte, cliquez à nouveau sur l'outil Texte.
	Stylet	Cet outil permet de dessiner et d'écrire. D'un clic de souris, sélectionnez l'épaisseur de trait et/ou la couleur qui vous intéresse(nt). La couleur sélectionnée apparaît dans le carré, à gauche de la palette. Elle reste active tant que vous ne la remplacez pas par une autre couleur.
	Surligneur	Comme son nom l'indique, il permet de mettre en évidence un élément, dans une couleur et une épaisseur de trait sélectionnées (voir ci-dessus).
	Ligne	Le pointeur prend la forme d'un signe +. Cliquez sur le point d'origine du trait et, sans relâcher le bouton de la souris, faites glisser le pointeur vers le point d'arrivée. Une ligne droite apparaît. Pour tracer des lignes courbes, préférez l'outil Stylet. Au besoin, sélectionnez une épaisseur de trait et/ou une couleur. Les diagonales semblent parfois un peu irrégulières. Ne vous inquiétez pas : ce défaut n'apparaît pas à l'impression de la page.
	Zoom	Cet outil se place sur le dernier emplacement traité. La loupe n'est pas mobile à l'écran. Pour la déplacer, il convient d'abord de la désactiver, puis de la placer sur la partie à traiter.
	Rectangle vide	Cliquez sur cet outil pour tracer un rectangle vide. Le pointeur prend la forme d'une croix. Cliquez sur le point d'origine et, tout en maintenant le bouton de la souris enclenché, faites glisser le pointeur vers le point d'arrivée. Lors du traçage, l'épaisseur du contour est réduite au minimum. Relâchez le bouton. Le contour du rectangle apparaît dans l'épaisseur et la couleur sélectionnées.
	Rectangle plein	Reportez-vous au mode d'emploi de l'outil Rectangle vide.

16

TABLEAU 16-1   Outils du Tableau blanc *(suite)*

Outil	Nom	Mode d'emploi
○	Ellipse vide	Reportez-vous aux modes d'emploi des outils Rectangle vide et Rectangle plein.
●	Ellipse pleine	Reportez-vous aux modes d'emploi des outils Rectangle vide et Rectangle plein.
	Gomme	Lorsque vous cliquez sur cet outil, le pointeur de la souris s'agrémente d'un minuscule signe moins. Cliquez sur la forme à traiter. Si elle se compose de plusieurs segments, ceux-ci sont effacés un par un.
	Capturer une fenêtre	Le message « La prochaine fenêtre sur laquelle vous cliquerez sera collée dans le Tableau blanc » apparaît. Cliquez ensuite dans la fenêtre à récupérer. Pour annuler l'opération, appuyez sur Echap. Pour effacer la fenêtre collée dans le Tableau blanc, cliquez sur le Sélecteur, puis sur le contour de l'image. Enfin, appuyez sur la touche Suppr.
	Capturer une zone d'écran	Le message « Sélectionnez une zone d'écran à coller sur le Tableau blanc » apparaît. Cliquez sur OK, puis dans la zone écran de l'application qui vous intéresse. Le pointeur prend la forme d'une croix. Sélectionnez la surface par la technique du glisser-déplacer. Relâchez le bouton. La sélection apparaît dans le Tableau blanc. Pour l'effacer, reportez-vous aux indications de l'outil Capturer une fenêtre.
	Verrouiller/ déverrouiller le contenu	Cliquez sur cette icône pour empêcher les personnes étrangères à la réunion de modifier le contenu du Tableau blanc. Cliquez une seconde fois pour permettre les modifications. Un verrou est adjoint au pointeur de la souris. Seul le pointeur distant est disponible (voir ci-après).
	Activer/ désactiver le pointeur distant	La main figurant dans le Tableau blanc est un pointeur qu'il est aisé de déplacer à l'aide de la souris, pour mettre l'accent sur tel ou tel élément important. Chaque participant dispose d'un pointeur distant, d'une couleur différente.

NOTE   Le contenu du Tableau blanc peut être imprimé comme n'importe quelle page. Cliquez sur **Fichier ➡ Imprimer** pour sélectionner les options appropriées dans la boîte de dialogue Impression.

Ajouter une page

Pour cela, il suffit de cliquer sur l'icône Insérer une nouvelle page, dans l'angle inférieur droit du Tableau blanc. Une page est ajoutée immédiatement après la page active (figure 16-5). Pour insérer une page avant ou après la page, vous pouvez aussi passer par le menu Edition. Si le Tableau blanc comporte plusieurs pages, utilisez les icônes suivantes :

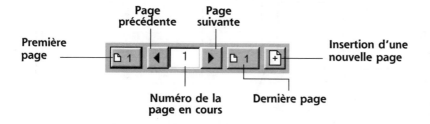

16

Figure 16-5 Il est possible d'ajouter des pages et de les parcourir à l'aide des boutons figurant dans la partie inférieure du Tableau blanc.

Mettre fin à une réunion

Pour cela, il suffit de cliquer sur le bouton Raccrocher. Vous pouvez également cliquer sur Fermer, puis sur Raccrocher pour déconnecter l'ordinateur.

BONUS

Pourquoi utiliser le Tableau blanc ?

Vous vous demandez peut-être si le Tableau blanc est vraiment utile dans la vie professionnelle. Voici quelques idées d'utilisation :

Où se trouve votre société ?

L'un des participants de la réunion doit rencontrer le directeur de votre entreprise. Pourquoi ne pas lui fournir un plan d'accès *via* le Tableau blanc (figure 16-6) ? Pour gagner du temps, le fichier graphique sera préalablement enregistré sur disque dur. Lancez l'utilitaire Tableau blanc, puis cliquez sur **Fichier** ➡ **Ouvrir**. Le plan d'accès apparaît chez les participants de la réunion, qui peuvent alors l'enregistrer et l'imprimer.

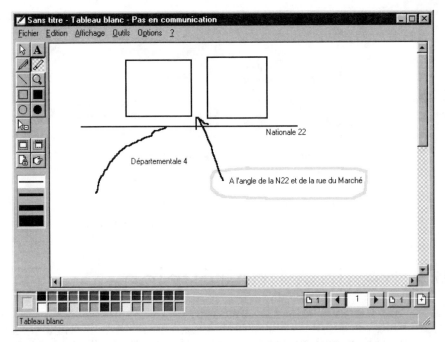

Figure 16-6   Proposez un plan d'accès aux participants de la réunion.

Partager des images

Le Tableau blanc est un espace de partage pour les images et les photos.

Malheureusement, il n'est pas encore possible d'ouvrir de fichier graphique directement dans le Tableau blanc. Pour partager une image :

1. Cliquez sur l'icône Démarrer Internet Explorer, dans la barre Lancement rapide.

2. Cliquez sur **Fichier ➡ Ouvrir**, puis sur le répertoire contenant le fichier graphique. Ouvrez ce dernier.

3. Dans la fenêtre d'affichage, cliquez du bouton droit de la souris sur l'image, puis sur l'option Copier.

4. Dans la barre d'outils du browser, cliquez sur **Aller à ➡ Appel Internet**. NetMeeting est lancé.

5. Cliquez sur le bouton Tableau blanc.

6. Dans la barre de menus du Tableau blanc, cliquez sur **Edition ➡ Coller**. L'image apparaît dans l'espace partagé.

Il est possible de partager des images recherchées sur des sites Web (voir chapitre 17). Le Tableau blanc n'offre malheureusement que les fonctionnalités d'affichage d'un browser Web.

Figure 16-7 L'image est collée dans le Tableau blanc.

Résumé

NetMeeting comporte deux utilitaires géniaux : Conversation et Tableau blanc. Même sans équipement multimédia, vous pouvez converser avec d'autres personnes et partager avec elles un espace graphique.

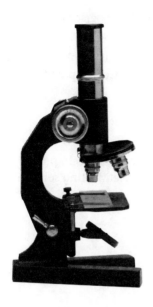

CHAPITRE 17

ECHANGER DES FICHIERS ET TRAVAILLER EN GROUPE

Ce que vous allez découvrir :

Vous avez sans doute déjà participé à des conversations téléphoniques de ce genre :

* Vous *(d'un ton calme et sérieux)* : Jetons un oeil à la page 17 du contrat.

* Y *(perdu)* : La page 17 ? Je ne l'ai pas sous les yeux. Ah ? Oui ! Quel paragraphe ?

* Vous *(toujours zen)* : Paragraphe 14a, au milieu de la page.

* Y *(totalement perdu)* : Paragraphe 14 ?

* Y *(un peu nerveux)* : Non. Le paragraphe 14*a* !

Heureusement NetMeeting est là ! Il est désormais possible de partager le même document avec plusieurs personnes, à l'occasion d'une téléconférence.

Et si vous surfiez en groupe ? Pourquoi ne pas faire découvrir de nouveaux sites Web à vos amis ?

Une certaine idée du partage

Chez Microsoft, on a une bien étrange conception du partage. Lors d'une téléconférence, un fichier partagé n'est modifiable que par son auteur, les autres participants devant se contenter de le consulter à l'écran, sans possibilité de modification. Bien que moralement condamnable, cette conception appliquée au monde de l'informatique est réaliste, car elle permet de soumettre un document à plusieurs personnes sans risquer de le perdre ou de l'endommager.

Pour partager un fichier, il faut être au moins deux personnes. Pour plus de clarté, l'utilisateur actif est la personne qui propose le document, l'utilisateur passif désigne celui qui reçoit le document sur son poste de travail.

Pour proposer un fichier à un utilisateur passif :

1. Cliquez sur l'onglet Appel en cours.

2. Ouvrez le fichier (dans notre exemple, une feuille de calcul Excel), puis réduisez l'application qui lui est associée, de sorte que NetMeeting soit visible à l'écran.

Vous êtes utilisateur passif :

1. Cliquez sur l'onglet Appel en cours.

2. Asseyez-vous confortablement et attendez.

Vous êtes utilisateur actif :

1. Cliquez sur le bouton Partager dans la barre d'outils Appel en cours. Une liste d'applications et de fichiers apparaît (figure 17-1).

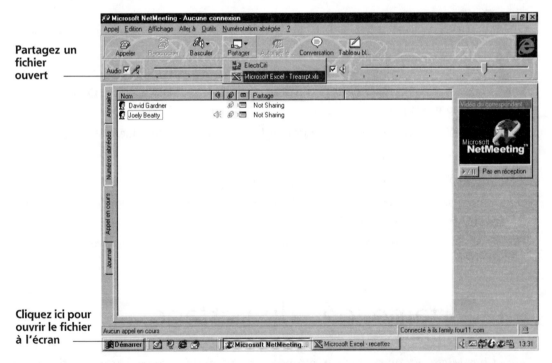

Partagez un fichier ouvert

Cliquez ici pour ouvrir le fichier à l'écran

Figure 17-1 Ouvrez les fichiers figurant dans le menu Partage. Cliquez sur le fichier à partager, puis sur l'icône correspondante dans la barre des tâches, de sorte que les utilisateurs passifs reçoivent une image.

À DÉCOUVRIR

DES BARRES D'OUTILS DONT ON NE SAIT QUE FAIRE

Vous connaissez l'utilité de la barre des tâches, dans la partie inférieure de l'écran Windows 95. Depuis le premier chapitre, vous vous servez de la barre Lancement rapide, qu'Internet Explorer a adjointe à la barre des tâches. Lors du lancement de NetMeeting, la barre d'état s'agrémente de l'icône du produit. La barre d'état désigne le rectangle en méplat occupé par les icônes des programmes résidants : carte son, logiciel antivirus, Intel Connection Advisor, NetMeeting et l'horloge.

Icône NetMeeting

Cliquez droit sur l'icône de NetMeeting pour afficher la barre d'accès rapide au logiciel. Cette dernière permet de basculer d'une fonctionnalité à une autre sans devoir réduire les autres fenêtres.

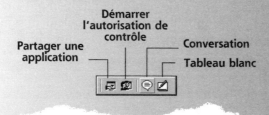

Démarrer l'autorisation de contrôle

Partager une application

Conversation

Tableau blanc

2. Cliquez sur le fichier à partager. Microsoft NetMeeting vous avertit que vous avez choisi de partager une application. Cliquez sur OK.

3. Basculez dans la barre des tâches. Cliquez sur l'icône représentant le fichier. L'utilisateur passif doit attendre l'affichage du fichier sur son poste. Le contenu de la fenêtre partagée ainsi que vos actions sur le document (sélection d'une cellule, déplacement de valeurs, etc.) sont reproduits en temps réel sur le poste de l'utilisateur passif.

Vous êtes utilisateur passif. Pour partager le fichier :

1. La barre des tâches comporte une image qui représente une main tenant un fichier (figure 17-2). Placez le pointeur sur ce bouton, le nom du fichier et le nom de l'utilisateur actif apparaissent dans un cadre.

Figure 17-2   Cliquez sur ce bouton pour partager le fichier de l'utilisateur actif.

2. Cliquez sur ce bouton : le fichier qui lui est associé apparaît. L'utilisateur actif mène alors le jeu. NetMeeting vous empêche d'apporter des modifications au document distant. Ce message revient à la moindre occasion, ce qui peut irriter quelque peu.

NOTE **L'utilisateur actif est la seule personne autorisée à modifier et à fermer le document partagé. Pour fermer un fichier partagé, cliquez sur le bouton Partager dans la barre d'outils Appel en cours. Une marque de sélection apparaît en face du nom du fichier, dans le menu Partager. Cliquez à nouveau sur le libellé. Le fichier n'est pas partagé et disparaît donc des autres écrans. Si vous êtes intéressé par un partage « collaboratif » des ressources, c'est-à-dire pour le travail de groupe au sens premier du terme, reportez-vous à la section intitulée « L'union fait la force », plus loin dans ce chapitre.**

L'union fait la force

Dans NetMeeting, la notion de « partage » correspond à une certaine passivité de tous les participants à la réunion, hormis de la part de l'utilisateur qui lance l'application et propose le document en consultation. Partage peut également signifier collaboration. Dans ce cas, l'utilisateur actif soumet le document aux autres participants, qui ont le droit de le mettre à jour.

Collaborer

Ce processus se déroule en deux temps : le partage puis l'ouverture du fichier en lecture/écriture.

Vous êtes utilisateur actif. Procédez comme suit :

1. Ouvrez le fichier en mode partage, comme expliqué plus haut.

2. Une fois le fichier partagé, cliquez sur le bouton Démarrer l'autorisation de contrôle, dans la barre d'état (voir note ci-dessus). Cliquez sur OK, dans la zone de message qui apparaît (figure 17-3).

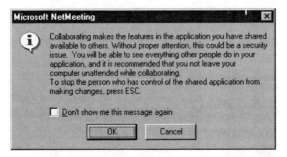

Figure 17-3 Cliquez sur le bouton Démarrer l'autorisation de contrôle, puis sur OK, dans la zone de message.

3. Le fichier étant réduit, cliquez dans la barre des tâches, pour basculer dans l'application hôte.

4. Toutes les modifications que vous apportez au fichier sont visibles sur l'écran de l'utilisateur passif.

Vous êtes utilisateur passif. Procédez comme suit :

1. Cliquez sur le bouton Démarrer l'autorisation de contrôle, dans la barre d'état (voir note ci-dessus). Cliquez sur OK, dans la zone de message qui apparaît.

2. Le fichier est réduit. Cliquez dans la barre des tâches pour basculer dans l'application hôte.

3. Les initiales de la personne qui traite le document figurent à l'écran (figure 17-4).

4. Lorsque vous déplacez le pointeur, un message contextuel vous invite à cliquer sur le bouton de la souris pour prendre le contrôle. Appuyez sur le bouton : vos initiales apparaissent sur les autres écrans de la réunion.

17

Prendre le contrôle du document

Initiales de la personne qui traite le document

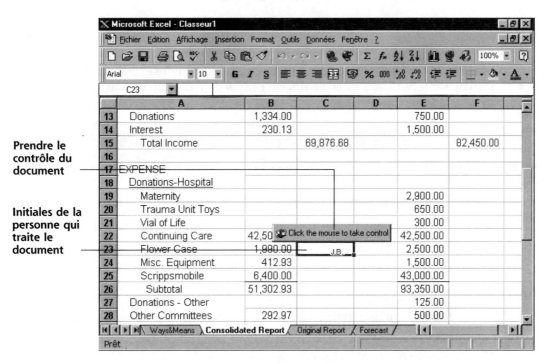

Figure 17-4 Les initiales de la personne qui traite le document figurent à l'écran. Un message contextuel vous indique comment prendre la main.

NOTE Une seule personne peut prendre le contrôle du document. Les autres utilisateurs sont passifs tant que l'un d'eux n'a pas cliqué sur le message contextuel. Bien que ralentissant le travail du groupe, cette technique de mise à jour concurrente évite les conflits réseau. Il est néanmoins possible de coordonner les actions des utilisateurs par liaison audio.

Je jette l'éponge

Tout participant peut mettre fin au partage, en cliquant sur le bouton Prendre le contrôle du document. Seul l'utilisateur actif peut le refermer.

* Un message vous demande de confirmer votre action. Cliquez sur OK.

* Le document est toujours partagé, y compris sur les postes des utilisateurs ayant mis fin au partage. Pour fermer le document sur les écrans des utilisateurs passifs, l'utilisateur actif doit cliquer sur le bouton Partager, puis effacer la marque de sélection en face du nom du fichier.

* Pour obtenir une copie mise à jour, il convient de télécharger le fichier. Cette opération est un jeu d'enfant, comme le montre la section ci-après.

Ce qui est à moi est à toi

Il est aisé de télécharger un fichier à l'aide de NetMeeting. L'opération est nettement plus complexe avec un logiciel comme Outlook Express : il faut lancer la messagerie, ouvrir une fenêtre d'édition, écrire le message et lui joindre le fichier, puis procéder à l'envoi. Dans NetMeeting, en revanche, l'envoi d'un document peut s'effectuer à partir de n'importe quel module.

> **Une réunion peut être l'occasion d'envoyer un fichier aux autres participants.**

Procédez comme suit :

1. Cliquez sur **Outils** dans la barre de menu, puis sur **Transfert de fichiers** ➡ **Envoyer un fichier**.

2. Dans la boîte de dialogue qui apparaît, cliquez sur le dossier contenant le fichier, puis sur **Envoyer**. La progression du téléchargement peut être suivie dans la barre d'état, dans la partie inférieure de la fenêtre NetMeeting. Une fois l'opération terminée, un message d'information apparaît. Le tour est joué ! Les autres participants disposent du fichier sur leur ordinateur.

Vous recevez un fichier. Voici ce qui se passe :

1. Une fois le transfert terminé, la boîte de dialogue représentée par la figure 17-5 apparaît. Vous pouvez alors cliquer sur :

   * **Ouvrir**, pour afficher le fichier directement à l'écran. Pour sauvegarder les données sur disque, cliquez sur Enregistrer sous.

   * **Fermer**, pour clore la boîte de dialogue. Le fichier est ouvert à l'étape suivante.

   * **Supprimer**, pour supprimer le fichier de l'ordinateur.

2. Le fichier est visible dès que vous fermez la boîte de dialogue de transfert. Pour cela, cliquez sur **Outils ➡ Transfert de fichiers ➡ Ouvrir les fichiers reçus** (figure 17-6).

3. Cliquez deux fois sur l'icône associé au fichier pour ouvrir celui-ci.

ASTUCE

Par défaut, le dossier de réception des fichiers se situe dans le répertoire C:\Program Files\NetMeeting. Pour changer de dossier de réception, cliquez sur Outils ➡ Options, puis sur l'option Changer de dossier, dans la page Général. Parcourez alors l'arborescence et sélectionnez le nouveau dossier de réception.

Figure 17-5 Cette boîte de dialogue apparaît au moment du téléchargement d'un fichier partagé.

Figure 17-6 Le dossier fichiers reçus comporte les fichiers téléchargés lors de réunions NetMeeting.

Une visite au Louvre

Vous êtes passionné de peinture et de sculpture, de miniatures et d'œuvres monumentales. Vous décidez de faire découvrir le Louvre à vos amis, hors des heures habituelles de visite. Il convient d'organiser une téléréunion et de parcourir ensemble et simultanément les pages Web consacrées à cette forteresse médiévale devenue palais des rois de France !

 SUR LE WEB **Pour aller directement à la page de démarrage du musée du Louvre, tapez** http://mistral.culture.fr/louvre **dans la zone Adresse de Internet Explorer.**

Pour surfer en groupe :

1. Lancez NetMeeting et appelez un ami.

2. Cliquez sur le bouton Démarrer Internet Explorer, dans la barre des tâches, ou sur **Aller à ➡ Page de démarrage**.

3. Alors que le browser apparaît à l'écran, cliquez sur l'icône NetMeeting, dans la barre des tâches, puis cliquez sur le bouton Partager. Dans le menu Partager, cliquez sur Démarrer Internet Explorer (figure 17-7). La page du browser apparaît sous une forme réduite lors du processus. Pour l'agrandir, il suffit de cliquer sur le bouton qui lui est associé dans la barre des tâches.

Figure 17-7 Partage d'une session Web lors d'une téléconférence.

4. Alors que la page est ouverte, cliquez sur Démarrer l'autorisation de contrôle, dans la barre d'outils d'accès rapide.

5. Votre ami(e) clique sur la même icône et la page du browser s'affiche automatiquement sur son ordinateur.

Vous pouvez commencer la session Web partagée. Pour l'arrêter, suivez les étapes de la partie « Ce qui est à toi est à moi », plus haut dans ce chapitre.

BONUS

Home sweet home

Nous travaillons à domicile comme consultants et auteurs d'ouvrages informatiques depuis quelques années. Comme toute chose, le télétravail présente avantages et inconvénients et véhicule des idées reçues que nous allons étudier maintenant.

Idée reçue n° 1 : en travaillant à la maison, je suis totalement disponible pour mes enfants.

Détrompez-vous. Si vos enfants sont jeunes, prévoyez un mode de garde (crèche, nourrice...) car le télétravail correspond à une activité à temps plein. Vous ne devrez être dérangé sous aucun prétexte (sauf en cas d'urgence, bien entendu). Il est impossible de concilier la cuisine, le ménage et une activité professionnelle à domicile. Heureusement, vous pouvez toujours adapter les horaires pour rencontrer l'institutrice de vos enfants ou vous rendre à une réunion importante. Toutefois, cela ne doit pas vous faire oublier que les heures passées à l'extérieur sont autant d'heures à rattraper le soir et le week-end, devant l'ordinateur.

Idée reçue n° 2 : le travail à la maison, c'est plus cool.

Il est vrai que l'on peut aisément oublier costume (ou tailleur) et attaché-case les jours sans rendez-vous professionnels. Le trajet domicile-bureau prend 15 secondes. OK. Toutefois, en cas de panne ou de problème technique, vous ne pouvez pas dire : « On va appeler la maintenance » et attendre l'intervention du collègue compétent. Un problème devient *votre* problème. Si vous étiez habitué à compter sur les autres, le télétravail risque de provoquer un choc !

Si vous faites preuve d'autodiscipline et aimez relever les défis, le télétravail est fait pour vous.

SUR LE WEB ➡ **Voici des sites Web intéressants traitant du télétravail :**

Le Home Office Association of America est un club de télétravailleurs :

`http://www.hoaa.com/`

L'American Home-Workers Association regroupe plus de 3 000 entreprises américaines employant des télétravailleurs. Ce site donne des conseils aux personnes désireuses d'exercer une activité à domicile :

`http://www.ahwa.com/`

Résumé

NetMeeting est une porte ouverte sur les autres. Il est possible de partager un fichier en lecture seule. L'option de collaboration est toutefois plus intéressante, car elle permet à tous les participants de modifier le fichier proposé. L'utilisateur actif envoie ensuite la version définitive du document à chacun. NetMeeting vous donne également la possibilité de surfer en groupe sur le Web.

PARTIE V

CRÉER UNE PAGE WEB AVEC FRONTPAD

CONTENU DE CETTE PARTIE :

B ien que très orientés Web, les chapitres de cette partie concernent également la conception de messages électroniques en HTML. Après le travail de conception, nous publierons un site Web sur le serveur de votre fournisseur d'accès. Ces deux procédures sont simplifiées avec FrontPad, car elles ne nécessitent pas de connaissance préalable à HTML.

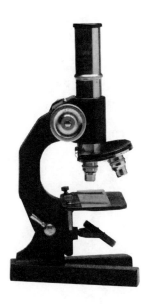

CHAPITRE 18

PRÉPARER LE TRAVAIL DE CONCEPTION

CE QUE VOUS ALLEZ DÉCOUVRIR :

LES SITES WEB SE SONT DÉMOCRATISÉS. Les internautes disposant de pages personnelles sont de plus en plus nombreux. Les sites Web privés sont aussi variés que les sujets dont ils traitent : promotion d'une université, forum de discussion, espace de diffusion d'images et de logiciels. Vous cherchez un emploi ? Diffusez votre CV sur le Web.

Vous avez sans doute entendu parler d'hypertexte, de liens, de HTML (*HyperText Markup Language*), de SGML (*Standard Generalized Markup Language*), de marqueurs, etc. Le jargon de l'Internet évolue très rapidement, et ces termes techniques intimident généralement le néophyte. Heureusement, avec FrontPad, il est désormais possible de créer sans connaître HTML des pages Web complètes, contenant des liens vers d'autres sites, des couleurs, des textures, des tableaux et adresses de courrier électronique. Le processus est simplifié, puisque l'interface ressemble à un logiciel de traitement de texte. Il est également possible d'exploiter les modèles fournis par FrontPad.

Ne vous ruez pas sur votre ordinateur. La création d'un site Web nécessite un travail de préparation, concernant les thèmes développés et la structure des pages. C'est ce que vous allez découvrir maintenant !

Ne pas réinventer la roue !

Une page Web n'a pas seulement un impact visuel, puisqu'elle s'appuie sur des mots. Pour débuter, inspirez-vous de modèles existants, comme ceux qui sont intégrés à FrontPad. Toutefois, ne vous faites pas d'illusions : votre premier site risque d'être morne. Surfez sur le Web et enregistrez les pages qui vous intéressent. La plupart d'entre elles sont réalisées par des spécialistes. Nous vous conseillons de consulter le site de Netscape car il fournit des informations très intéressantes, à l'intention des débutants. Toutefois, vous n'êtes en rien limité par les possibilités offertes par le Web.

Pour rechercher des modèles :

1. Tapez l'URL suivante :

`http://www.netscape.com/home/gold3.0_templates.html.`

2. Parcourez la page des modèles jusqu'à ce qu'apparaissent les rubriques suivantes :

   * Personal/Family

   * Company/Small Business

   * Department

   * Product/Service

   * Special Interest Group

   * Interesting and Fun

3. Cliquez sur le lien qui vous intéresse. Le modèle apparaît alors. N'hésitez pas à l'imprimer : vous pourrez l'exploiter ultérieurement.

Un site Web structuré

Comparez la structure de votre site Web à un plan ou, mieux, à un organigramme. Quels sujets la page traitera-t-elle ? Comment les informations seront-elles réparties ? Comment revenir au point de départ ? Quels liens proposer si un sujet mérite plus d'informations ?

> **Cette méthode permet d'embrasser d'un coup d'œil tous les aspects du site.**

Définissez la structure de votre site Web. Seuls les enchaînements doivent figurer dans l'organigramme. N'y faites pas figurer le contenu, tel que le texte et les graphismes. La rédaction appartient à l'étape suivante. Pour le moment, concentrez-vous sur la présentation globale du site et sur les interconnexions entre pages. La consultation sera dynamique : quoi de plus agaçant que de devoir faire défiler les pages les unes après les autres pour consulter une rubrique annoncée dans le sommaire. Préférez les pages relativement courtes, plus rapides à charger et à lire. Les internautes sont des gens impatients : un téléchargement de quelques minutes risque de les décourager.

La figure 18-1 représente un organigramme de site Web en quatre pages. La page 1 correspond à la page d'accueil. Pour être efficace, une page d'accueil doit comporter les éléments suivants :

* Un titre indiquant l'objet du site.

* Un élément graphique appuyant le texte. Il peut s'agir d'une police de caractères pour le titre ou d'une couleur vive pour l'arrière-plan, par exemple.

* Les paragraphes doivent être concis, les liens vers d'autres pages, pertinents.

* Proposez votre adresse électronique pour connaître l'avis de vos visiteurs.

Combien de pages votre site Web peut-il contenir ? Autant que vous le souhaitez ! Toutefois, veillez à ne pas dépasser l'espace disque alloué (en général, quelques mégaoctets) par votre fournisseur d'accès. Au-delà de ce volume, l'hébergement de votre site devient payant. Bien que la figure 18-1 représente quatre pages, deux pages sont amplement suffisantes pour un premier site Web.

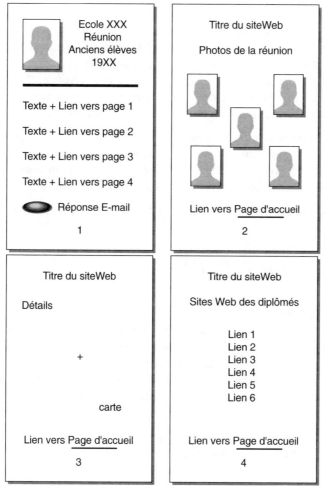

Figure 18-1 Dessinez la structure de votre site Web.

Après la page d'accueil, chaque page doit présenter les caractéristiques suivantes :

* Le nom du site Web doit apparaître clairement, attirant ainsi l'attention du visiteur. Reprenez dans un format réduit le graphisme de la première page.

* Les informations développées correspondent aux rubriques de la page d'accueil.

* Un lien vers la page d'accueil est proposé.

* Le cas échéant, placez un lien vers votre adresse électronique.

Entrez, entrez et vous verrez

Il est important de susciter l'intérêt des visiteurs. Mais qu'avez-vous à leur proposer ? Prenez un papier et un stylo et réfléchissez-y. Etes-vous de ceux pour qui écrire est un véritable cauchemar ? Pas de panique : fermez les yeux et imaginez que vous parlez à un ami. Qu'allez-vous lui dire ? Commencez la conversation. Ne vous préoccupez pas du style pour le moment. L'important est de suivre une certaine logique et de faire preuve d'enthousiasme. Si vous n'êtes pas inspiré, choisissez un autre moment.

Dès que vous disposez de quelques notes, regroupez-les en paragraphes détaillés mais relativement courts. Ne négligez ni l'orthographe ni la grammaire. Ensuite, prenez du recul ! Rome ne s'est pas construite en un jour. Vous aurez certainement d'autres idées dans quelques jours. De plus, n'hésitez pas à demander l'avis de vos amis.

Une fois le texte rédigé, songez à l'enrichir d'images et de graphismes.

Des images par milliers

La gestion des graphismes est vraiment géniale sur le Web. C'est pourquoi vous souhaitez en tirer pleinement parti dans votre page personnelle. Un graphisme n'est pas une image au sens strict du terme : il peut s'agir d'une police intéressante, d'un texte d'arrière-plan, d'une couleur, d'un séparateur, d'un bouton ou d'une icône. Il faut être honnête : le Web est une véritable mine de graphismes et d'images. Le problème consiste à faire une sélection des meilleurs, tant les sites qui en proposent sont nombreux.

Nous connaissons deux sites particulièrement intéressants : l'un pour les conseils en matière de conception, l'autre pour la richesse des graphismes proposés.

La figure 18-2 représente une page du site de Kitty Roach. Si vous disposez d'enceintes, votre visite se déroulera en musique. Si vous préférez le silence, cliquez sur le bouton rectangulaire dans le bas de la page.

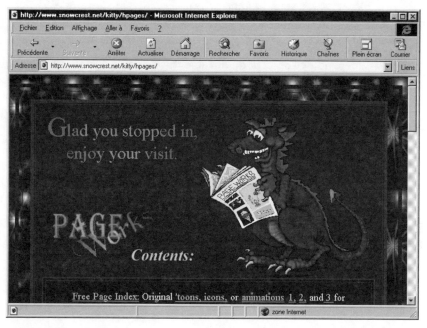

Figure 18-2   Le site Page Works fournit graphismes gratuits et informations précieuses sur la conception HTML.

SUR LE WEB   **Outre des cliparts et des animations d'une grande qualité, Kitty proposent des informations sur la conception HTML et des liens vers d'autres sites. Ses suggestions sont pour la plupart développées ci-après. Le site de Kitty Roach se trouve à l'URL** `http://www.snowcrest.net/kitty/hpages/`.

La figure 18-3 représente la page d'accueil de la société TuDogs. Régulièrement enrichi et mis à jour, ce site comporte de nombreux liens vers des sites miroirs. Un site miroir est un serveur délocalisé comportant exactement les mêmes ressources que le serveur principal. En fonction de l'encombrement des lignes téléphoniques, il peut être judicieux d'opter pour un site proche de son domicile. Les durées de téléchargement s'en trouvent ainsi raccourcies.

Le site TuDogs réside à l'adresse suivante : `http://www.tudogs.com/`.

CONSEILS D'UNE EXPERTE EN CONCEPTION HTML

Kitty Roach propose des conseils aux débutants souhaitant réaliser des pages HTML efficaces et attrayantes :

* Une page Web est le reflet de votre personnalité. Le travail de conception dépend de l'objectif du document. Une couleur d'arrière-plan vous plaît plus qu'une autre ? Vous préférez les textures très contrastées ou, au contraire, les dégradés ? Si la page Web a un caractère privé, racontez votre passion pour la voile ou encore une histoire drôle. Soyez à l'écoute de ceux qui visitent votre page : proposez-leur un lien vers votre adresse électronique.

* Restez sobre. Evitez de surcharger la page de tonnes de graphismes, qui ralentissent considérablement le chargement. La description et le sommaire doivent tenir en quelques phrases courtes. Evitez de fournir trop de liens vers d'autres sites, et donnez envie au visiteur de s'attarder sur votre site.

* Evitez de surcharger la page d'animations, car celles-ci nécessitent un espace disque considérable et sont longues à télécharger. Le nombre ne doit idéalement pas dépasser quatre.

* Attention au contraste des composants. Si l'arrière-plan est foncé, optez pour des caractères clairs. Dans le cas contraire, préférez les caractères de couleur sombre.

* Prévoyez un bouton Accueil ou un lien vers la page principale.

* Placez un lien vers votre adresse électronique. Les visiteurs pourront ainsi vous faire part de leurs encouragements et de leurs critiques.

* Affectez des couleurs distinctes aux liens visités et aux autres. Quoi de plus frustrant que de cliquer sur un lien renvoyant à une page déjà affichée.

* Restez vous-même !

Des images gratuites

En recherchant des images gratuites sur le Web, vous risquez de vous perdre dans le labyrinthe des URL proposées.

Procédez comme suit :

1. Lancez Internet Explorer.

2. Cliquez sur le bouton Rechercher, dans la barre d'outils.

3. Sélectionnez l'un des moteurs de recherche disponibles.

4. Dans la page de recherche, cliquez sur la section Informatique, Internet ou WWW. Les catégories proposées varient d'un moteur à un autre.

18

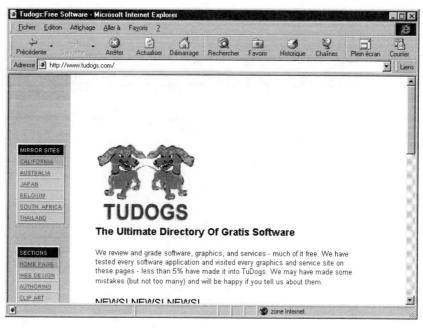

Figure 18-3   Le site TuDogs propose des fichiers graphiques gratuits ainsi qu'un certain nombre d'outils pour le Web.

5. Tapez **images gratuites** dans la zone de texte.

6. Armez-vous de patience : la recherche risque d'être longue. Le moteur va recenser toutes les images gratuites du Web.

7. Si vous êtes un grand consommateur de cliparts, répétez l'opération sur tous les moteurs de recherche proposés.

Enregistrer l'image

Il est aisé d'enregistrer une image ou un élément graphique intéressant sur disque. Attention : si l'image comporte le symbole du copyright (©), demandez la permission de copier le fichier. Dans le cas contraire, il s'agit d'un fichier du domaine public. Evitez tout problème judiciaire qu'entraînerait l'utilisation d'une image sous copyright. N'hésitez pas à prendre contact avec l'auteur du graphisme pour connaître les modalités d'exploitation. Dans notre exemple (figure 18-4), l'image « Today's Link » de la page d'accueil de Microsoft est enregistrée sur disque.

Pour enregistrer un graphisme du domaine public :

1. Cliquez droit sur l'image. Un menu raccourci apparaît.

2. Cliquez sur **Enregistrer l'image sous**. La boîte de dialogue Enregistrer sous apparaît.

3. Allez dans le dossier destiné à votre site Web, puis enregistrez-y le graphisme.

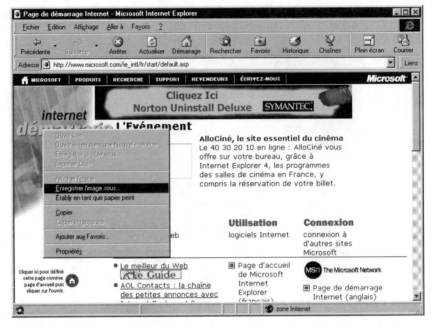

Figure 18-4   Cliquez du bouton droit de la souris sur le graphisme à enregistrer sur disque.

A nous deux, FrontPad !

Il est surprenant qu'aucun bouton de lancement rapide ne soit associé à FrontPad dans la barre des tâches. Vous allez pourtant être amené à l'utiliser très souvent. Définir un raccourci de FrontPad sur le bureau ou dans la barre de lancement rapide est donc indispensable.

Pour cela :

1. Ouvrez l'Explorateur Windows.
2. Cliquez sur le dossier C:\Program Files (figure 18-5).
3. Cliquez sur le dossier Microsoft FrontPad, puis ouvrez le dossier Bin.
4. Dans ce dernier, cliquez du bouton droit de la souris sur Frontpad.exe. Un menu raccourci apparaît.
5. Cliquez sur **Envoyer vers ➡ Bureau**.
6. Fermez l'Explorateur. Votre bureau comporte le raccourci FrontPad.
7. Faites-le glisser vers la barre de lancement rapide (ou conservez-le sur le bureau).

Figure 18-5 Icône du raccourci de FrontPad.

BONUS

Dans la cour des grands

Il est désormais inutile de connaître HTML pour être en mesure de créer une page Web. Toutefois, si vous le souhaitez, vous pouvez consulter sur Internet des centaines de documents concernant HTML et la création de sites Web. La plupart d'entre eux émanent d'auteurs de langue anglaise. Pour les rechercher, vous allez vous servir de la fonction Autosearch. Pour cela, il suffit de taper les critères de recherche sans oublier de taper un point d'interrogation. Internet Explorer commence la recherche sur le Web.

Pour en savoir plus sur HTML, tapez **? html** dans la barre Adresse (figure 18-6), puis appuyez sur Entrée. Une page Yahoo! comportant des centaines de liens apparaît.

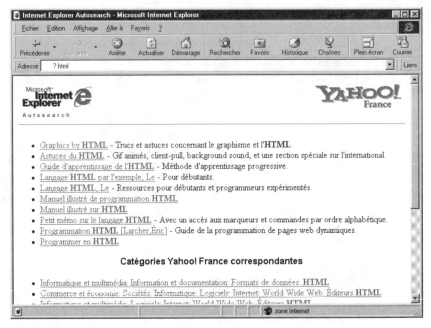

Figure 18-6 La fonction Autosearch facilite les recherches par mots-clés.

Autre méthode d'autoformation : la commande Afficher source, dans le menu raccourci.

Pour afficher les codes HTML d'un site Web :

1. Cliquez du bouton droit de la souris sur un emplacement non significatif de la page qui vous intéresse. Un menu raccourci apparaît (figure 18-7).

2. Cliquez sur **Afficher source**. Si cette option ne figure pas dans le menu raccourci, cliquez sur un autre emplacement de la page. Les codes HTML de la page apparaissent dans une fenêtre du Bloc-notes.

3. Parcourez la page. Que cela ne vous effraie pas : il est inutile de parler HTML pour créer une page Web, à l'aide de FrontPad.

Si la structure de la page vous intéresse, copiez les codes, puis enregistrez le modèle. Cette opération est tout à fait légale, puisque le site est en libre consultation.

Pour cela :

1. Cliquez sur **Fichier ➡ Enregistrer sous**. La boîte de dialogue Enregistrer sous apparaît.

2. Le fichier est enregistré dans le répertoire Temp. Pour l'exploiter, copiez-le dans le répertoire réservé à vos pages Web.

3. Le fichier a pour extension .tmp. Supprimez-la !

4. Enregistrez le fichier au format texte.

5. Cliquez sur OK. Ce fichier est consultable dans le Bloc-notes ou dans tout autre éditeur de texte.

Figure 18-7   La commande Afficher source permet d'afficher les codes HTML de n'importe quel site Web.

Résumé

La somme de travail investie dans la préparation et la conception de la page Web ou du document HTML portera ses fruits. Si vous êtes débutant, n'hésitez pas à exploiter des modèles existants. Au besoin, consultez l'aide en ligne d'IE 4. N'hésitez pas à dessiner l'organigramme de votre site Web, en indiquant le contenu de chaque page. Vous avez la possibilité d'insérer des graphismes du domaine public, notamment ceux qui sont fournis par IE 4. Vous avez tous les éléments en main. Mais rappelez-vous que tout travail de conception est perfectible. Pour susciter l'intérêt des visiteurs, un site Web doit faire l'objet de mises à jour régulières. Avec l'expérience, vous améliorerez son contenu et sa structure.

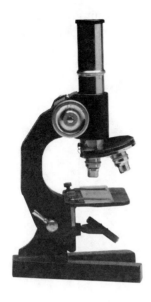

CRÉER ET PUBLIER UNE PAGE WEB

CE QUE VOUS ALLEZ DÉCOUVRIR :

EDITEUR HTML FOURNI AVEC IE 4, FrontPage Express propose une interface WYSI-WYG de création de pages Web, de messages électroniques enrichis et de tout autre document contenant des liens hypertexte. Il permet de créer des pages Web, de modifier des documents existants et de concevoir des pages à l'aide de modèles ou de pages téléchargées sur le Web.

D'une utilisation aisée, FrontPage Express comporte des menus et des barres d'outils comparables à ceux des logiciels de traitement de texte. Après avoir réalisé les différents exercices de ce chapitre, vous serez un véritable « pro » de la publication HTML.

Bien entendu, vous devez disposez de fichiers graphiques qui seront insérés dans votre page Web personnelle.

Bien débuter

FrontPage Express est un utilitaire distinct du browser de Internet Explorer. Il est doté de fonctionnalités propres et peut fonctionner de façon autonome. En d'autres termes, il est inutile de se connecter à l'Internet pour préparer le travail de conception.

 NOTE Egalement appelé FrontPad, FrontPage Express est une version « allégée » du logiciel de conception HTML de Microsoft : FrontPage 98. Au besoin, vous pouvez le mettre à niveau pour bénéficier de fonctionnalités plus performantes.

Pour lancer FrontPage Express à partir du menu Démarrer, cliquez sur Programmes ➡ Internet Explorer ➡ FrontPad. Vous pouvez également cliquer sur l'icône FrontPage Express, sur le Bureau (figure 19-1).

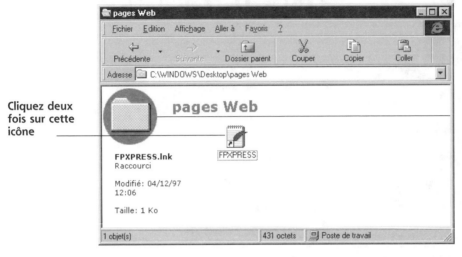

Cliquez deux
fois sur cette
icône

Figure 19-1   Ouvrez FrontPage Express en cliquant sur l'icône qui lui est associée sur le bureau.

À DÉCOUVRIR

CRÉER UN DOSSIER POUR FRONTPAGE EXPRESS ET LES DOCUMENTS HTML

Vous avez créé le dossier Pages Web destiné à FrontPad et aux raccourcis de fichiers HTML (voir chapitre 18). Il est ainsi plus aisé de charger les pages directement dans le browser. Pour créer un dossier de raccourcis :

1. 1. Placez le pointeur sur un emplacement non significatif du bureau, puis appuyez sur le bouton droit de la souris. Un menu raccourci apparaît.

2. Cliquez sur **Nouveau** ➡ **Dossier**. Le nom Nouveau dossier apparaît en évidence sur le bureau.

3. Tapez le nom que vous souhaitez lui attribuer, puis cliquez sur OK.

4. Placez le dossier à un endroit facilement accessible.

5. Ouvrez-le, puis insérez-y l'icône de FrontPad par la technique du glisser-déplacer.

6. Dans le dossier ouvert, cliquez sur **Fichier** ➡ **Nouveau**. Vous allez créer un à un les raccourcis de vos fichiers HTML. Cliquez sur Parcourir, puis recherchez le fichier à traiter. Il sera ensuite facile d'ouvrir tout document HTML d'un clic de souris.

Des goûts et des couleurs

Pour le fun, nous allons modifier la couleur de l'arrière-plan de la page.

Procédez comme suit :

1. Cliquez sur **Format ➡ Arrière-plan**. La boîte de dialogue Propriétés de la page apparaît (figure 19-2).

Cliquez ici pour afficher le menu de sélection d'une couleur d'arrière-plan

Cliquez ici pour modifier la couleur du texte

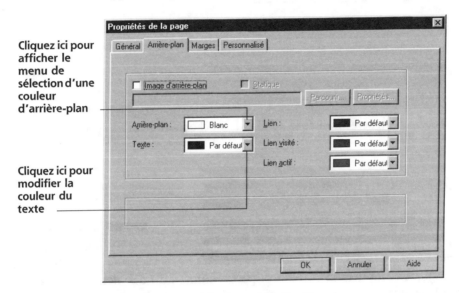

Figure 19-2   Modifiez la couleur d'arrière-plan.

2. Cliquez sur le triangle ▼ à droite de la zone de texte Arrière-plan. Le menu de sélection de la couleur d'arrière-plan apparaît.

3. Cliquez sur la couleur qui vous intéresse. Le menu se referme.

4. Cliquez sur OK. C'est tout !

NOTE   **De la même façon, vous pouvez changer la couleur du texte.**

Enregistrez le fichier. Les ordinateurs sont des animaux capricieux : il serait stupide de perdre des heures de travail !

Pour cela :

1. Cliquez sur 🖫. La boîte de dialogue Enregistrer sous apparaît (figure 19-3).

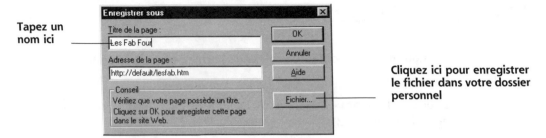

Tapez un nom ici

Cliquez ici pour enregistrer le fichier dans votre dossier personnel

Figure 19-3   Boîte de dialogue d'enregistrement du fichier HTML.

2. Tapez un nom dans la zone de texte Titre de la page. Optez pour un titre approprié, car cette information sera visible dans la barre de titre de la page Web !

3. Cliquez sur le bouton Comme fichier. Une autre boîte de dialogue Enregistrer sous apparaît. Sélectionnez le dossier de stockage du fichier HTML.

Du texte... enrichi

Vous avez sélectionné une couleur d'arrière-plan et conservé le texte en noir, sans oublier d'enregistrer la page. Il est temps de lui donner un titre et de taper le corps du texte. Dans notre exemple, la page a pour entête « Les Fab Four » et pour titre « Un voyage magique et mystérieux ». Vous disposez maintenant d'options de formatage et d'enrichissement.

Pour insérer du texte et le formater :

1. Tapez du texte dans une page blanche.

2. Mettez-le en évidence à l'aide de la souris.

3. Cliquez sur la flèche de la première zone de liste, à gauche (comportant le mot Normal). Une fois ouverte, cliquez sur En-tête 1. La liste se referme et le texte apparaît en grands caractères. Ouvrez la zone de liste des polices pour modifier la taille et la casse du texte. Vous pouvez tester les effets des autres options. En cas d'erreur, pas de panique : cliquez sur le bouton ↶. La modification n'est pas prise en compte.

Le texte peut également être modifié à l'aide des options du menu Format.

✳ Vous pouvez modifier les polices, ainsi que la taille, le style et la couleur des caractères. Pour cela, cliquez sur Format ➡ Police.

✳ Vous pouvez également modifier les styles et l'alignement, en cliquant sur Format ➡ Paragraphe.

Un ligne horizontale accroît l'impact visuel de la page, en séparant les informations. Pour insérer une ligne de séparation, rien de plus simple : cliquez sur Insertion ➡

Ligne horizontale. Bingo ! Une ligne apparaît à l'emplacement du curseur. Cliquez du bouton droit de la souris sur cette ligne, puis sélectionnez Propriétés de ligne de séparation. La boîte de dialogue de même nom apparaît. Vous avez alors la possibilité de modifier la couleur, l'épaisseur, l'alignement de cette ligne.

 ASTUCE **Si vous changez la couleur de la ligne, n'oubliez pas que 25 % des hommes sont daltoniens et en conséquence, ne perçoivent que les couleurs primaires.**

Insérer une image

Les images sont la raison d'être du Web. A ses débuts, le Web ne véhiculait que du texte monochrome. Avec les normes récentes, place est faite aux graphismes. Une image hausse l'impact d'une page Web. Si vous êtes familiarisé avec les logiciels de traitement de texte, joindre un graphisme à votre page ne devrait pas vous poser de problème. Vous avez la possibilité soit de sélectionner l'option Image dans le menu Insertion, soit de cliquer sur le bouton Insérer une image (juste sous la lettre A minuscule).

Pour insérer un graphisme :

1. Placez le curseur à l'endroit qui vous convient, puis cliquez sur **Insertion** ➡ **Image** ou sur le bouton Insérer une image. Dans l'un ou l'autre cas, la page Autre emplacement apparaît au premier plan de la boîte de dialogue Image (figure 19-4).

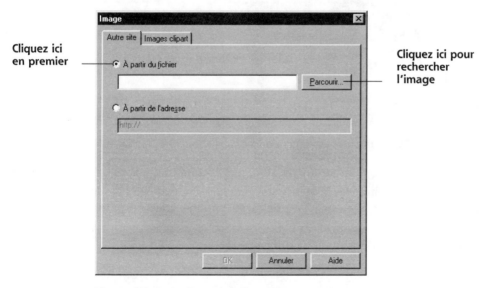

Figure 19-4 Insérer une image dans une page.

2. Cliquez sur A partir du fichier. Un point apparaît dans le bouton radio.

3. Cliquez sur Parcourir, à la recherche du dossier contenant l'image.

4. Ouvrez l'image dans FrontPage Express. Celle-ci apparaît à l'emplacement du curseur.

Il est fréquent que la taille de l'image soit excessive pour la page. Vous pouvez soit redimensionner l'image à l'aide d'un logiciel graphique, puis la réinsérer ultérieurement, soit la dimensionner directement dans FrontPad.

Procédez comme suit :

1. Cliquez sur l'image. Huit rectangles noirs apparaissent sur son contour (figure 19-5) : il s'agit de poignées de dimensionnement.

2. Placez le pointeur sur l'angle inférieur droit de l'image. Lorsque celui-ci prend la forme d'une double flèche diagonale, faites-le glisser vers l'angle supérieur gauche. Arrêtez le mouvement quand l'image a atteint la taille voulue.

Faites glisser l'angle inférieur droit en diagonale

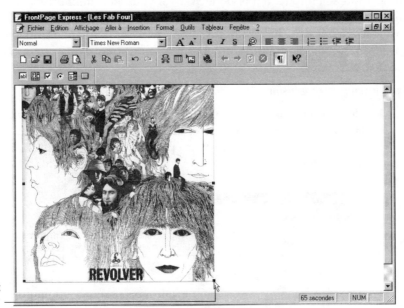

Figure 19-5 L'image est dimensionnée.

Il est possible de modifier les valeurs d'alignement de l'image. Pour cela, il suffit de cliquer du bouton droit de la souris sur l'encadré, puis de cliquer sur Propriétés de l'image. La boîte de dialogue Propriétés de l'image vous propose de nombreuses options. Essayez-les !

Insérer des liens

Une page Web n'est intéressante que si elle est renvoie à d'autres pages du même site ou à d'autres sites Web. Vous pouvez même proposer un lien vers votre adresse électronique.

Les fils de la toile

Votre site Web peut comporter plusieurs pages. Pour créer une page, cliquez sur **Fichier ➡ Nouveau**. La boîte de dialogue Nouvelle page apparaît (figure 19-6). Sélectionnez Page normale, puis cliquez sur OK. Vous disposez du canevas de votre inspiration : une page blanche ! Vérifiez qu'elle est enregistrée dans le même dossier que la page de démarrage. Peu importe le nom donné à cette page : il peut être différent du lien défini dans la page de départ.

Figure 19-6 Ouverture d'une page Web.

Vous avez la possibilité d'ouvrir la page principale dans Internet Explorer afin de vérifier son comportement.

Pour cela :

1. Lancez Internet Explorer.

2. Cliquez sur **Fichier ➡ Ouvrir**. La boîte de dialogue Ouverture apparaît.

3. Cliquez sur Parcourir, à la recherche du répertoire de stockage de vos fichiers HTML.

4. Cliquez deux fois sur la page principale. Ça marche ! Félicitations !

CRÉER UNE PAGE PERSONNELLE

Cette boîte de dialogue permet de créer une page de démarrage personnelle. Lorsque cette option est sélectionnée, l'Assistant Microsoft s'exécute. Vous pouvez alors personnaliser la page, lui adjoindre des images, développer des liens vers d'autres sites, *etc.*

Pour lier la nouvelle page à la page principale, il convient de suivre les étapes ci-dessous. Si la page est déjà ouverte, il suffit de cliquer sur Fenêtre ➡ *nom de la page*. Une fois la page principale ouverte, tapez le texte du lien (mot ou phrase courte). Pour créer le lien proprement dit :

1. Mettez le mot ou la phrase en évidence.
2. Cliquez sur **Insertion** ➡ **Hyperlien**. La boîte de dialogue Créer un hyperlien apparaît.
3. Cliquez sur l'onglet Pages d'ouverture.
4. Cliquez sur la page à traiter.
5. Les deux pages doivent être ouvertes dans FrontPad et figurer dans le même dossier.
6. Cliquez sur OK. La page est liée.

Lien vers de jolies images

Il est aisé de lier une image, un clipart ou tout autre graphisme, comme vous le feriez pour une page de texte. Procédez comme suit :

1. Créez une page, puis insérez le graphisme, comme vous l'avez fait plus haut.
2. Définissez les dimensions d'affichage de l'image dans la page.
3. Répétez les étapes suivies ci-dessus pour la création d'un lien vers une page comportant un fichier graphique.

Lien vers un autre site Web

Si vous avez récemment visité des pages personnelles, vous avez pu constater que celles-ci comportent des liens vers d'autres sites. Dans FrontPage Express, la création de liens hypertexte est un jeu d'enfant. Par politesse, n'hésitez pas à demander la permission du propriétaire du lien à insérer.

Pour créer un lien vers un autre site :

1. Tapez le nom du lien. Dans notre exemple, il s'agit de « Visiter la page de Yann Schwartz ». Mettez cette phrase en évidence, comme indiqué dans la figure 19-7.

Lien texte vers une autre page de votre site

Lien graphique vers une image de votre site

Lien vers un autre site Internet

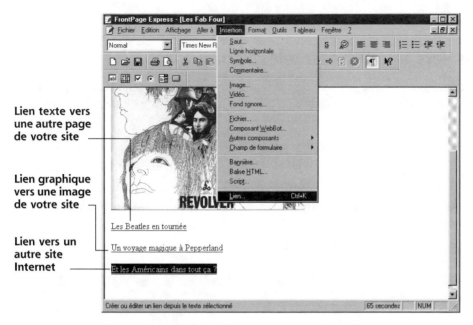

Figure 19-7 Créez un lien vers un autre site Web.

2. Cliquez sur **Insertion** ➡ **Hyperlien**. La boîte de dialogue Création d'un hyperlien apparaît.

3. Cliquez sur l'onglet Web. La page qui lui est associée apparaît au premier plan.

4. Tapez l'adresse du site Web (figure 19-8). Vérifiez que vous ne faites pas d'erreur. Un lien mal orthographié est inopérant.

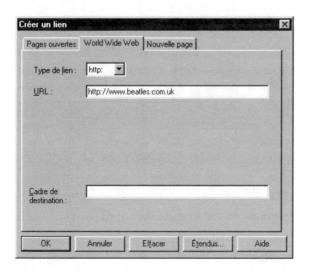

Figure 19-8 Tapez l'URL.

5. Cliquez sur OK.

Lien vers une adresse électronique

Comment savoir ce que pensent les visiteurs de votre site sinon en leur proposant un lien vers votre adresse électronique ? Vous recevrez sans doute du courrier dans quelques jours.

Procédez comme suit :

1. Tapez une phrase incitant les internautes à vous contacter. Par exemple, **Ecrivez-moi**. Mettez ces mots en évidence.

2. Cliquez sur **Insertion ➡ Hyperlien**. La boîte de dialogue Editer un hyperlien apparaît.

3. Cliquez sur l'onglet Web (figure 19-9).

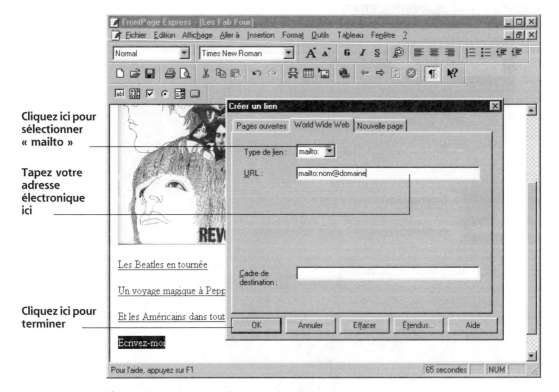

Cliquez ici pour sélectionner « mailto »

Tapez votre adresse électronique ici

Cliquez ici pour terminer

Figure 19-9   Créez un lien entre les visiteurs et vous !

4. Cliquez sur le triangle ▼ de la zone Type d'hyperlien. Une liste déroulante apparaît.

5. Cliquez sur « mailto » dans la liste. Le mot « mailto: » apparaît à la fois dans la zone de texte Type d'hyperlien et dans la zone de texte URL (figure 19-9).

6. Tapez votre adresse immédiatement après le signe deux-points, sous la forme **mailto:votrenom@domaine**.

7. Cliquez sur OK. Vous venez de créer un lien vers votre adresse électronique !

Tables et tableaux

Pour afficher des informations sous une forme claire et agréable, rien de tel que de les insérer dans un tableau. Dans FrontPage Express, les tableaux peuvent contenir texte, graphismes et/ou liens hypertexte.

Un tableau simple

Avant de concevoir un tableau, il convient de créer une page et de lui donner un nom.

Pour créer un tableau simple :

1. Cliquez sur **Tableau ➡ Insérer un tableau**. La boîte de dialogue de même nom apparaît (figure 19-10).

Tapez ici le nombre de lignes et de colonnes

Cliquez ici pour terminer

Cliquez ici pour sélectionner les options

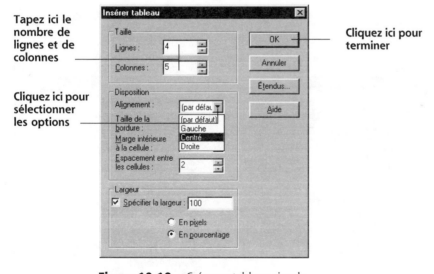

Figure 19-10 Créer un tableau simple.

NOTE Il est aisé d'insérer une table ou un tableau en cliquant sur le bouton Tableau dans la barre d'outils. L'inconvénient est que vous ne disposez pas de toutes les options représentées dans la figure 19-10. De plus, le tableau est plus difficile à dimensionner et à aligner dans la page.

2. Tapez le nombre de lignes et de colonnes.

3. Cliquez sur le signe ▼ à gauche de la zone Alignement, puis sur Centrer.

4. Cliquez sur OK. Une tableau de 4x5 apparaît. Il vous reste à compléter ses cellules.

5. Tapez les informations requises. Pour passer d'une cellule à une autre, appuyez sur la touche de tabulation.

6. Mettez la ligne du haut en évidence, en cliquant sur **Tableau ➡ Sélectionnez ligne**, puis cliquez sur le bouton Gras. Les en-têtes apparaissent en gras. Vous venez de réaliser un tableau de taille moyenne en cinq opérations !

Une touche personnelle

Vous pouvez vous amuser à modifier les propriétés du tableau créé.

Pour cela :

1. Cliquez sur n'importe quelle cellule du tableau.

2. Appuyez sur le bouton droit de la souris. Un menu apparaît.

3. Cliquez sur **Propriétés du tableau**. La boîte de dialogue Propriétés du tableau apparaît (figure 19-11).

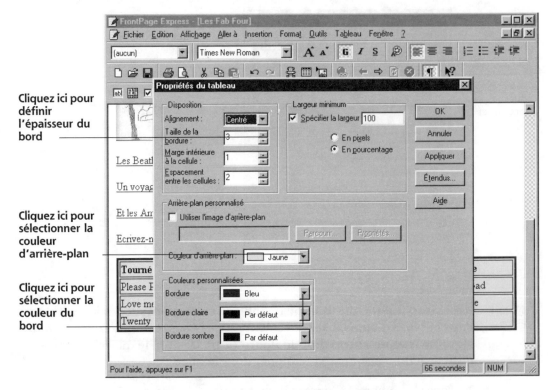

Figure 19-11   Configurer les propriétés d'un tableau.

19

4. Ajoutez une bordure, puis cliquez trois fois sur le signe ▲.

5. Ajoutez une couleur d'arrière-plan, en cliquant sur le signe ▼, à droite de Couleur d'arrière-plan, puis sélectionnez une couleur dans la liste déroulante.

6. Ajoutez de la couleur au contour, en cliquant sur le triangle ▼ à droite de Couleur du bord, puis sélectionnez une couleur dans la liste déroulante.

7. Cliquez sur Appliquer. Les modifications s'affichent sans que la boîte de dialogue ne se referme. C'est plutôt chouette ! Répétez ces points, si nécessaire, puis enregistrez les modifications.

8. Cliquez sur OK pour terminer la procédure.

Publier le chef-d'œuvre

« Publier » une page signifie l'installer sur le Web. Internet Explorer facilite la publication de pages réalisées à l'aide de FrontPage Express ou de tout autre éditeur HTML. Pour cela, vous devez disposer d'un compte Internet ou d'un abonnement à un service en ligne, comme America Online ou CompuServe, et d'un espace réservé aux pages Web personnelles. Au besoin, prenez contact avec votre fournisseur pour connaître les modalités de publication.

Vous devez connaître les éléments suivants :

* Niveau de compatibilité du serveur et/ou des procédures avec la fonctionnalité de publication d'IE 4.

* La taille de l'espace disponible pour les pages et les graphismes

* L'URL du serveur

* Les procédures d'accès au serveur

* L'identificateur et le mot de passe d'accès au serveur (si ces informations sont différentes de votre ID et de votre mot de passe habituels)

* Le chemin d'accès au répertoire ou au dossier de stockage des fichiers

* L'URL affectée aux pages Web personnelles pour consultation

Lancer l'Assistant Publication de sites Web

Internet Explorer propose un programme automatique d'installation de pages Web, baptisé Assistant Publication de sites Web. Une fois cet assistant lancé, vous devez compléter les champs proposés et passer à la page suivante, en cliquant sur Suivant. La procédure prend fin lorsque vous appuyez sur Terminer, dans la dernière boîte de dialogue. Entre temps, IE 4 vous aura mis en contact avec votre fournisseur d'accès Internet, puis envoyé les fichiers HTML.

Pour ouvrir l'Assistant Publication de sites Web, procédez comme suit :

1. Cliquez sur **Démarrer** dans la barre des tâches. Le menu Démarrer apparaît.

2. Cliquez sur **Programmes ➡ Internet Explorer ➡ Assistant Publication de sites Web** . La première boîte de dialogue de l'assistant apparaît.

Compléter les zones

Cette procédure est rébarbative, mais rassurez-vous : tous vos amis en sont sortis victorieux ! Au besoin et pour plus de sécurité, n'hésitez pas à demander l'aide de personnes compétentes. Lors de la conversation téléphonique, prenez des notes aussi détaillées que possible.

Pour publier une page Web :

1. Tapez les informations requises dans chaque boîte de dialogue.

2. Une fois les zones complétées, tapez sur Suivant pour afficher la boîte de dialogue suivante. La figure 19-12 représente une boîte de dialogue demandant des informations essentielles à la réussite de la publication de la page Web !

Informations importantes ——

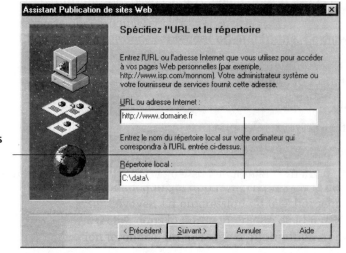

Figure 19-12   Ajouter des informations importantes dans la boîte de dialogue Assistant de publication.

3. Tapez vos mot de passe et nom d'utilisateur au moment voulu. Il est possible d'annuler la procédure (figure 19-13).

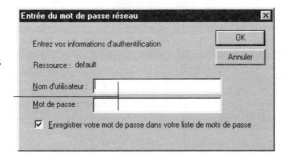

Informations personnelles

Figure 19-13   Vous pouvez annuler la procédure immédiatement.

4. Lorsque la dernière page apparaît, cliquez sur Terminer et croisez les doigts. Si vous n'avez oublié aucune information, la procédure devrait aboutir. Ouvrez une bouteille de champagne et faites la fête. En cas d'échec, prenez une autre tasse de café et appelez le service technique de votre fournisseur d'accès Internet. Bonne chance !

BONUS

HTML, quand tu nous tiens

Une fois que vous avez créé votre page personnelle, n'hésitez pas à communiquer son adresse à tous vos amis et collègues. Vous avez la possibilité de faire paraître le nom de votre page gratuitement sur des moteurs de recherche ou de lui associer de la publicité, ce qui réduit le coût de publication.

Pour en savoir plus sur la publicité gratuite, procédez comme suit :

1. Allez à l'adresse `http://www.yahoo.com/`.
2. Faites défiler la page qui apparaît.
3. Repérez le lien Computers and Internet et plus particulièrement le lien WWW.
4. Cliquez sur ce dernier. Une autre page de liens apparaît.

5. Repérez le lien Information and Documentation.

6. Cliquez sur ce lien. Une autre page de liens apparaît.

7. Repérez le lien Site Announcement and Promotion.

8. Cliquez sur ce dernier.

Les hyperliens proposés concernent la promotion des sites Web privés ou profession-nels. Alors, n'hésitez pas : surfez et découvrez comment faire connaître le vôtre.

Résumé

Dans ce chapitre, vous avez appris à créer des pages Web, les liens vers d'autres liens, vers votre adresse électronique et vers un fichier graphique, et à publier votre page personnelle sur le serveur de votre fournisseur d'accès. Tout cela est réalisable à l'aide de FrontPage Express et de l'Assistant Publication de sites Web. Cette combinaison allie performances et efficacité dans la création et la publication de pages sur le World Wide Web.

CIRCUIT EXPRESS POUR INTERNET EXPLORER 4

Ce circuit est un guide pratique des tâches les plus courantes réalisables dans Internet Explorer 4. Les renvois aux pages permettent d'aller directement aux chapitres correspondants et d'étudier en détail les procédures.

Chapitre 1

Ouvrir l'Explorateur   14

Cliquez une ou deux fois sur l'icône Internet, selon que l'intégration du Bureau actif au Web est activée ou non.

Activer/désactiver le Bureau actif   11

1. Cliquez du bouton droit de la souris sur un emplacement non significatif du bureau pour ouvrir le menu raccourci.
2. Sélectionnez **Active Desktop ➡ Afficher comme une page Web** pour activer ou désactiver le Bureau actif.

Personnaliser la taille et la disposition d'une barre d'outils   23

1. Placez le pointeur de la souris sur la *poignée* de la barre d'outils (c'est-à-dire la ligne verticale en relief, située à droite). Celui-ci prend la forme d'une flèche bidirectionnelle.
2. Cliquez sur le bouton de la souris et, sans le relâcher, faites glisser la barre d'outils.
3. Relâchez le bouton à l'emplacement souhaité.
4. Faites glisser la poignée vers la gauche ou la droite, selon que vous souhaitez agrandir ou réduire la barre d'outils.
5. Pour supprimer ou ajouter des lignes, faites glisser le bord inférieur vers le haut ou le bas.

Trier un dossier ou modifier son format d'affichage   23

1. Lancez Poste de travail, l'Explorateur Windows ou Internet Explorer, puis cliquez sur **Affichage** pour ouvrir le dossier qui vous intéresse.
2. Sélectionnez **Barres d'outils** pour choisir les barres d'outils et afficher ou masquer les libellés.
3. Sélectionnez Grandes icônes, Petites icônes, Liste ou Détails, en fonction du mode d'affichage retenu.
4. Sélectionnez Réorganiser les icônes, pour définir le mode de tri des icônes.

Personnaliser l'interface IE 4   27

Ouvrez Poste de travail, puis sélectionnez Options, dans le menu Affichage. Dans la boîte de dialogue Options, sélectionnez :

* Mode Web : l'interface fonctionne comme un browser Web.
* Mode classique : rien n'est modifié dans l'apparence et le comportement de l'interface.
* Personnalisé à partir de vos paramètres : l'interface combine les fonctionnalités et l'apparence de IE 4 aux paramètres de Windows 95.

Chapitre 2

Personnaliser un dossier   35

1. Ouvrez le menu raccourci du dossier. Pour cela, cliquez du bouton droit de la souris sur un emplacement non significatif de l'arrière-

plan ou cliquez sur **Affichage** dans la barre de menus.

2. Sélectionnez **Personnaliser ce dossier**. L'assistant Personnalisation du dossier apparaît.

3. L'assistant vous propose d'ajouter une image d'arrière-plan ou de créer un document HTML à l'arrière-plan. Hormis les dossiers système (Poste de travail et Panneau de configuration, entre autres), tous les dossiers sont personnalisables.

Utiliser les options du nouveau menu Démarrer   45

✳ Cliquez sur Démarrer ➡ Favoris pour ouvrir le menu Favoris. Celui-ci comprend les chaînes, les liens et les sites favoris définis dans Internet Explorer.

✳ Cliquez sur Démarrer ➡ Rechercher pour ouvrir le menu Rechercher. Celui-ci propose trois options : recherche de fichiers, recherche de ressources sur l'Internet et recherche de personnes dans le carnet d'adresses Windows et sur les serveurs d'annuaire.

Editer le menu Démarrer   47

Faites glisser les icônes ou les dossiers non vides d'un emplacement à un autre du menu Démarrer.

Chapitre 3

Personnaliser la barre des tâches   51

1. Faites glisser un raccourci de la barre d'outils Lancement rapide dans la barre des tâches.

2. Cliquez du bouton droit de la souris sur un raccourci de la barre d'outils, puis sélectionnez **Supprimer** pour l'effacer.

Créer des barres d'outils   57

1. Cliquez du bouton droit de la souris sur un emplacement non significatif dans la barre des tâches, puis sélectionnez **Barres d'outils**. Vous avez alors accès au menu des barres d'outils disponibles.

2. Cliquez sur celle qui vous intéresse ou cliquez sur **Nouvelle Barre d'outils** pour créer une barre d'outils personnalisée.

3. Faites glisser la nouvelle barre d'outils vers le bureau ou sur un côté de l'écran.

Modifier des barres d'outils personnalisées   58

1. Cliquez du bouton droit de la souris sur la barre d'outils pour ouvrir son menu raccourci.

2. Sélectionnez l'option dont vous souhaitez afficher ou cacher le texte, utiliser l'option de masquage automatique, etc.

Activer le Task Scheduler   61

1. Sélectionnez **Démarrer ➡ Programmes ➡ Accessoires ➡ Outils système ➡ Scheduled Tasks**. Le dossier des tâches planifiées apparaît.

2. Cliquez sur Add Scheduled Task pour lancer l'assistant de définition de tâches planifiées.

Désactiver le Task Scheduler   66

1. Ouvrez le dossier des tâches planifiées (Scheduled Tasks).

2. Sélectionnez **Avancés ➡ Stop Using Task Scheduler**. Le Task Scheduler est désactivé.

Mettre à niveau Internet Explorer   67

1. Ouvrez la page d'accueil IE 4 (`www.microsoft.com/france/IE 40/`).

2. Sélectionnez **Téléchargement ➡ Modules complémentaires IE 4.0/4.01**. Sélectionnez les éléments à ajouter ou à mettre à jour.

Chapitre 4

Personnaliser l'arrière-plan du Bureau actif   72

1. Créez un arrière-plan HTML à l'aide de FrontPad.

2. Cliquez du bouton droit de la souris sur le bureau, puis sélectionnez **Bureau actif ➡ Afficher comme une page Web** . Le Bureau actif est en fonction.

3. Cliquez du bouton droit de la souris sur le bureau, puis sélectionnez **Bureau actif ➡ Propriétés**. La boîte de dialogue Propriétés de Afficher apparaît.

4. Cliquez sur le bouton Parcourir de l'onglet Arrière-plan, puis recherchez le document HTML à utiliser comme arrière-plan.

5. Cliquez sur OK pour enregistrer les paramètres et fermer la boîte de dialogue.

S'abonner aux chaînes   88

1. Cliquez sur un dossier de catégorie de chaîne ou sur un bouton de la barre des chaînes. La visionneuse des chaînes apparaît.

2. Cliquez sur le bouton Channel Guide.

3. Cliquez sur le bouton S'abonner, dans la page de visualisation de la chaîne qui vous intéresse.

Télécharger et installer des éléments du Bureau actif   81

1. Ouvrez la page de la galerie du Bureau actif IE 4 (`http://www.microsoft.com/ie/ IE40/gallery/`).

2. Cliquez sur un lien pour savoir à quel élément il correspond.

3. Cliquez sur le bouton Ajouter au bureau. Le site Web vous envoie alors le composant qui s'installe automatiquement sur votre ordinateur.

Gérer les chaînes   89

1. Ouvrez Poste de travail ou l'Explorateur Windows 95.

2. Sélectionnez **Favoris ➡ Abonnements ➡ Gérer les abonnements** pour ouvrir le dossier Abonnements.

3. Cliquez du bouton droit de la souris sur un abonnement, pour ouvrir son menu raccourci. Vous pouvez alors copier ou supprimer n'importe quelle option, planifier les mises à jour ou activer le mode de mise à jour manuelle.

Chapitre 5

Placer le pointeur sur un lien   98

Placez le pointeur de la souris sur une icône, un graphisme ou du texte. Il prend la forme d'une main , lorsqu'il est placé sur un lien hypertexte ou hypermédia. Pour aller à la page qui lui est associée, cliquez sur ce lien.

Se connecter à un site Web à l'aide d'une URL   100

Pour aller vers un site Web autre que celui dont l'URL apparaît dans la barre Adresse :

1. Cliquez sur la barre Adresse pour mettre l'URL en évidence.

2. Tapez l'URL du site à visiter.

3. Appuyez sur la touche Entrée.

Afficher la page précédente   102

Optez pour l'une de ces méthodes :

* Cliquez sur , dans la barre d'outils.

* Cliquez sur la flèche dirigée vers le bas, à droite du bouton Précédent. Dans la liste des pages visitées, sélectionnez celle qui vous intéresse.

* Cliquez du bouton droit de la souris dans la page, puis cliquez sur Précédente, dans le menu raccourci.

* Cliquez sur Fichier. La liste des sites visités apparaît. Cliquez alors sur la page qui vous intéresse.

Afficher la page suivante   102

Optez pour l'une de ces méthodes :

* Cliquez sur , dans la barre d'outils, pour visiter à nouveau des pages.

* Cliquez sur la flèche dirigée vers le bas, à droite du bouton Suivante. Dans la liste des sites visités, cliquez sur celui qui vous intéresse.

* Cliquez du bouton droit de la souris sur la page, puis cliquez sur Suivante, dans le menu raccourci.

Utiliser la liste de l'historique   103

1. Cliquez sur le bouton Historique.

2. Cliquez sur le dossier approprié, puis cliquez sur l'icône Web, à gauche du nom du site.

Ajouter une page à la barre des liens   105

A l'aide de la technique du glisser-déplacer, insérez une icône de site Web dans la barre des liens.

Ajouter un lien au dossier Favoris   107

1. Le site Web qui vous intéresse doit être ouvert à l'écran.

2. Cliquez sur **Favoris** dans la barre de menus, puis sur **Ajouter aux favoris**. La boîte de dialogue Ajouter aux favoris apparaît.

3. Cliquez sur le bouton Créer. La boîte de dialogue s'agrémente d'un volet inférieur.

4. Cliquez sur le dossier Liens. Celui-ci est mis en évidence.

5. Cliquez sur OK. Le lien figurant dans la zone Nom apparaît dans la barre des liens et dans le dossier Favoris.

Supprimer un lien 107

1. Cliquez deux fois sur la poignée de la barre des liens. Cette dernière est agrandie.
2. Cliquez du bouton droit de la souris sur le lien à supprimer.
3. Cliquez sur **Supprimer** dans le menu raccourci.

Imprimer 110

1. Cliquez du bouton droit de la souris dans l'encadré ou la page à imprimer (en vous assurant que le pointeur n'est pas placé sur un lien). Un menu raccourci apparaît.
2. Cliquez sur **Imprimer**. La boîte de dialogue Impression apparaît.
3. Sélectionnez l'option appropriée dans le cadre d'impression des cadres.

Contrôle parental 111

1. Cliquez sur **Affichage** dans la barre de menus, puis sur **Options**. La boîte de dialogue Propriétés de l'Internet apparaît.
2. Cliquez sur l'onglet Contenu.
3. Cliquez sur le bouton Activer. La boîte de dialogue Créer un mot de passe de superviseur apparaît.
4. Tapez deux fois le même mot de passe : dans la zone Mot de passe et dans la zone Confirmer le mot de passe.
5. Cliquez sur le bouton OK. La boîte de dialogue Gestionnaire d'accès apparaît.
6. Cliquez sur l'onglet Niveaux, si nécessaire.

7. Cliquez sur Langage. Une échelle de niveau apparaît sous la liste des catégories.
8. Faites glisser la barre pour définir le niveau de langage acceptable en fonction du site visité.
9. Répétez les points 2 et 3 pour les niveaux Nudité, Sexe et Violence.
10. Dans l'onglet Général, sélectionnez l'option appropriée.
11. Dans l'onglet Avancés, acceptez les paramètres par défaut, sauf si vous souhaitez utiliser le gestionnaire d'accès alors que vous venez d'installer un logiciel.
12. Cliquez sur OK pour valider les paramètres et fermer la boîte de dialogue Gestionnaire d'accès.
13. Cliquez sur OK dans la boîte de dialogue Propriétés de l'Internet.

Lire un contenu à accès limité 113

L'accès au site est limité. Dans la zone de message qui vous en informe, tapez le mot de passe du superviseur. Cliquez sur OK : la page Web apparaît.

Une session Web pour les parents 114

1. Dans la boîte de dialogue Propriétés de l'Internet, cliquez sur l'onglet Contenu.
2. Cliquez sur le bouton Désactiver. Le Gestionnaire d'accès vous informe que le contrôle parental va être désactivé.
3. Cliquez sur OK.

Chapitre 6

Enregistrer un site
Web favori   117

1. Ouvrez une session Web avec Internet Explorer, puis allez sur le site à ajouter à la liste Favoris.

2. Cliquez sur **Favoris ➨ Ajouter aux favoris**. La boîte de dialogue Ajouter aux favoris apparaît.

3. Cliquez sur le bouton Créer. Dans la nouvelle boîte de dialogue Ajouter aux favoris apparaît la liste des dossiers de stockage de l'adresse.

4. Le dossier Favoris est mis en évidence. Cliquez sur OK. L'adresse Web apparaît à la fin de la liste.

Créer un dossier de favoris   121

1. Cliquez sur **Favoris ➨ Organiser les favoris**. La boîte de dialogue Organiser les favoris apparaît.

2. Cliquez sur le bouton Créer un nouveau dossier, pour créer un dossier.

3. Tapez le nom de ce dernier.

4. Pour terminer, cliquez n'importe où dans la boîte de dialogue.

S'abonner en ligne à une
page Web   126

1. Allez sur un site Web à ajouter à la liste des favoris.

2. Cliquez sur **Fichier ➨ Ajouter aux favoris**. La boîte de dialogue Ajouter aux favoris apparaît.

3. Cliquez sur S'abonner. Une marque de sélection apparaît dans la case.

4. Cliquez sur OK. La boîte de dialogue Abonnements apparaît.

5. Cliquez sur OK.

S'abonner hors connexion
à une page Web   126

1. Ouvrez Poste de travail, puis mettez en évidence l'unité C:.

2. Cliquez sur **Favoris** dans la barre de menus.

3. Cliquez sur le dossier contenant le site à ajouter à la liste des abonnements.

4. Cliquez du bouton droit de la souris sur le site Web à traiter. Un menu apparaît.

5. Cliquez sur **S'abonner**. La boîte de dialogue Abonnements apparaît.

6. Cliquez sur OK dans cette boîte de dialogue.

Chapitre 7

Le volet Rechercher   134

1. Connectez-vous à l'Internet et lancez le browser.

2. Cliquez sur le bouton Rechercher dans la barre d'outils.

3. Cliquez sur le bouton radio associé au moteur de recherche qui vous intéresse.

4. Tapez un mot ou une phrase, puis cliquez sur Rechercher.

5. Cliquez sur un lien pour afficher les résultats dans le volet de droite.

6. Cliquez sur le bouton Rechercher pour fermer le volet gauche.

l'Internet apparaît. Notez que ces deux boîtes de dialogue permettent de configurer les mêmes paramètres.

2. Cliquez sur le bouton Contenu.

3. Cliquez sur Paiements. L'utilitaire Microsoft Wallet est lancé : vous allez pouvoir configurer vos paramètres d'achat en ligne.

Rechercher des logiciels sur Internet   154

1. Ouvrez Internet Explorer, puis allez sur la page de Yahoo! (`http://www.yahoo.fr`).

2. Cliquez sur le lien Internet, sous la rubrique Informatique et multimédia.

3. Cliquez sur le bouton Logiciels.

4. Parcourez la liste des sites proposant des logiciels, puis faites votre choix.

Recherche rapide   143

1. Allez sur la page de démarrage d'Internet Explorer, puis cliquez sur le lien Best of the Web.

2. Cliquez sur l'icône qui vous intéresse dans la rubrique Find It Fast.

Rechercher des gophers   157

1. Ouvrez IE 4, tapez **www.yahoo.com/ Computers_and_Internet/Internet/ Gopher/** dans la zone Adresse, puis appuyez sur Entrée. La page Gophers apparaît.

2. Cliquez sur le lien Gopher Jewels. Une sélection des meilleurs gophers apparaît.

Recherche automatique   144

Dans la barre Adresse, tapez **Go**, suivi d'un mot ou d'une phrase. Appuyez ensuite sur Entrée.

Chapitre 8

Faire ses achats en ligne   148

1. Ouvrez Internet Explorer, puis cliquez sur **Affichage ➡ Options**. La boîte de dialogue Options apparaît. Vous pouvez également cliquer du bouton droit de la souris sur l'icône Internet. La boîte de dialogue Propriétés de

Chapitre 9

Configurer un compte de messagerie   165

1. Cliquez sur **Outils** dans la barre de menus.

2. Cliquez sur **Comptes** dans le menu **Outils**. La boîte de dialogue Comptes Internet apparaît.

3. Cliquez sur l'onglet Courrier, puis sur le bouton Ajouter. Un menu de taille réduite apparaît.

4. Cliquez sur Courrier. Complétez les zones dans les différentes boîtes de dialogue de l'Assistant de connexion Internet. Pour passer à la page suivante, cliquez sur Suivant.

5. Pour finir, cliquez sur Terminer.

Définir une signature de message   170

Méthode n° 1 :

1. Cliquez sur **Outils** dans la barre de menus. Un menu apparaît.

2. Cliquez sur **Papier à lettres**. La boîte de dialogue Papier à lettres apparaît. Cliquez sur l'option Texte pour compléter la zone de texte.

3. Cliquez sur OK.

Méthode n° 2 :

1. Cliquez sur **Outils** dans la barre de menus. Un menu apparaît.

2. Cliquez sur **Papier à lettres**. La boîte de dialogue Papier à lettres apparaît.

3. Sélectionnez l'option Fichier, puis sur Parcourir pour sélectionner un fichier texte personnel. Cette signature apparaîtra au bas de tous vos messages. Le fichier devra être préparé, puis enregistré à l'aide d'un éditeur de texte, comme le Bloc-notes de Windows.

Chapitre 10

Définir le Carnet d'adresses   178

Cliquez sur , dans la barre d'outils, puis effectuez l'une des opérations suivantes :

Ajouter un nom	Cliquez sur le bouton Nouveau contact, dans la barre d'outils Carnet d'adresses. Une boîte de dialogue vide ayant pour titre Propriétés apparaît.
	Entrez les informations appropriées dans chaque page de la boîte de dialogue Propriétés. Cliquez sur OK.
Modifier un nom	Cliquez sur le nom du destinataire pour le mettre en évidence, puis sur le bouton Propriétés, dans la barre d'outils. La boîte de dialogue Propriétés associée au destinataire apparaît. Au besoin, éditez les champs des différentes pages. Pour terminer, cliquez sur OK.
Ajouter des informations personnelles et professionnelles	Cliquez deux fois sur le nom du destinataire dans liste du carnet d'adresses. La boîte de dialogue Propriétés apparaît. Cliquez sur l'onglet Domicile, puis tapez les informations appropriées. Procédez de façon similaire pour entrer des informations professionnelles (page Bureau). Cliquez sur OK.

Créer une liste de publipostage   185

1. Cliquez sur , dans la barre d'outils du carnet d'adresses.

2. Tapez un nom de groupe.

3. Cliquez sur le bouton Sélectionner les membres. Une deuxième boîte de dialogue apparaît.

4. Cliquez sur le nom du destinataire, puis sur Sélectionner.

5. Répétez les points 1 à 4 pour chaque nom.

6. Cliquez sur OK, dans les deux boîtes de dialogue.

Chapitre 11

Composer un message   189

Procédez comme suit :

1. Cliquez sur l'icône d'Outlook Express , dans la barre d'outils Lancement rapide (à droite du bouton Démarrer, dans la barre des tâches).

2. Cliquez sur le bouton Composer un message dans la barre d'outils. La boîte de dialogue Nouveau message apparaît (figure CE-1).

3. Cliquez sur le bouton 🔲, à droite de la zone A :. La boîte de dialogue Sélectionner les destinataires apparaît (il s'agit en fait d'une autre vue du carnet d'adresses). Vous pouvez également cliquer sur le bouton Carnet d'adresses dans la barre d'outils. Dans l'un et l'autre cas, la boîte de dialogue Sélectionner les destinataires apparaît.

4. Cliquez sur le nom du destinataire. Celui-ci est mis en évidence.

5. Cliquez sur le bouton A :. Le nom du destinataire apparaît dans l'encadré A : de la section Destinataires du message.

6. Cliquez sur le nom du destinataire qui doit recevoir une copie.

7. Cliquez sur le bouton Cc :. Le nom du destinataire apparaît dans l'encadré Cc : de la section Destinataires du message.

8. Cliquez sur le nom du destinataire qui doit recevoir une copie invisible.

9. Cliquez sur le bouton Cci :. Le nom du destinataire apparaît dans l'encadré Cci : de la section Destinataires du message.

10. Cliquez sur OK. C'est tout !

Joindre un fichier à un message   194

Procédez comme suit :

1. Cliquez sur **Insertion** ➡ **Pièce jointe** . La boîte de dialogue Insérer une pièce jointe apparaît.

2. Tapez le nom du fichier, puis cliquez sur Joindre.

Envoyer un message   196

Cliquez sur le bouton ⬛Envoyer , dans la partie gauche de la barre d'outils.

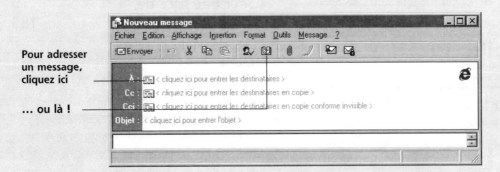

Pour adresser un message, cliquez ici

... ou là !

Figure CE-1   Trouver et utiliser des moteurs de recherche

Chapitre 12

Recevoir du courrier   200

1. Ouvrez Outlook Express, puis allez dans le dossier Boîte de réception.
2. Cliquez sur le bouton Envoyer et recevoir. Au besoin, Outlook Express se connecte à l'Internet. Une fois le courrier récupéré, la boîte de dialogue Outlook Express disparaît.

Lire les messages   202

Cliquez sur l'en-tête qui vous intéresse, dans le volet supérieur. Le message apparaît dans le volet d'aperçu. Chaque message peut être accompagné d'une ou de plusieurs icônes :

!   L'expéditeur a attribué la priorité la plus élevée au message.

↓   L'expéditeur a attribué la priorité la plus basse au message.

◊   Le message comporte une pièce jointe.

✉   Le message n'a pas été lu (il apparaît en gras dans la liste).

✉   Le message a été lu (il apparaît en caractères standards dans la liste).

Répondre à un message   203

Cliquez sur   **Procédez comme suit**

     Ouvrez une fenêtre Composer un message. Le nom du destinataire et l'objet du message sont déjà complétés.

     Ouvrez une fenêtre Composer un message. L'objet du message ainsi que les destinataires en copie et en copie invisible apparaissent dans les champs appropriés.

     Ouvrez une fenêtre Composer un message. Le corps du message d'origine est repris, tout comme les destinataires et l'objet.

Copier une partie du message d'origine   204

1. Mettez le texte à traiter en évidence.
2. Cliquez du bouton droit de la souris sur la sélection, puis cliquez sur **Copier**.
3. Cliquez sur le bouton approprié pour la réponse.
4. Cliquez du bouton droit de la souris dans la nouvelle fenêtre, puis cliquez sur **Coller**.
5. Faites précéder la ligne du signe >. Si la sélection occupe plusieurs lignes, préférez les caractères italiques aux chevrons.

> d'auditions disponibles, pour comprendre autrement
> le fonctionnement d'un procès d'Assises.
>   — DES CE WEEK-END, LA SUITE DES AUDITIONS —
> Les Forums en ligne : On annonce le retour prochain
> du forum "Cannabis" et l'ouverture du forum Immigration.
> Les archives de toutes les enquêtes précédentes

Enregistrer une lettre   206

1. Cliquez du bouton droit de la souris sur la liste des messages (dans le volet supérieur), puis cliquez sur **Déplacer vers**.
2. Cliquez sur le dossier de destination.

Pour adresser une réponse à l'ensemble du groupe de discussion, cliquez sur [Répondre au groupe] .

Pour répondre personnellement à l'auteur du message, cliquez sur [Répondre à l'auteur] .

Pour transférer un message à une personne extérieure au groupe, cliquez sur [Transférer le message] .

Trier des messages   234

※ Cliquez sur Affichage dans la barre de menus, sur Trier par. Sélectionnez ensuite la méthode de tri.

Ou :

※ Cliquez sur l'en-tête de colonne qui vous intéresse. Si, par exemple, vous cliquez sur Reçu, le signe ▼ indique que les messages seront triés par ordre chronologique décroissant. A l'opposé, le signe ▲ correspond à la méthode de tri chronologique croissant.

Marquer un message   235

Cliquez du bouton droit de la souris sur le message, puis cliquez sur l'option appropriée.

Basculer d'un groupe à un autre   236

1. Cliquez sur la flèche dirigée vers le bas, à droite du nom du groupe de discussion. La liste des dossiers d'Outlook Express apparaît. Le groupe actif est mis en évidence.

2. Basculez dans un autre groupe, en cliquant sur son intitulé dans la partie inférieure de la liste.

Télécharger des messages pour une consultation hors connexion   241

1. Marquez les messages à télécharger.

2. Alors que le groupe est sélectionné, cliquez sur **Outils ➡ Télécharger ce groupe**. La boîte de dialogue associée apparaît. Si vous avez marqué des messages, la case Obtenir les messages marqués figure dans la partie inférieure de la boîte de dialogue.

3. Cliquez sur Obtenir les éléments suivants, pour valider les options, puis cliquez sur l'option qui vous intéresse.

4. Cliquez sur OK. La progression du téléchargement apparaît dans un encadré. Cliquez sur le bouton Arrêter si vous envisagez d'annuler l'opération.

5. Cliquez sur [×] pour fermer la boîte de dialogue.

6. Lors de la prochaine session Outlook Express, inutile de vous connecter à l'Internet : les messages seront consultables hors connexion.

Chapitre 15

Définir les options de Microsoft NetMeeting   252

1. Ouvrez NetMeeting, puis cliquez sur **Outils ➡ Options** pour ouvrir la boîte de dialogue Options.

2. Cliquez sur l'onglet Général pour définir les options de démarrage automatique.

3. Cliquez sur l'onglet Informations personnelles pour modifier les informations destinées au service d'annuaire.

4. Cliquez sur l'onglet Appel pour définir les options de l'annuaire et des numéros abrégés.

Appel NetMeeting 255

NetMeeting permet de démarrer des réunions de plusieurs façons :

* Cliquez deux fois sur un nom dans la page Numéros abrégés.

* Cliquez deux fois sur un nom dans la page Annuaire.

* Cliquez deux fois sur un nom dans la page Historique.

* Cliquez sur le bouton Appeler dans la barre d'outils ou sélectionnez **Appel ➡ Nouvel appel**. La boîte de dialogue Nouvel appel apparaît. Tapez l'adresse e-mail ou l'adresse IP de l'appel, puis cliquez sur Appeler.

Configurer le Carnet d'adresses de NetMeeting 255

1. Ouvrez le Carnet d'adresses Windows.
2. Cliquez sur le nom de la personne à appeler.
3. Cliquez sur le bouton Propriétés associé à cette personne. La boîte de dialogue Propriétés apparaît.
4. Cliquez sur l'onglet NetMeeting.
5. Sélectionnez l'adresse e-mail de l'utilisateur sous Courrier électronique, puis ajoutez son serveur sous Serveurs d'annuaire de conférence.
6. Cliquez sur OK. Les options sont validées, et la boîte de dialogue Propriétés disparaît.

Chapitre 16

Converser en direct 260

1. Alors que la fenêtre Appel en cours est active, cliquez sur le bouton Conversation.

2. Tapez le message dans l'encadré inférieur de la fenêtre.

3. Appuyez sur Entrée ou cliquez sur le bouton représentant une page, à droite du cadre de saisie. Le message apparaît dans le cadre supérieur, accompagné de votre nom. Chacun peut alors en prendre connaissance.

Converser en privé 261

1. Cliquez sur la flèche de la zone de liste déroulante de la fenêtre Conversation. La liste des participants apparaît.
2. Cliquez sur le nom de l'intéressé(e).
3. Tapez le message, puis envoyez-le. La mention « privé » apparaît devant le texte (en italique et entre parenthèses).

Le module Tableau blanc 263

1. Cliquez sur l'onglet Appel en cours.
2. Cliquez sur l'icône Tableau blanc, dans la barre d'outils. Si elle ne figure pas à l'écran, la fenêtre Appel en cours n'est pas active. NetMeeting recherche les tableaux blancs des participants, puis affiche le vôtre.
3. Cliquez sur le bouton Agrandissement. Le tableau blanc occupe la totalité de l'écran.
4. Cliquez sur l'outil qui vous intéresse.

5. Cliquez sur les options appropriées en fonction de l'outil.

Mettre fin à une réunion 267

Pour cela, il suffit de cliquer sur le bouton Raccrocher. Vous pouvez également cliquer sur Fermer, puis sur Raccrocher pour déconnecter l'ordinateur.

Chapitre 17

Partager un fichier avec des utilisateurs passifs 272

Vous êtes utilisateur actif de la réunion :

1. Ouvrez le fichier, puis réduisez l'application associée, de sorte que NetMeeting soit visible à l'écran.

2. Cliquez sur le bouton Partager, puis sur le nom du fichier.

3. Agrandissez la fenêtre d'affichage du fichier. Le document apparaît sur tous les écrans de la réunion.

Consulter un fichier partagé 273

Vous êtes utilisateur passif de la réunion. Cliquez sur l'icône du fichier dans la barre des tâches. Celui-ci apparaît à l'écran. L'utilisateur actif mène alors le jeu. NetMeeting vous empêche d'apporter des modifications au document distant.

Arrêter le partage d'un fichier 274

L'utilisateur actif clique sur le bouton Partager, puis clique sur le fichier partagé pour supprimer la marque de sélection.

Collaborer à un fichier 275

1. Cliquez sur le bouton Démarrer l'autorisation de contrôle soit dans la barre d'outils NetMeeting, soit dans la barre d'accès rapide.

2. Le fichier étant réduit, cliquez dans la barre des tâches, pour basculer dans l'application hôte.

3. Cliquez sur la souris pour prendre le contrôle.

Envoyer un fichier aux participants d'une réunion 276

1. Cliquez sur **Outils** dans la barre de menus, puis sur **Transfert de fichiers** ➡ **Envoyer un fichier** .

2. Sélectionnez le fichier, puis cliquez sur **Envoyer**.

3. Si vous êtes utilisateur passif et recevez un fichier, vous avez la possibilité d'effectuer l'une des trois opérations suivantes :

✳ Ouvrir le fichier dans la boîte de dialogue de transfert.

✳ Fermer la boîte de dialogue et ouvrir le fichier en cliquant sur **Outils** ➡ **Transfert de fichiers** ➡ **Ouvrir les fichiers reçus**.

✳ Supprimer le fichier.

Surfer en groupe 278

1. Dans la fenêtre de l'appel en cours, cliquez sur l'icône Internet Explorer.

2. Alors que le browser est présent à l'écran, cliquez sur l'icône NetMeeting, à droite de la barre des tâches, puis sur Partager et le nom du site.

3. Alors que la page est ouverte, cliquez sur Démarrer l'autorisation de contrôle, dans la barre d'outils d'accès rapide.

4. Vos amis doivent cliquer sur Démarrer l'autorisation de contrôle pour que la page du browser s'affiche automatiquement sur leur ordinateur.

Chapitre 18

Rechercher des modèles de pages Web   284

1. Tapez **http://www.netscape.com/ home/gold3.0_templates.html**

2. Parcourez la page des modèles jusqu'à ce qu'apparaissent les rubriques suivantes :

    ✸ Personal/Family

    ✸ Company/Small Business

    ✸ Department

    ✸ Product/Service

    ✸ Special Interest Group

    ✸ Interesting and Fun

3. Cliquez sur le lien qui vous intéresse. Le modèle apparaît. N'hésitez pas à l'imprimer : vous pourrez l'exploiter ultérieurement.

Créer un dossier pour les sites Web

1. Lancez l'Explorateur Windows, puis cliquez sur le nom de l'unité où vous allez créer le dossier.

2. Cliquez sur **Fichier ➡ Nouveau ➡ Dossier**.

3. Tapez le nom du dossier dans l'encadré.

Modifier la taille d'une page Web

1. Lancez l'Explorateur Windows.

2. Cliquez sur le dossier Pages Web, dans la partie gauche de l'écran.

3. Le nombre d'objets du dossier et la taille de l'espace disque disponible apparaissent dans la barre d'état.

Rechercher des images gratuites   289

1. Lancez Internet Explorer, puis cliquez sur le bouton Rechercher.

2. Sélectionnez l'un des moteurs de recherche disponibles, puis tapez **images gratuites** dans la zone de texte.

Enregistrer une image   289

1. Cliquez du bouton droit de la souris sur le graphisme.

2. Cliquez sur **Enregistrer l'image sous** dans le menu raccourci.

3. Enregistrez l'image dans le dossier approprié.

Afficher les codes HTML d'un document   292

1. Cliquez du bouton droit de la souris sur une page Web.

2. Cliquez sur **Afficher source**, dans le menu raccourci.

Enregistrer le document source 292

Cliquez sur Fichier ➡ Enregistrer sous, puis sauvegardez le fichier au format texte dans le dossier voulu.

Chapitre 19

Commencer un document HTML 296

1. Cliquez sur **Démarrer**. Un menu apparaît.
2. Cliquez sur **Programmes** ➡ **Internet Explorer** ➡ **FrontPad**. La fenêtre de FrontPad contient un document vide sans titre.

Ajouter des couleurs 297

1. Cliquez sur **Format** ➡ **Arrière-plan**. La boîte de dialogue Propriétés de la page apparaît.
2. Cliquez sur le triangle ▼, à droite de la zone de texte Arrière-plan. Le menu de sélection de la couleur d'arrière-plan apparaît.
3. Cliquez sur la couleur qui vous intéresse. Le menu se referme.
4. Cliquez sur OK. C'est tout !
5. Pour modifier la couleur du texte, répétez les points 1 à 4.

Insérer un en-tête formaté 298

1. Tapez du texte dans une page blanche.
2. Mettez-le en évidence à l'aide de la souris.

3. Cliquez sur la flèche de la première zone de liste, à gauche (comportant le mot Normal).
4. Cliquez sur En-tête 1. La liste se referme et le texte apparaît en grands caractères.

Options associée à la police 298

1. Mettez le texte à traiter en évidence.
2. Cliquez sur **Format** ➡ **Police**.
3. Cliquez sur Police, Style de police et/ou Taille en fonction des paramètres à modifier.
4. Cliquez sur ▼, en face de Couleur, dans l'angle inférieur gauche de la page. Une liste déroulante apparaît.
5. Cliquez sur la couleur voulue, dans la liste déroulante.
6. Cliquez sur OK.

Modifier l'alignement du texte 298

1. Mettez le texte à traiter en évidence.
2. Cliquez sur **Format** ➡ **Paragraphe**. La page Propriétés du paragraphe apparaît.
3. Cliquez sur ▼ à droite de la zone de texte Alignement du paragraphe. Une liste déroulante apparaît.
4. Cliquez sur l'alignement requis (gauche, droit, centré).
5. Cliquez sur OK.

Insérer une ligne horizontale 299

1. Cliquez sur **Insérer** ➡ **Ligne horizontale**. Une ligne horizontale apparaît instantanément dans la page.
2. Cliquez du bouton droit de la souris sur la ligne. Un menu apparaît.

3. Cliquez sur **Propriétés de ligne horizontale**. La boîte de dialogue Propriétés de la ligne horizontale apparaît.

4. Sélectionnez la largeur, la hauteur, l'alignement et la couleur de la ligne.

5. Pour valider vos choix, cliquez sur OK.

Insérer une image   299

1. Placez le curseur à l'endroit qui vous convient dans la page.

2. Cliquez sur **Insertion ➡ Image** ou sur le bouton Insérer une image. Dans l'un ou l'autre cas, la page Autre emplacement apparaît au premier plan de la boîte de dialogue Image.

3. Cliquez sur A partir du fichier. Un point apparaît dans le bouton radio.

4. Cliquez sur le bouton Parcourir, à la recherche du dossier contenant l'image.

5. Ouvrez l'image dans FrontPad. Celle-ci apparaît à l'emplacement du curseur.

Insérer des liens   301

1. Enregistrez les deux pages à traiter dans le même dossier.

2. Ouvrez-les dans FrontPad.

3. Tapez un mot ou une phrase dans la page maître.

4. Mettez ce libellé en évidence.

5. Cliquez sur **Insertion ➡ Hyperlien**. La boîte de dialogue Créer un hyperlien apparaît.

6. Cliquez sur l'onglet Pages d'ouverture.

7. Cliquez sur la page à traiter.

8. Cliquez sur OK. La page est liée.

Lier une page à une image   302

1. Créez une page, puis insérez le graphisme, comme vous l'avez fait plus haut.

2. Définissez les dimensions d'affichage de l'image dans la page.

3. Répétez les étapes suivies ci-dessus pour la création d'un lien vers une page comportant un fichier graphique.

Publier une page sur le Web   307

Avant de lancer l'Assistant Publication de sites Web :

1. Prenez contact avec votre fournisseur d'accès Internet pour connaître le niveau de compatibilité du serveur avec l'Assistant. Si la publication est possible, passez au point suivant.

2. Notez les éléments suivants :

✳ Taille de l'espace disponible pour les pages et les graphismes

✳ URL du serveur

✳ Procédures d'accès au serveur

✳ Identificateur et mot de passe d'accès au serveur (si ces informations sont différentes de votre ID et de votre mot de passe habituels)

✳ Le chemin d'accès au répertoire ou au dossier de stockage des fichiers

✳ L'URL affectée aux pages Web personnelles pour consultation

Lancer l'Assistant Publication de sites Web   307

1. Cliquez sur **Démarrer** dans la barre des tâches. Le menu Démarrer apparaît.

2. Cliquez sur **Programmes ➡ Internet Explorer ➡ Assistant Publication de sites Web** . La première boîte de dialogue de l'assistant apparaît.

3. Tapez les informations requises dans chaque boîte de dialogue.

4. Pour afficher la boîte de dialogue suivante, cliquez sur Suivant.

5. Indiquez mot de passe et identificateur au moment requis.

6. Dans la dernière page, cliquez sur Terminer.

Utiliser le Bureau actif

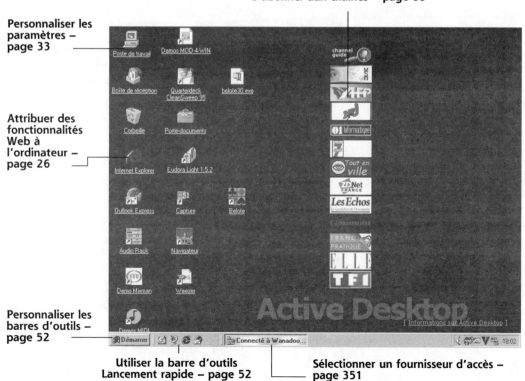

S'abonner aux chaînes – page 88

Personnaliser les
paramètres –
page 33

Attribuer des
fonctionnalités
Web à
l'ordinateur –
page 26

Personnaliser les
barres d'outils –
page 52

Utiliser la barre d'outils
Lancement rapide – page 52

Sélectionner un fournisseur d'accès –
page 351

Surfer sur le Web

Passer d'une page à
une autre – page 102

Créer et gérer
des favoris – page 117

Imprimer un cadre
ou une page –
page 110

Utiliser une URL –
page 100

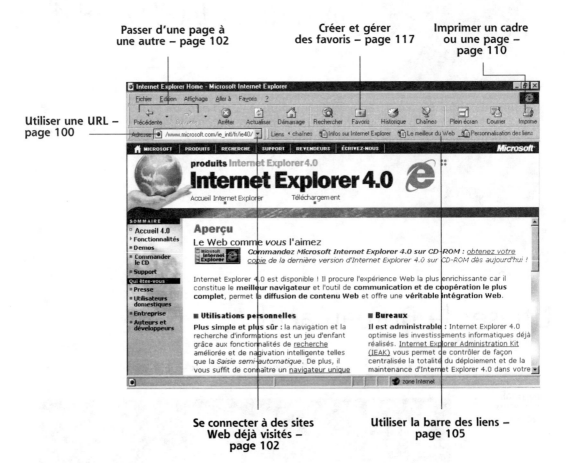

Se connecter à des sites
Web déjà visités –
page 102

Utiliser la barre des liens –
page 105

Recherches sur le Web

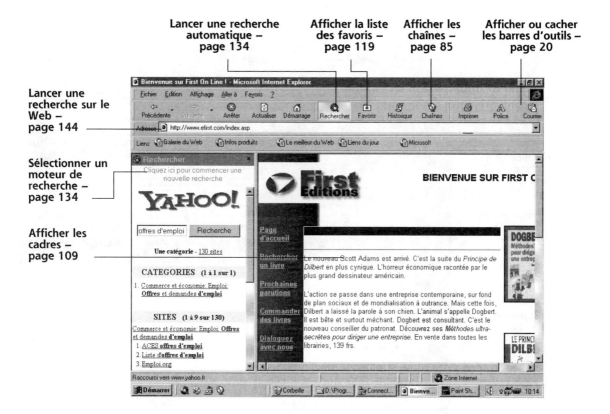

Lancer une recherche
automatique –
page 134

Afficher la liste
des favoris –
page 119

Afficher les
chaînes –
page 85

Afficher ou cacher
les barres d'outils –
page 20

Lancer une
recherche sur le
Web –
page 144

Sélectionner un
moteur de
recherche –
page 134

Afficher les
cadres –
page 109

Consulter de nouveaux messages

Transférer un message – page 205

Envoyer le courrier en attente et recevoir les nouveaux messages – page 196

Supprimer un message – page 209

Configurer la fenêtre d'Outlook Express – page 168

Répondre à l'auteur – page 203

Archiver un message dans un dossier – page 209

Utiliser des expressions abrégées – page 194

Inclure une signature – page 172

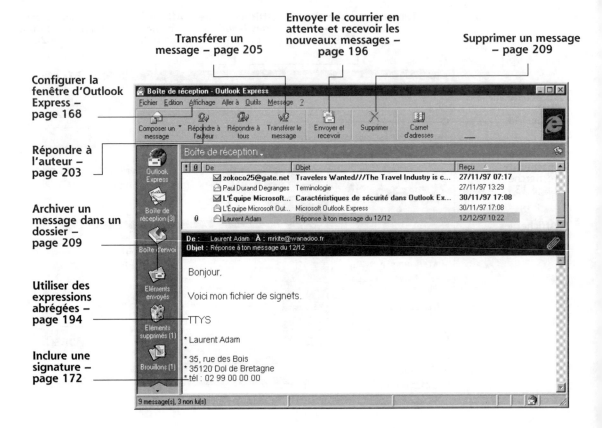

Composer des messages

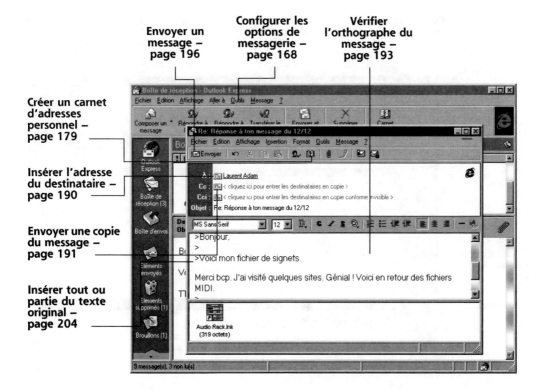

Envoyer un message – page 196

Configurer les options de messagerie – page 168

Vérifier l'orthographe du message – page 193

Créer un carnet d'adresses personnel – page 179

Insérer l'adresse du destinataire – page 190

Envoyer une copie du message – page 191

Insérer tout ou partie du texte original – page 204

Configurer le lecteur de news

Définir les options des groupes de discussions – page 214

Sélectionner un dossier différent – page 236

S'abonner à un groupe de discussions – page 218

Lire les messages hors connexion – page 239

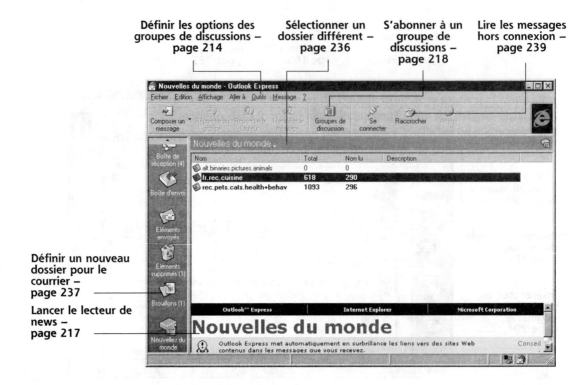

Définir un nouveau dossier pour le courrier – page 237

Lancer le lecteur de news – page 217

Lire les messages Usenet

Réorganiser la liste des messages – page 234

Envoyer un message à un groupe de discussion – page 232

Rechercher un groupe en fonction du sujet traité – page 219

Lire les fils de messages (ou threads) – page 227

Marquer des messages comme non lus – page 236

Enregistrer une image émanant d'un groupe de discussions – page 244

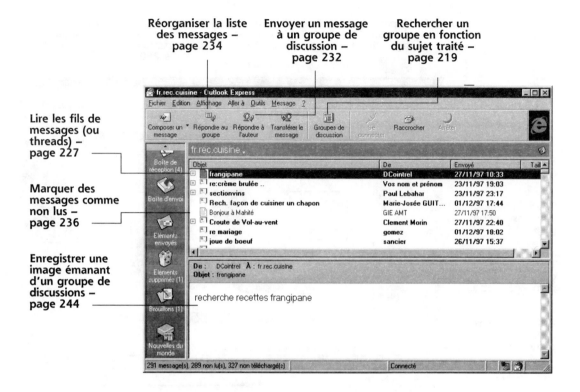

Utiliser NetMeeting

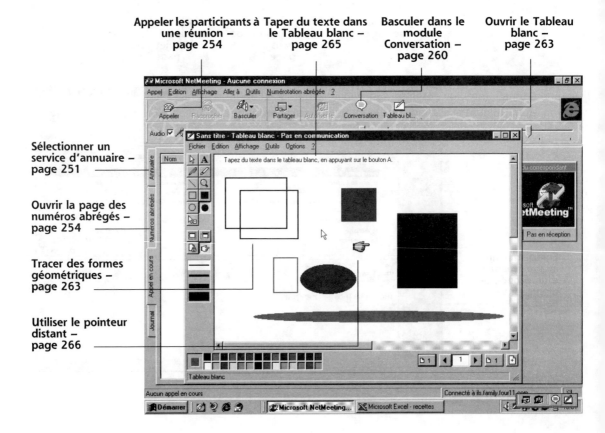

Appeler les participants à une réunion – page 254

Taper du texte dans le Tableau blanc – page 265

Basculer dans le module Conversation – page 260

Ouvrir le Tableau blanc – page 263

Sélectionner un service d'annuaire – page 251

Ouvrir la page des numéros abrégés – page 254

Tracer des formes géométriques – page 263

Utiliser le pointeur distant – page 266

Partager des documents dans NetMeeting

Raccrocher –
page 267

Partager un fichier
– page 272

Lancer
l'autorisation de
contrôle –
page 274

Exploiter les
fonctionnalités
audio et vidéo –
page 259

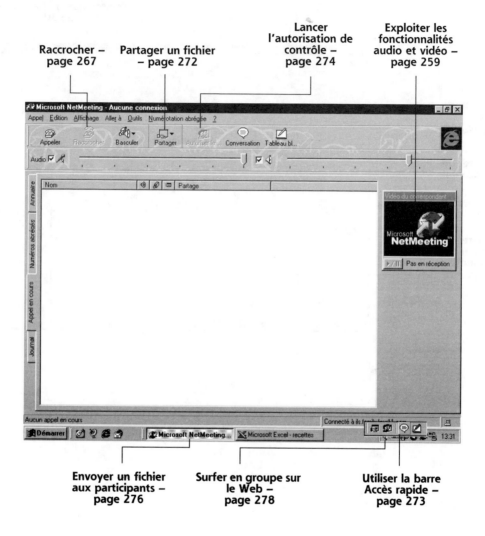

Envoyer un fichier
aux participants –
page 276

Surfer en groupe sur
le Web –
page 278

Utiliser la barre
Accès rapide –
page 273

Créer une page d'accueil dans FrontPad

Insérer un lien vers l'adresse
électronique de l'auteur –
page 304

Préparer la page
Web –
page 284

Insérer une ligne
horizontale –
page 299

Insérer un lien vers
une autre page ou
un autre site –
page 302

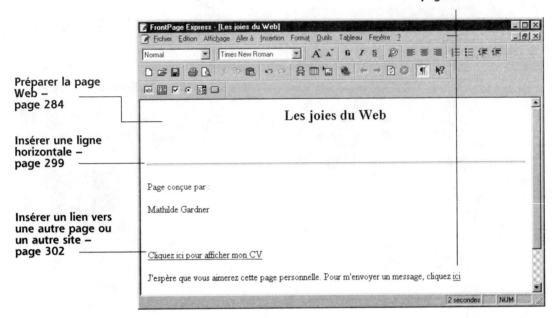

Créer une page Web dans FrontPad

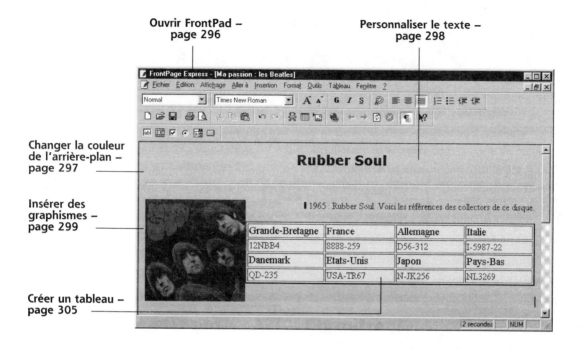

Ouvrir FrontPad –
page 296

Personnaliser le texte –
page 298

Changer la couleur
de l'arrière-plan –
page 297

Insérer des
graphismes –
page 299

Créer un tableau –
page 305

INSTALLER ET CONFIGURER INTERNET EXPLORER

L'installation d'Internet Explorer 4 ne demande que peu de connaissances puisqu'elle est presque entièrement automatique. La mise à jour ou l'ajout de composants ne devrait pas vous poser de problèmes. Toutefois, vous devez disposer d'informations pour toute personnalisation ultérieure de l'interface.

Avant de commencer

Il est recommandé de posséder un ordinateur à processeur 486 DX2/66 MHz ou mieux.

La version d'IE 4 traitée dans cet ouvrage est destinée à Windows 95, Windows NT 4.0 et Windows 98.

A la différence des propos rassurants de Microsoft, selon lesquels IE 4 ne requiert que 8 Mo et 16 Mo de mémoire sous Windows 95 et NT respectivement, nous vous conseillons de disposer d'au moins 16 Mo, et idéalement de 32 Mo de mémoire vive.

Réservez de 70 à 90 Mo d'espace disque, en fonction des composants à installer. Cet espace disque sera utilisé en majorité par des fichiers temporaires, qui seront supprimés à la fin de chaque session Internet, les composants IE 4 occupant à eux seuls de 10 Mo à 25 Mo.

Se procurer Internet Explorer

Il existe plusieurs façons d'acquérir IE 4 :

* La plus simple est certainement celle du préchargement du produit lors de l'achat d'un ordinateur. Si tel est le cas, allez directement à la partie consacrée à la personnalisation d'IE 4.

* Vous avez acheté ou reçu IE 4 sur CD-ROM. Dans ce cas, l'installation est très aisée. Tout ce que vous avez à faire est d'examiner le témoin lumineux du lecteur de disque compact ! Si vous avez reçu le produit sur CD-ROM, prenez connaissance des informations figurant à l'écran, et suivez scrupuleusement la procédure. Les étapes se succèdent trop rapidement à votre goût ? Ne vous inquiétez pas : il est toujours possible de personnaliser l'interface ultérieurement.

* L'opération la plus complexe est sans doute le téléchargement d'IE 4. Vous devez en effet vous connecter au site de Microsoft, sélectionner les composants qui vous intéressent, les télécharger, puis les installer sur l'ordinateur. La procédure est fastidieuse, même avec un modem fonctionnant à 28 800 bps, puisqu'elle prend environ deux heures. Si vous êtes impatient, préférez l'installation depuis un disque compact.

Télécharger et installer IE 4

Microsoft propose gratuitement IE 4 sur son site Web. Depuis quelques semaines, le téléchargement est dirigé par un assistant de configuration active, le fameux *Active Setup Wizard*. Ce programme d'une taille relativement restreinte (environ 425 Ko) est téléchargeable rapidement. Lors de son lancement, l'Active Setup Wizard propose plusieurs options de configuration.

Pour télécharger et installer IE 4 :

1. Ouvrez la page de démarrage de Microsoft à l'adresse `http://www.microsoft.com/ie/IE40`, puis cliquez sur le lien de téléchargement. Vous avez le choix entre télécharger l'Active Setup Wizard, puis lancer la procédure d'installation et reporter l'installation à une date ultérieure. Nous vous recommandons la deuxième option, ce qui permet de conserver un exemplaire de l'assistant pour des installations ultérieures sur d'autres ordinateurs.

2. Suivez les instructions de téléchargement figurant dans les pages Web qui s'affichent.

3. Fermez le browser, déconnectez-vous d'Internet, puis lancez l'Active Setup Wizard. La boîte de dialogue Internet Explorer 4 Active Setup apparaît.

4. Cliquez sur Suivant. L'écran des options d'installation apparaît (figure A-1).

Figure A-1   Figure A-1 L'Active Setup Wizard automatise le processus de téléchargement et d'installation.

5. Cliquez sur la flèche dirigée vers le bas dans la liste des options. Cliquez tour à tour sur chaque option pour afficher la description correspondante. Une fois que vous avez fait un choix, cliquez sur Suivant. L'écran d'intégration du bureau apparaît. Vous avez ainsi la possibilité de transformer le bureau Windows 95 en interface Web. Notez que cette option est personnalisable ultérieurement (chapitre 1).

6. Cliquez sur Oui ou sur Non, puis sur Suivant. L'écran suivant concerne le chemin et le dossier par défaut d'installation des fichiers IE 4.

7. Tapez les informations requises directement ou cliquez sur Parcourir, à la recherche d'un répertoire dans l'arborescence. Bien entendu, vous pouvez aussi accepter le répertoire et le dossier proposés. Cliquez sur Suivant. L'assistant se connecte à l'Internet, puis affiche la liste des sites de téléchargement.

8. Sélectionnez le site le plus proche de votre domicile, puis cliquez sur le lien qui lui est associé. Le téléchargement commence : les fichiers sont alors chargés, extraits et installés sur votre ordinateur. Il peut arriver que certains écrans de configuration (tels que l'écran d'intégration du bureau au Web) réapparaissent.

Après l'installation, IE 4 vous invite à redémarrer l'ordinateur. Une fois ce dernier relancé, IE 4 met à jour les raccourcis, ouvre le browser, puis se connecte à la page Welcome to Internet Start.

La page de démarrage vous présente l'Internet et IE 4. Consultez les informations présentes à l'écran, puis cliquez sur le lien figurant dans la partie inférieure de l'écran (figure A-2). Bien entendu, vous avez la possibilité de sélectionner n'importe quel site

Web comme page de démarrage (voir la partie consacrée à la personnalisation des options d'IE 4).

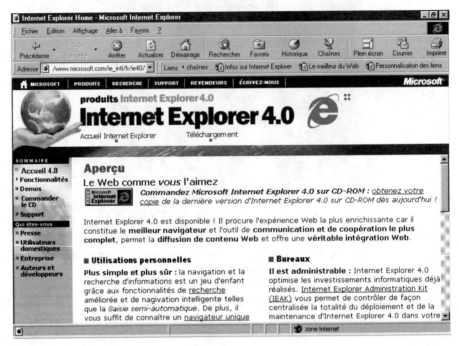

Figure A-2   Page de démarrage d'IE 4.

 Pour mettre à jour IE 4 ou ajouter des composants, reportez-vous à la partie « Bonus », à la fin du chapitre 3.

Personnaliser le browser

Une fois IE 4 installé, il est aisé de personnaliser l'interface à l'aide des nombreuses options de la boîte de dialogue Propriétés. Certaines d'entre elles vous paraîtront incompréhensibles si vous êtes débutant. C'est pourquoi il est préférable d'acquérir un peu d'expérience avant de les sélectionner.

Les propriétés IE 4 sont décrites succinctement dans cette annexe. Aussi, nous vous conseillons de cliquer sur le symbole point d'interrogation dans l'angle supérieur droit de la boîte de dialogue Propriétés pour en savoir plus sur les options sélectionnées.

Pour ouvrir la boîte de dialogue Propriétés :

1. Cliquez du bouton droit de la souris sur l'icône Internet, puis sélectionnez **Propriétés** dans le menu raccourci qui apparaît.

Vous pouvez également cliquer sur **Affichage** ➡ **Options**.

2. La boîte de dialogue Propriétés de Internet apparaît. La page Général se trouve au premier plan (figure A-3).

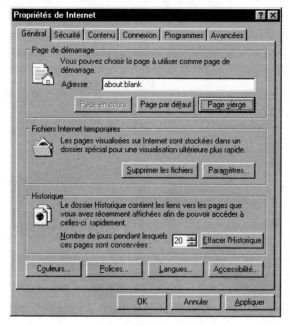

Figure A-3   Boîte de dialogue Propriétés de Internet.

Propriétés générales

La page Général de la boîte de dialogue Propriétés comprend sept groupes distincts d'options :

* *Page de démarrage*. Il s'agit de la première page qui apparaît lors du lancement du browser. Si la connexion à l'Internet n'est pas associée à l'exécution d'IE 4, cliquez sur Page vierge (une page blanche apparaît à l'écran) ou sélectionnez une page enregistrée sur l'ordinateur.

* Pour utiliser une page résidant sur l'ordinateur, créez un document HTML dans FrontPad, puis enregistrez-le sur disque dur. Lancez IE 4, puis cliquez sur Page en cours. Pour utiliser une page favorite comme page de démarrage, sélectionnez le document HTML qui vous intéresse, puis cliquez sur Page en cours.

* Fichiers Internet temporaires. Ces fichiers permettent de stocker les copies de pages Web visitées ainsi que les graphismes qui leur sont associés, et de les réafficher ainsi plus rapidement. Pour libérer l'espace disque qu'ils occupent, cliquez sur Supprimer les fichiers. Cliquez sur Paramètres pour définir l'espace disque maximal réservé à ces fichiers, changer de dossier de stockage ou modifier leur fréquence de mise à jour.

* Historique. Il s'agit de la liste des pages Web visitées. Vous pouvez définir le nombre de jours au-delà duquel l'historique est effacé ou cliquer sur Effacer l'historique.

* Couleurs. Cliquez sur ce bouton pour modifier les couleurs respectives du texte, de l'arrière-plan et des liens. Dans la boîte de dialogue qui apparaît, apportez les modifications requises.

* Polices. Cliquez sur ce bouton pour changer de polices de caractères ou modifier la taille et le style du texte.

* Langues et Accessibilité. Sauf cas particulier, ces paramètres ne doivent pas être modifiés.

Sécurité

IE 4 affecte des niveaux de sécurité différents en fonction des zones d'origine des pages consultées. L'option par défaut figurant sous le libellé Définir le niveau de sécurité pour cette zone est *généralement adéquate*.

Pour sélectionner une zone, cliquez sur la flèche, à droite de Zone. Pour les zones de sites sensibles et les zones de sites de confiance, vous avez la possibilité de cliquer sur le bouton Ajout de sites. Si vous sélectionnez Zone Intranet, IE 4 vous propose plusieurs options locales. Dans ce cas, prenez contact avec l'administrateur du réseau local pour connaître les options appropriées. Tous les autres sites appartiennent à la zone Internet.

Contenu

La page Contenu comporte quatre options importantes :

* *Gestionnaire d'accès*. Reportez-vous à la partie « Accord parental souhaité », du chapitre 5.

* *Certificats*. Il s'agit de fichiers codés qui vous identifient sur certains sites Web et vous permettent de réaliser certaines opérations (comme le téléchargement de fichiers sécurisés).

* Il existe plusieurs types de certificats. La difficulté d'obtention d'un certificat est directement liée au niveau de sécurité requis. Un certificat de premier niveau correspond à l'adresse e-mail de l'utilisateur et coûte environ 10 dollars. Certains certificats de bas niveau vous sont attribués gratuitement pour une période probatoire de quelques semaines. Les certificats de haut niveau exigent un abonnement coûteux d'une année, renouvelable selon le comportement de l'utilisateur.

* Tout certificat est lié au browser. Ce dernier adresse automatiquement l'identificateur numérique au site pour lequel le certificat a été attribué. Il est courant que certains sites Web commerciaux envoient des adresses

numériques aux browsers demandant le téléchargement de logiciels. Ces informations prouvent la bonne foi du fournisseur et l'authenticité du produit.

 Pour en savoir plus sur la sécurité informatique, recherchez des informations sur Yahoo! à l'adresse suivante : http://www.yahoo.com/ Computers_and_Internet/Security_and_Encryption/

* *Informations personnelles - Assistant Profil Microsoft.* Cette option permet non seulement d'enregistrer des informations personnelles destinées à être acheminées sur l'Internet, mais aussi de déterminer leur nature. Cliquez sur Modifier profil pour définir ou éditer le profil utilisateur.

* *Informations personnelles - Microsoft Wallet.* Pour en savoir plus sur le portefeuille électronique, reportez-vous au chapitre 8.

Connexion

L'onglet Connexion permet de contrôler les accès à l'Internet. Si vos connexions s'établissent *via* un réseau local, prenez contact avec l'administrateur pour connaître les paramètres et leur implémentation. Si vous disposez d'un compte auprès d'un fournisseur d'accès, examinez les deux paramètres suivants :

* *Utiliser l'Assistant de connexion...* Si vous n'avez pas encore défini d'accès distant, cliquez sur Connexion. L'Assistant vous demande d'entrer un certain nombre d'informations : numéro de téléphone, noms de domaines, adresses IP des serveurs de noms de domaines. Pour connaître les valeurs à saisir, prenez contact avec le service technique de votre fournisseur d'accès.

* *Se connecter à Internet par modem.* Si vous n'avez pas encore défini d'accès distant, cliquez sur Paramètres. Cette option permet également de modifier les paramètres de connexion (mot de passe, numéro de téléphone, etc.).

 Pour en savoir plus sur le choix d'un fournisseur d'accès et sur les connexions commutées, reportez-vous à l'annexe B.

Programmes

Cette page permet de sélectionner la messagerie, le lecteur de news et le logiciel de téléconférence à utiliser par défaut à chaque session Internet. Vous pouvez en outre choisir l'agenda personnel (SideKick ou Carnet d'adresses) associé à Outlook Express.

Vous pouvez également remarquer la case Au démarrage, vérifier si Internet Explorer est le navigateur par défaut. Le navigateur par défaut correspond au browser qui est lancé lorsque vous cliquez sur un raccourci de page Web sur le bureau ou dans l'Explorateur Windows. Si plusieurs navigateurs résident sur l'ordinateur, IE 4 n'est peut-être pas le navigateur par défaut. Pour qu'il le devienne, cochez cette case.

Propriétés avancées

La page Avancés comporte de multiples options. Nous en verrons trois, les autres ne devant pas, en principe, être modifiées. Examinez les groupes d'options suivants :

* *Navigation.* Ces options influent directement sur l'apparence et le comportement d'IE 4. Il s'agit de Utiliser la saisie semi-automatique, de Utiliser le défilement régulier, de Afficher les URL simplifiées, de Entourer les liens cliqués et de Naviguer dans un nouveau process.

* *Cookies.* Pour en savoir plus sur les cookies, reportez-vous à la section « Bonus », à la fin du chapitre 5.

* *Barre d'outils - Petites icônes.* Cliquez sur cette option pour afficher des icônes de taille réduite dans la barre d'outils IE 4.

ANNEXE B

CHOISIR UN FOURNISSEUR D'ACCÈS INTERNET

L es fournisseurs d'accès Internet ont engagé une guerre des prix et des services. Ceux qui prédisaient la disparition des fournisseurs de taille moyenne au profit des grands groupes de communication se sont trompés. Aux Etats-Unis, il existe plus de cinquante fournisseurs d'accès. En France, à côté des mastodontes des télécommunications et du multimédia survivent ou se développent une dizaine de fournisseurs de taille réduite ou moyenne. Les services en ligne comme America Online, CompuServe, et MSN proposent un accès à l'Internet.

Découvrir l'Internet

Face à la diversité des fournisseurs et des services, le consommateur n'a que l'embarras du choix. Certains fournisseurs ont une dimension nationale ou internationale, alors que d'autres sont spécifiques à une région. Voici les moyens de connaître les noms des fournisseurs d'accès :

* Lisez les journaux et la presse spécialisée

* Consultez les pages jaunes de l'Internet (depuis le poste d'un ami ou d'un collègue)

* Prenez contact avec les clubs d'informatique de votre région

* Demandez conseil à vos amis et à votre revendeur informatique

* Allez faire un tour dans le cybercafé le plus proche de chez vous

Des fournisseurs et des services

Vous disposez d'une liste de fournisseurs d'accès ? Bien ! Les fournisseurs d'accès se divisent en deux catégories : ceux qui offrent uniquement un accès à l'Internet et ceux qui offrent des services supplémentaires.

Lors de cette comparaison, vous devez tenir compte des cinq facteurs suivants : le coût et les modalités de l'abonnement, les connexions, les services supplémentaires, le service client et l'assistance technique. Nous vous conseillons de préparer un tableau dans lequel vous pourrez noter ces informations.

Comparer les prix et les modalités d'abonnement

Le temps, c'est de l'argent. Ce vieil adage est vrai pour la durée des sessions Internet. La plupart des abonnements comprennent un abonnement mensuel et un nombre d'heures de connexion gratuites. Certains fournisseurs proposent un suivi du compte, ce qui évite les mauvaises surprises. La durée forfaitaire doit être suffisante pour votre activité sur l'Internet. Si vous téléchargez régulièrement d'importants volumes de données, optez pour un abonnement mensuel d'au moins vingt heures forfaitaires. Une fois abonné, prenez l'habitude de rédiger votre courrier et de lire les news hors connexion (voir chapitre 14). Réservez les heures qui vous sont imparties à l'exploration du Web.

Les tarifs comme les services sont différents. Avant de faire un choix pour un fournisseur, déterminez précisément quel usage vous comptez faire de votre futur accès. Par exemple, la durée moyenne d'une connexion varie du simple au triple selon que vous naviguez sur le Web dans un cadre privé ou dans un cadre professionnel. Quelles sont les prestations du fournisseur d'accès ? Outre un accès au Web, le serveur prend-il en charge les sessions Telnet poste à poste, par exemple.

Certains fournisseurs proposent des tarifs préférentiels pour les abonnements annuels. Soyez vigilant, surtout si vous connaissez mal les prestations et l'ergonomie des fonctionnalités qui leur sont associées. Nous vous conseillons d'évaluer les services durant quelques mois avant d'opter pour le long terme.

Voici les questions relatives aux tarifs d'abonnement et de connexion : *

✔ L'installation et l'entrée en vigueur de l'abonnement sont-elles payantes ?

✔ Quelle est le nombre forfaitaire d'heures gratuites par mois ?

✔ Au-delà de cette durée forfaitaire, quel est le prix unitaire de l'heure de connexion ?

✔ Les transferts de fichiers sont-ils soumis à certaines modalités ?

✔ Internet Relay Chat et Telnet sont-ils pris en charge ?

✔ L'abonnement comprend-il des services spécifiques ?

✔ Les services proposés varient-ils selon l'abonnement souscrit ?

✔ Quel est le mode de paiement (chèque, carte de crédit ou prélèvement bancaire) ?

✔ Quelles sont les obligations de l'abonné en cas de résiliation du contrat ?

✔ L'abonnement trimestriel ou annuel est-il avantageux ?

Une histoire de bande passante

La vitesse de connexion ou bande passante est primordiale car elle détermine directement la vitesse de transmission des informations sur l'Internet. Elle est fonction de deux facteurs principaux : la connexion entre votre ordinateur et le serveur du fournisseur, d'une part, et la connexion du fournisseur à l'Internet. Vous devez disposer d'un modem d'un débit de 28 800 bps. Renoncez aux modems moins coûteux mais plus lents, qui ralentissent les transferts, ne permettent pas de tirer parti des fonctionnalités avancées de certains sites Web et augmentent sensiblement la facture téléphonique. Lorsque la connexion est lente, certains internautes, renonçant aux options multimédias du Web, optent pour un affichage texte.

Autre point : le fournisseur d'accès Internet doit disposer d'au moins une ligne haute vitesse (de type T1). Un débit élevé d'un bout à l'autre de la connexion permet de réduire les coûts téléphoniques.

Par ailleurs, choisissez un fournisseur résidant dans votre circonscription téléphonique ou proposant un abonnement à tarification téléphonique locale. Cette formule est particulièrement intéressante pour les personnes qui se connectent à l'Internet depuis un ordinateur portable, n'importe où en France ou à l'étranger.

Enfin, n'hésitez pas à poser des questions sur la fréquence des incidents techniques et des opérations de maintenance du serveur.

Questions concernant les connexions :

✔ Le fournisseur d'accès dispose-t-il d'une ligne T1 ?

✔ De combien de modems le serveur est-il doté ? Quel est leur débit ?

✔ Existe-t-il un abonnement à tarification téléphonique locale ?

✔ Existe-t-il un abonnement à tarification téléphonique réduite pour les connexions établies depuis l'étranger ?

✔ A quelle fréquence les opérations de maintenance ont-elles lieu ?

Comparer les services complémentaires

Ces services peuvent concerner, entre autres, l'hébergement de sites Web personnels, la conception de pages Web et l'enregistrement de noms de domaines.

Avant de créer un site Web personnel, demandez si le document HTML doit reposer sur un modèle. Si vous envisagez de créer un site Web professionnel, informez-vous sur les prestations (prix de l'hébergement, espace forfaitaire du site, prix du mégaoctet supplémentaire). Certains fournisseurs proposent un compteur de *hits* (un *hit* correspondant à un visiteur).

Souhaitez-vous attribuer un nom de domaine spécifique à votre adresse e-mail ou à votre site Web ? Combien cela coûte-t-il ?

Questions relatives aux services complémentaires :

✔ Le fournisseur d'accès héberge-t-il des pages Web ?

✔ Dans l'affirmative, quel est l'espace disque réservé à chaque abonné ?

✔ La page Web doit-elle être créée à partir d'un modèle et/ou à l'aide d'un logiciel particulier(s) ?

✔ Est-il possible de confier la création des pages Web au fournisseur d'accès ?

✔ Quels sont les autres services de publication de pages Web ?

✔ Est-il possible de changer le nom de domaine de l'adresse e-mail ou du site Web ?

Service commercial et assistance technique

Au moment de prendre un abonnement, vous devez tenir compte de la qualité du service commercial et de l'assistance technique du fournisseur d'accès. Le kit d'installation doit inclure un manuel utilisateur et une assistance téléphonique gratuite. Certains fournisseurs proposent une formation gratuite ainsi que des partagiciels complémentaires sur simple demande de l'utilisateur.

Le fournisseur d'accès doit mettre tout en œuvre pour faciliter vos connexions à l'Internet, en fonction de vos compétences en informatique. Dans cette optique, le service technique dispose de toutes les informations concernant votre ordinateur (modèle, processeur, système d'exploitation...). Quelle que soit la version de Windows, l'installation d'un kit de connexion est toujours compliquée. Aussi l'assistance technique du fournisseur est-elle essentielle.

Si vous envisagez de vous abonner à un service en ligne, tel que CompuServe ou AOL, il est probable que certains utilitaires d'IE 4, comme le lecteur de news et la messagerie, ne fonctionnent pas. Assurez-vous que les logiciels fournis par le service en ligne sont compatibles.

Questions relatives au service commercial et à l'assistance technique :

✔ De quelle nature est l'assistance proposée par le fournisseur d'accès lors de l'installation du kit de connexion ?

✔ Un guide d'installation est-il fourni ?

✔ Une aide personnalisée par téléphone est-elle prévue ?

✔ Est-elle disponible jusqu'à la première connexion ?

✔ Le fournisseur d'accès propose-t-il des logiciels complémentaires ? Dans l'affirmative, faut-il les télécharger ?

✔ L'assistance technique est-elle disponible sept jours par semaine ? 24 h / 24 ?

✔ Les logiciels inclus dans le kit de connexion sont-ils compatibles avec IE 4 ?

La plupart des fournisseurs d'accès proposent des formules d'abonnements différentes, selon les besoins de l'utilisateur. N'hésitez pas à comparer les services et les logiciels et évitez de prendre un abonnement inadapté ou surévalué. Avant de prendre un abonnement annuel, essayez un mois ou deux les services et les fonctionnalités offerts par le fournisseur d'accès.

QUESTIONS-RÉPONSES POUR INTERNET EXPLORER 4

Internet Explorer s'inscrit dans un mouvement technologique en évolution constante, associant étroitement des logiciels de communication les uns aux autres et intégrant l'ordinateur à l'Internet. Face à cette complexité technique, vous serez confronté un jour ou l'autre à des problèmes. Voici les solutions aux plus courants.

Problèmes courants de connexion

Pourquoi ne puis-je plus me connecter à l'Internet ? Où est passée la boîte de dialogue de connexion ? Elle n'apparaît plus lorsque je tente d'ouvrir une session Internet.

Modifiez les propriétés Internet, et plus particulièrement les paramètres de connexion. Certains logiciels désactivent l'option de connexion automatique. Pour vérifier les paramètres Internet :

1. Cliquez du bouton droit de la souris sur l'icône Internet Explorer qui se trouve sur le bureau, puis cliquez sur **Propriétés** dans le menu raccourci. Vous pouvez également cliquer sur **Démarrer ➡ Paramètres ➡ Panneau de configuration**. Dans la fenêtre Panneau de configuration, cliquez sur l'icône Internet. La boîte de dialogue Propriétés de Internet apparaît.

2. Cliquez sur l'onglet Connexion.

3. Au besoin, cliquez sur l'option Se connecter à Internet par modem.

4. Cliquez sur le bouton Paramètres. La boîte de dialogue Options de numérotation apparaît.

5. Vérifiez que la zone Utiliser la connexion accès réseau à distance comporte le nom de la connexion appropriée.

6. Cliquez sur Propriétés. La boîte de dialogue Propriétés de la connexion apparaît.

7. Vérifiez que les informations concernant l'accès à l'Internet (numéro de téléphone, type de serveur, paramètres TCP/IP, etc.) sont correctes. Au besoin, sélectionnez un script de connexion.

8. Cliquez sur OK pour valider les modifications.

Si le problème persiste, contactez le service d'assistance de votre fournisseur et demandez-lui les informations de connexion.

Comment désactiver la numérotation automatique ?

La procédure d'installation d'IE 4 définit des abonnements avec mise à jour automatique à certains sites Web. Pour modifier le planning de mise à jour, lancez Poste de travail ou l'Explorateur Windows. Sélectionnez Favoris ➡ Abonnements ➡ Gérer les abonnements. Dans le dossier des abonnements, cliquez du bouton droit de la souris sur chaque élément, puis sélectionnez l'option Manuelle. Pour en savoir plus sur les abonnements, reportez-vous aux chapitres 4 et 6.

Problèmes liés à la navigation

Quels sont ces mystérieux messages d'erreur accompagnés ou non de numéros qui s'affichent au lieu de la page attendue ?

* **Unauthorized 401** @md – L'accès au site est restreint ou le mot de passe saisi n'est pas valide. Tapez-le à nouveau ou prenez contact avec l'administrateur du site.

* **Forbidden 403** @md – L'accès à la page Web est limité aux utilisateurs autorisés.

* **Not Found 404** @md – La page Web n'existe plus à l'adresse spécifiée ou l'adresse est erronée. Vérifiez l'adresse du site. Si elle est correcte, désactivez la saisie semi-automatique (source d'erreur lorsque les URL ont des éléments communs, comme le nom du domaine).

* **Unable to Locate the Server** @md – IE 4 est incapable de localiser l'ordinateur associé à l'URL. Vérifiez que l'adresse n'est pas erronée et répétez l'opération.

* **Too Many Connections - Try Again Later** – @md Bouchon sur les autoroutes de l'information : le serveur est saturé.

Où se trouve la liste des messages d'erreurs ?

A l'URL suivante :

```
http://www.w3.org/pub/WWW/Library/src/HTError.html
```

Autre site intéressant :

```
http://www.alamopc.org/comm.htm
```

Comment empêcher Internet Explorer d'ouvrir une connexion au démarrage ?

Par défaut, le browser tente de se connecter à la page de démarrage du site IE 4 de Microsoft. Pour modifier ce paramètre, cliquez du bouton droit de la souris sur l'icône Internet Explorer qui se trouve sur le bureau ou sélectionnez Affichage ➡ Options. La boîte de dialogue Propriétés de Internet apparaît. Cliquez sur l'onglet Général. Dans la section Page de démarrage, cliquez sur Page vierge. Une page blanche s'affichera par défaut dans le browser. IE 4 ne se connectera à l'Internet que lorsque vous taperez une URL dans la zone Adresse.

Mon browser ne fonctionne plus alors que les autres composants IE 4 (messagerie, lecteur de news, etc.) sont toujours opérants. Que se passe-t-il ?

Vous avez sans doute sélectionné l'option Travailler hors connexion. En effet, cette option a des effets inexpliqués sur le browser. Dans ce cas, cliquez sur Fichier, puis désactivez l'option Travailler hors connexion !

Problèmes liés aux chaînes

Comment désactiver la connexion et le téléchargement automatique ?

Vous avez sans doute opté pour la mise à jour automatique de certaines chaînes. Pour modifier le planning de mise à jour des abonnements, ouvrez le browser d'IE 4, Poste de travail ou l'Explorateur Windows. Sélectionnez Favoris ➡ Abonnements ➡ Gérer les abonnements. Dans le dossier des abonnements, cliquez du bouton droit de la souris sur chaque abonnement, puis sélectionnez Propriétés dans le menu raccourci. Cliquez sur l'onglet Planification, puis sur Manuelle. Les mises à jour ne s'effectueront plus automatiquement. Pour en savoir plus sur les abonnements, reportez-vous aux chapitres 4 et 6.

Pourquoi une chaîne à laquelle je suis abonné ne figure-t-elle pas dans le dossier des abonnements ?

L'option des chaînes est toute nouvelle et comporte des bugs. Au besoin, répétez la procédure d'abonnement et redémarrez l'ordinateur. Si l'abonnement ne figure toujours pas dans la liste, faites part de ce problème au service technique de la chaîne. Si IE 4 n'enregistre aucun abonnement, prenez contact avec Microsoft.

Problèmes liés à la messagerie et aux newsgroups

Pourquoi Outlook Express ne se connecte-t-il pas automatiquement à l'Internet lors du démarrage ?

Vous devez vérifier les propriétés Internet et les options d'Outlook Express. Lancez Outlook Express, puis sélectionnez Outils ➡ Options. Cliquez sur l'onglet Se connecter à distance, et vérifiez que le nom du fournisseur associé à l'option Etablir cette connexion est correct. Pour consulter les propriétés Internet, cliquez du bouton droit de la souris sur l'icône Internet, sélectionnez Propriétés dans le menu raccourci, puis cliquez sur l'onglet Connexion. Vérifiez que l'option Se connecter à Internet par modem est sélectionnée. Cliquez sur le bouton Paramètres et, le cas échéant, modifiez les paramètres de connexion.

Je ne parviens ni à envoyer ni à recevoir de courrier. Aucun groupe de discussions n'apparaît dans Outlook Express. Pourquoi ?

Vérifiez tout d'abord que les informations de connexion au serveur du fournisseur d'accès sont adéquates. Le serveur de messagerie et le serveur de news ont-ils changé d'adresse ? Résident-ils sur le même site que le serveur de connexion ? Le fournisseur d'accès a-t-il ajouté de nouveaux serveurs ? Dans l'affirmative, les adresses IP ont peut-être été modifiées. Dans tous les cas, n'hésitez pas à prendre contact avec le service d'assistance et à prendre note des informations importantes : numéros de téléphone, adresses IP, numéros de ports, noms de serveurs, etc.

Ouvrez Outlook Express, cliquez sur Outils ➡ Comptes, puis sur Courrier (ou News) et sur Propriétés. Comparez les informations recueillies auprès du fournisseur d'accès avec les valeurs des options figurant dans les pages Général, Serveur, Connexion et Avancés.

Problèmes liés à l'édition et à la publication de pages Web

Pourquoi FrontPad n'apparaît-il pas lorsque je clique sur Personnaliser ce dossier ?

L'installation d'un logiciel a ceci de pervers qu'elle associe le ou les formats gérés par l'application aux extensions de fichiers correspondantes. Ainsi, lorsque vous cliquez sur un fichier .DOC dans l'Explorateur Windows, par exemple, le document apparaît dans Microsoft Word.

En ce qui concerne les browsers et les éditeurs HTML, la compétition entre les géants informatiques est féroce. Chaque procédure d'installation « détourne » les associations de fichiers à son profit.

Pour connaître le nom du logiciel associé aux fichiers .htm et .html :

1. Ouvrez l'explorateur Windows ou Poste de travail, cliquez sur **Affichage** ➡ **Options**, puis cliquez sur Types de fichiers.

2. Recherchez le type HTM, HTML ou Pages Web dans la liste des types répertoriés, puis cliquez dessus. L'extension du fichier et le nom du programme qui lui est associé apparaît sous la liste. Le type et l'extension sont souvent différents. Nous vous conseillons donc de baser votre recherche sur le terme HTML (dénominateur commun des logiciels du Web).

3. S'il existe plusieurs associations pour le type du fichier, cliquez sur celle qui doit être supprimée, puis sur Supprimer. Cliquez sur Oui dans la boîte de dialogue de confirmation de la suppression. Au besoin, répétez l'opération pour les extensions dérivées (points 4 et 5).

4. Au besoin, changez le nom du logiciel associé à l'extension de fichier. Pour cela, cliquez sur Modifier dans les deux encadrés.

5. Cliquez sur le bouton Parcourir, à la recherche du logiciel approprié.

6. Cliquez sur OK pour valider les modifications.

La suppression des associations n'empêche pas la lecture des fichiers enregistrés dans le format correspondant. Elle ne concerne que les appels réalisés à l'aide de la souris à partir des utilitaires Poste de travail, Explorateur Windows ou Gestionnaire de fichiers.

Pourquoi la page Web que je viens de réaliser à l'aide de l'Assistant Publication de sites Web n'apparaît-elle pas à l'adresse indiquée ?

Prenez contact avec le service d'assistance technique de votre fournisseur d'accès. Vérifiez des informations essentielles à la publication de pages Web : nom du serveur, URL...

Problèmes survenant dans NetMeeting

J'aimerais que NetMeeting ne se connecte pas systématiquement à l'Internet. Comment faire ?

Dans NetMeeting, cliquez sur Outils ➡ Options. Dans la boîte de dialogue Options, cliquez sur l'onglet Appel. Désélectionnez trois paramètres de cette page : Se connecter au serveur d'annuaire au démarrage, Actualiser le contenu de l'annuaire au démarrage et Actualiser la liste des numéros abrégés au démarrage. Les marques de sélection disparaissent. Pour en savoir plus sur la configuration de NetMeeting, reportez-vous au chapitre 15.

Pourquoi la fenêtre de l'application partagée ne s'affiche-t-elle pas complètement ?

La fenêtre de l'application est partiellement recouverte par d'autres fenêtres à l'écran de l'utilisateur actif. N'hésitez pas à lui faire part de ce problème d'affichage.

Pourquoi m'est-il impossible d'enregistrer et d'imprimer le document figurant dans une application partagée ?

Le document est verrouillé en écriture. Seul l'utilisateur actif a le droit de le modifier et de l'imprimer. Au besoin, demandez-lui de vous adresser la nouvelle version du document.

Pourquoi ne puis-je pas parler à tous les participants de la réunion simultanément ?

Ceci est dû au mode de fonctionnement de NetMeeting. On ne peut s'adresser qu'à une personne à la fois. Pour cela, il suffit de cliquer sur Outils ➡ Audio et vidéo.

Pourquoi la liaison audio est-elle si difficile ?

Vérifiez que le microphone est branché et activé (pour cela, cliquez deux fois sur l'icône Haut-parleur dans l'angle droit de la barre des tâches, puis réglez le volume). Parlez à une distance raisonnable du microphone. Si le problème persiste, quittez la réunion, puis lancez l'Assistant de réglage audio.

Autres problèmes

Depuis que j'ai installé Internet Explorer, mon ordinateur est sensiblement plus lent. Comment augmenter ses performances ?

Désactivez le Bureau Actif avant de lancer des programmes particulièrement gourmands en mémoire vive et en mémoire graphique, comme les jeux et les logiciels de dessin. Si cette opération est inefficace, augmentez la taille de la mémoire vive de votre ordinateur.

Comment désactiver le Bureau Actif?

Cliquez du bouton droit de la souris sur le bureau, puis sélectionnez Bureau Actif ➡ Afficher comme une page Web. La marque de sélection devant cette option disparaît.

Comment désactiver l'option de sélection active et les fonctionnalités webtop d'IE 4 ?

Reportez-vous à la partie consacrée à la restauration des paramètres, dans le chapitre 1.

Comment supprimer l'icône du Task Scheduler dans la barre d'état ?

Cliquez sur Démarrer ➡ Programmes ➡ Accessoires ➡ Schedule Tasks. Dans le dossier Scheduled Tasks, cliquez sur Advanced ➡ Stop Using Task Scheduler.

GLOSSAIRE

Adresse IP — Adresse numérique unique de chaque ordinateur de l'Internet.

Archie — Programme de recherche de fichiers sur le réseau *FTP*.

ARPANET — **A**cronyme de *Advanced Research Projects Agency NETwork*. Réseau développé pour l'armée américaine dans les années 60 et qui est à l'origine de l'Internet.

bande passante — Débit d'une ligne téléphonique.

baud — Vitesse de transmission des informations de poste à poste par le réseau téléphonique commuté.

BBS — Abréviation de *Bulletin Board System*. Système informatique permettant aux utilisateurs non seulement de lire et de poster des messages mais aussi de télécharger des fichiers.

bit — Acronyme de *Binary digIT*. Unité de mesure des données informatiques, égale à 0 ou à 1.

BITNET — Acronyme de *Because It's There NETwork*. Réseau rattaché à l'Internet, spécialisé dans la gestion de listes de publipostage (également connues sous le nom de *listservs*).

bps — Abréviation de *Bits par seconde*. Vitesse de transmission des informations au niveau d'une ligne numérique ou d'un modem.

cadre — Encadré indépendant des autres parties de la page Web à laquelle il est rattaché.

cadre mobile — Cadre qu'il est possible de déplacer à l'écran.

Chaîne — Média d'informations mises à jour en continu, comparable à une chaîne de télévision.

Chat — Conversation en ligne entre plusieurs utilisateurs.

client — Ordinateur recevant données et services d'un ordinateur ou d'un programme distant, appelé *serveur*.

DLS — Abréviation de *Dynamic Lookup Service*. Annuaire de recherche d'adresses e-mail.

DNS — Abréviation de *Domain Name Server or Service*. Ordinateur ou logiciel capables de convertir des *noms de domaines* ou des adresses Internet en *numéros IP* et inversement.

e-mail — Autre nom du courrier électronique. Ensemble des messages reçus et envoyés entre internautes.

Ethernet — Méthode de liaison d'ordinateurs sur un réseau.

FAQ — Foire aux questions. Réponses aux questions le plus couramment posées sur un sujet.

FDDI — Abréviation de *Fiber Distributed Data Interface*. Norme de transport de données par fibre optique, à la vitesse de 100 000 000 de *bits* à la seconde.

Finger — Programme assez ancien de recherche d'utilisateurs sur Internet.

firewall — Voir *pare-feu*.

flame — Message grossier ou violent envoyé à un utilisateur ou à un groupe d'utilisateurs.

fournisseur d'accès — Prestataire de services proposant des abonnements d'accès à l'Internet.

FTP — Abréviation de *File Transfer Protocol*. Protocole (ensemble de règles) permettant d'acheminer des fichiers sur l'Internet.

FTP anonyme — Voir FTP.

GIF — Abréviation de *Graphics Interchange Format*. Type de fichier graphique courant pour l'affichage d'images sur le Web.

Gopher — Utilitaire Internet à base de menus en cascade associés à des fichiers texte. Les ordinateurs hébergeant ces informations s'appellent des *serveurs* gophers.

hôte — Ordinateur réseau hébergeant des programmes et/ou des fichiers.

HTML — Abréviation de *HyperText Markup Language*. Langage de codage logique utilisé pour la conception et la liaison de sites Web.

HTTP — Abréviation de *HyperText Transport Protocol*. Règles de transfert de fichiers *hypertexte* (*HTML*) sur l'Internet.

hyperlien — Elément (mot, icône ou graphisme) d'une page Web qui lorsqu'il est activé d'un clic de souris, permet d'aller directement à la page ou au site correspondant.

hypertexte — Norme de codage permettant d'activer un *hyperlien*.

Hytelnet — Interface *Telnet* graphique.

Internet — Réseau mondial décentralisé composé de centaines de milliers de réseaux interconnectés proposant différents services : courrier électronique, accès au Web, transfert de fichiers et groupes de discussions.

IRC — Abréviation de *Internet Relay Chat*. Système d'échange de messages en direct sur l'Internet.

ISDN... Voir *RNIS*. —

Java — Langage de programmation capable de gérer animations et composants multimédias des pages Web. La machine virtuelle Java est intégrée au système d'exploitation de l'ordinateur sur lequel est installé le browser.

JPEG — Abréviation de *Joint Photographic Experts Group*. Type de fichier graphique courant sur le Web.

Jughead — Abréviation de *Jonzy's Universal Gopher Hierarchy Excavation And Display*. Programme de recherche de titres de menus sur un groupe de serveurs gophers défini par l'utilisateur.

Kbps — Kilobits par seconde. Unité de mesure de la *bande passante*.

LAN — Abréviation de *Local Area Network*. Nom américain pour *réseau local*.

lien — voir *hyperlien*.

liste de publipostage — Système automatique de distribution de messages à un groupe d'utilisateurs.

listserv — *liste de publipostage*.

Mbps — Abréviation de Mégabits par seconde. Unité de mesure de la *bande passante*.

MIME — Abréviation de *Multipurpose Internet Mail Extensions*. Norme gérant les pièces jointes des messages électroniques, ainsi que les réceptions et les envois de fichiers sur le *Web*.

modem — Contraction de *MOdulateur, DEModulateur*. Dispositif de connexion de l'ordinateur à la ligne téléphonique capable de convertir des données électroniques en signal audio et inversement, permettant ainsi les communications poste à poste sur le réseau commuté.

MOO — MUD orienté objet. Un *MUD* désigne un environnement de jeu en direct.

Mosaic — Premier *browser* de l'histoire du *Web*.

MUD — Abréviation de *MultiUser Dungeon* (ou *Dimension*). Environnement de jeu en mode texte permettant de jouer à plusieurs par liaison téléphonique directe ou *via* l'Internet.

MUSE — Type de *MUD*.

netiquette — Règles de bienséance de l'Internet.

newsgroup — Groupe de discussion sur *Usenet*.

NFS — Abréviation de *Network File System*. Protocole de partage de fichiers sur réseau.

NIC — Abréviation de *Networked Information Center*. Office d'enregistrement des *noms de domaines*.

NNTP — Abréviation de *Network News Transport Protocol*. Norme de transfert des messages sur *Usenet*.

nœud — Ordinateur connecté à un réseau.

nom de domaine — Identifiant unique d'un site Internet, plus connu sous le nom d'adresse Internet.

octet — Groupe de huit *bits* correspondant à un caractère. Un mot de trois lettres est généralement codé sur trois octets.

pare-feu — Dispositif matériel et logiciel contrôlant les entrées-sorties entre un ordinateur ou un réseau et l'Internet.

passerelle — Dispositif matériel ou logiciel permettant à deux systèmes ou réseaux différents de communiquer. La plupart des services en ligne, comme CompuServe, proposent une passerelle vers l'Internet.

PING — Abréviation de *Packet INternet Groper*. Programme permettant de tester les performances d'acheminement d'un signal entre deux ordinateurs.

POP — Abréviation de *Point of Presence* et de *Post Office Protocol*. *Point of Presence* désigne une connexion locale à un réseau comme America Online, Sprint ou Internet. *Post Office Protocol* désigne le protocole de réception du courrier *via* un serveur de messagerie.

PPP — Abréviation de *Point-to-Point Protocol*. Protocole permettant les connexions *TCP/IP* par liaison commutée ou spécialisée.

protocole — Ensemble détaillé de règles ou de normes spécifiques pour l'envoi et la réception de données électroniques.

push — Technologie permettant de délivrer services et informations selon une fréquence déterminée sur l'Internet. L'utilisateur sélectionne les sources d'information qui l'intéressent, puis établit le planning des mises à jour. Le terme *push* (pousser) s'oppose à la méthode *pull* (tirer) consistant à aller chercher les informations.

réalité virtuelle — Simulation 3 D graphique de la réalité.

RFC — Abréviation de *Request For Comment*. Documents de description des protocoles Internet.

RNA — Réseau numérique avancé (*ADN* pour *Advanced Digital Network*, en anglais). Réseau te télécommunications à haut débit pour les ordinateurs et les réseaux.

RNIS — Réseau numérique à intégration de services. Ensemble des moyens techniques permettant d'échanger des informations à une vitesse supérieure à 128 000 *bits* sur une ligne téléphonique commutée. En France, Numéris constitue la solution RNIS la plus connue.

routeur — Ordinateur établissant la connexion entre plusieurs réseaux. Les routeurs examinent les *paquets* de données pour les acheminer à bon port.

serveur — Ordinateur ou programme délivrant données et services à un autre ordinateur ou programme, appelé *client*.

SLIP — Abréviation de *Serial Line Internet Protocol*. Protocole permettant d'établir une connexion *TCP/IP* par liaison commutée ou spécialisée.

SMDS — Abréviation de *Switched Multimegabit Data Service*. Norme de transfert de données à haute vitesse.

SMTP — Abréviation de *Simple Mail Transport Protocol*. Protocole de réception du courrier électronique sur un ordinateur.

spam (ou spamming) — Technique consistant à récupérer les adresses e-mail sur des newsgroups ou des serveurs de listes de publipostage, puis à leur envoyer le même message, le plus souvent à des fins commerciales.

sysop — Acronyme de *SYStems OPerator*. Responsable du fonctionnement d'un système informatique ou d'un réseau.

T1 — Ligne spécialisée d'une *bande passante* de 1,5 *Mbps* (24 lignes téléphoniques commutées).

T2 — Ligne spécialisée d'une *bande passante* de 6,3 *Mbps* (4 lignes *T1*).

T3 — Ligne spécialisée d'une *bande passante* de 45 *Mbps* (28 lignes *T1*).

T4 — Ligne spécialisée d'une bande passante de 274 *Mbps* (128 lignes *T1*).

Tableau blanc — Espace graphique servant de bloc-notes aux participants d'une téléconférence.

TCP/IP — Abréviation de *Transmission Control Protocol/Internet Protocol*. Protocole de transfert de données sur l'Internet.

Telnet — Utilitaire poste à poste permettant d'exploiter des programmes résidant sur un ordinateur distant.

transport par paquets — Méthode de fractionnement des données pour leur acheminement sur l'Internet. Chaque paquet comprend les adresses respectives de l'ordinateur de départ et de l'ordinateur d'arrivée, ce qui permet que des données d'origines différentes soient traitées sans risque d'erreur par des dispositifs spécialisés, appelés *routeurs*.

UNIX — Système d'exploitation multitâche multiutilisateur comprenant *TCP/IP*. La plupart des serveurs Web tournent sous UNIX.

URL — Abréviation de *Uniform Resource Locator*. Adresses de ressources de l'Internet. Une URL se compose de l'identificateur de protocole (http: pour le Web, par exemple), du type de la ressource (www, gopher, etc.) suivi du nom du domaine et du nom de la ressource. L'adresse d'une page Web se présente généralement ainsi : `http://www.pageweb.com/pageweb`.

Usenet — Réseau mondial de gestion des groupes de discussion ou *newsgroups*. Notez que certains newsgroups résident hors de l'Internet.

Veronica — Abréviation de *Very Easy Rodent Oriented Net-wide Index to Computerized Archives*. Utilitaire de recherche de milliers de serveurs *gophers*.

WAIS — Abréviation de *Wide Area Information Server*. Programme d'indexation et de recherche de pages et de fichiers à l'échelle mondiale.

WAN — Abréviation de *Wide Area Network*. Synonyme de réseau étendu. Un réseau étendu regroupe plusieurs sites disséminés sur une région ou un pays.

Web — Réseau mondial de gestion des documents hypertexte. Les browsers Web, comme IE 4, sont capables d'afficher des pages *HTML* distantes, contenant texte, graphiques, vidéo et son.

WWW — Abréviation de *World Wide Web*. Voir *Web*.

Glossaires en ligne sur le Web

Nous vous conseillons de consulter deux glossaires très intéressants :

NetGlos : glossaire multilingue de terminologie de l'Internet - copyright ©1995. World-Wide Language Institute

`http://wwli.com/translation/netglos/netglos.html`

Glossaire des termes de l'Internet - copyright ©1994-96. Internet Literacy Consultants™

`http://www.matisse.net/fichiers/glossary.html`

INDEX

Achevé d'imprimer en janvier 1998
dans les ateliers de Normandie Roto Impression s.a.
61250 Lonrai
No d'imprimeur : 972918
Dépôt légal : janvier 1998

Imprimé en France